Ranka Keser

KulturSchock Kroatien

„*Bole je s mudrim plakati nego s ludim pjevati*"

„*Es ist besser, mit einem Klugen zu weinen,
als mit einem Verrückten zu lachen*"
(Kroatische Redewendung)

Impressum

Ranka Keser
KulturSchock Kroatien

erschienen im
REISE KNOW-HOW Verlag Peter Rump GmbH
Osnabrücker Str. 79
33649 Bielefeld

© REISE KNOW-HOW Verlag Peter Rump GmbH
1. Auflage 2018

Alle Rechte vorbehalten.

Gestaltung
Umschlag: G. Pawlak
Inhalt: amundo media GmbH
Fotos: siehe Fotonachweis Seite 9

Lektorat: amundo media GmbH

Druck und Bindung:
    D3 Druckhaus GmbH, Hainburg

ISBN 978-3-8317-2912-8
Printed in Germany

Dieses Buch ist erhältlich in jeder Buchhandlung
Deutschlands, der Schweiz, Österreichs, Belgiens
und der Niederlande.
Bitte informieren Sie Ihren Buchhändler
über folgende Bezugsadressen:
Deutschland
    Prolit GmbH, Postfach 9, D-35461 Fernwald (Annerod)
    sowie alle Barsortimente
Schweiz
    AVA Verlagsauslieferung AG
    Postfach 27, CH-8910 Affoltern
Österreich
    Mohr Morawa Buchvertrieb GmbH
    Sulzengasse 2, A-1230 Wien
Niederlande, Belgien
    Willems Adventure, www.willemsadventure.nl

Wer im Buchhandel trotzdem kein Glück hat,
bekommt unsere Bücher auch über unseren
Büchershop im Internet: www.reise-know-how.de

Wir freuen uns über Kritik, Kommentare
und Verbesserungsvorschläge, gern auch
per E-Mail an info@reise-know-how.de.

Alle Informationen in diesem Buch sind von
der Autorin mit größter Sorgfalt gesammelt
und vom Lektorat des Verlages gewissenhaft
bearbeitet und überprüft worden.

002kr-rk

Ranka Keser

KULTURSCHOCK

KROATIEN

Vorwort

„Ach, Sie sind aus Kroatien? Schönes Urlaubsland." Das ist die häufigste Reaktion, die ich erlebe, wenn die Leute meine Herkunft erfahren. Während der Arbeit an diesem Buch habe ich Freunde und Bekannte unterschiedlicher Nationalitäten gefragt, was ihnen zu Kroatien einfällt. Ich wollte wissen, welche Erfahrungen sie mit Kroatien und mit den Menschen dort gemacht haben und inwieweit sich Klischees und tatsächliche Erfahrungen decken. Meine Neugier wuchs, als ich eine Reportage im Fernsehen sah: Eine junge Kroatin erzählte, die Touristen sähen nur eine Fassade, die mit dem wirklichen Leben in Kroatien nichts zu tun habe.

Das „wirkliche Leben" in Kroatien hat sich seit den 1990er-Jahren extrem verändert. Und auch wenn die Grundmentalität eines Volkes bestehen bleibt und sich so schnell nicht wandelt, hat Kroatien seit der Jahrtausendwende eine so rasante Entwicklung durchgemacht, als habe es in Sachen Selbstverwirklichung einen großen Nachholbedarf.

Wenn man die Prioritäten eines typischen Kroaten auf drei herunterbrechen sollte, käme man auf: Familie, Kirche, Hausbesitz. Aber so einfach ist es natürlich nicht! Die Ergebnisse meiner Befragungen förderten altbekannte Klischees zutage: Die Kroaten seien Patrioten und die größten Katholiken, sie hielten sich für etwas Besseres, würden sich nicht zum Balkan zählen und die Männer

seien Machos. Gleichzeitig hört man, die Kroaten seien herzliche Menschen in einer rauen Schale, hilfsbereit, lustig und offen. Klischees enthalten meist auch ein Körnchen Wahrheit, aber was der Tourist sieht oder sehen will, sind Strände, Städte und Nationalparks. Ohne falsche Bescheidenheit lässt sich sagen, dass Kroatien prachtvoll und wunderschön ist, das Land der vielen Inseln mit einer jahrtausendealten Geschichte. Die Tourismus-„Fassade" bleibt zwar in der Wahrnehmung oberflächlich, ist aber auch ein Element des Landes und macht einen großen Teil des kroatischen Stolzes aus.

Wer tiefer blicken und die Menschen kennenlernen will, kann tatsächlich manchmal einen Kulturschock erleiden, auch wenn das Wort eher Assoziationen mit Asien oder Afrika weckt, aber nicht mit einem Land, das nur ein paar Hundert Kilometer entfernt liegt.

Den Kulturschock kann man schon bei der direkten Art der Kroaten erleiden. Bemerkungen über die Gewichtszunahme des Gegenübers oder Nachfragen, was den ausbleibenden Nachwuchs betrifft, gelten hier nicht als indiskret, sondern als normaler Bestandteil der Unterhaltung. Dagegen

⌂ Nur in wenigen Mühlen kann man das Maismehl für die „palenta" noch direkt beim Müller kaufen (Mühle a. d. Jahr 1650).

kann die Frage „Und was machen Sie beruflich?" bei flüchtiger Bekannt-
schaft als verfrüht empfunden werden und einen Kroaten vor den Kopf
stoßen, weil hier eher gefragt wird: „Wo arbeitest du?"

Manche Leser kennen die Küste sicherlich seit vielen Jahren und fuhren
bereits als Kinder ins damalige Jugoslawien, auch weil es nah und günstig war. Ein billiges Reiseland ist Kroatien inzwischen nicht mehr, aber für
den Mitteleuropäer ist es immer noch bezahlbar. Wer sich mit Land und
Leuten beschäftigt, kann verwirrt und irritiert über so manche Paradoxie
sein: Die Menschen sind westlich orientiert, pflegen aber ihre Folklore wie
ein Heiligtum. Sie sind zukunftsorientiert, ziehen aber immer wieder die
Geschichte heran. Sie sind oft witzig und in Feierlaune, können aber auch
furchtbar jammern. Als Individuen sind sie bescheiden und bodenständig,
im Kollektiv sind sie überzeugt davon, im schönsten Land auf Gottes Erde
zu leben. Was in anderen Ländern als gefühlsduselig empfunden wird, ist
für die Kroaten ein Ventil. Herzzerreißende Musik empfinden sie als berührend, nicht als schnulzig, und für das Zagreber Muzej prekinutih veza
(Museum der beendeten Beziehungen) ist Kroatien der ideale Standort.

In Kroatien befinden sich sieben UNESCO-Welterbestätten und 14 Stät-
ten des immateriellen Kulturerbes. Stolz darauf sind die Kroaten allemal,
aber sie selbst besuchen ihre eigenen Kulturgüter eher selten. In Kroatien
findet man die kleinste Stadt (Hum) und den größten Reisekatalog der
Welt. Verrücktes Land der Superlative – Kroatien ist vielfältig und facetten-
reich und immer wieder für eine Überraschung gut. Die Kroaten „zu entdecken", kann mit einer spannenden Reise verglichen werden. Sie können
zunächst reserviert und misstrauisch wirken, aber wer sie wirklich kennen-
lernt und ihr Herz erobert, wird diese Reise nicht bereuen.

Die Aussprache

Buchstabe	Aussprache
ž	wie das zweite G in Garage
z	wie S in Sonne
š	entspricht dem deutschen Sch
č	wie tsch bei rutschen
ć	wie ein schnelles tch
c	wie Z bei Zaun
đ	d und weiches j
dž	wie das J in Jeans
v	wie das deutsche W

Inhalt

Extrainfos im Buch
ergänzen den Text um anschauliche Zusatzmaterialien, die von der Autorin aus der Fülle der Internet-Quellen ausgewählt wurden. Sie können bequem über unsere spezielle Internetseite **www.reise-know-how.de/kulturschock/kroatien18** durch Eingabe der jeweiligen Extrainfo-Nummer (z. B. „#1") aufgerufen werden.

106kr-fot/Konstanze_Gruber

Exkurse zwischendurch

Fotonachweis

Soweit der Fotograf nicht direkt am Bild vermerkt ist, stehen die Kürzel an den Abbildungen für folgende Personen, Firmen und Einrichtungen. Wir bedanken uns für ihre freundliche Abdruckgenehmigung.

fo	*fotolia.com by Adobe*
rk	*Ranka Keser*
ab	*Anastasiia Bingel*
mb	*Markus Bingel*
rh und Buchrücken	*Rainer Höh*

Umschlagvorderseite: Dreamstime.com © Canonman29
Umschlagrückseite: fotolia.com by Adobe © xbrchx

Verhaltenstipps von A bis Z

◁ Shopping in der Altstadt von Split (110kr-mb)

- **Alkohol:** Feiern ohne Alkohol gibt es schlichtweg nicht. Das Angebot an alkoholischen Getränken ist breit gefächert. Die Schattenseite des leidenschaftlichen Trinkens äußert sich in der Alkoholsucht, die ein gesellschaftliches Problem ist. Jedes Jahr kommen ca. 10.000 Menschen zu Tode, weil jemand betrunken hinterm Steuer saß (siehe „Alte und moderne Süchte" auf Seite 245). Wenn man Alkohol ablehnt, wird das grundsätzlich akzeptiert, trotzdem sollte man sich auf wiederholte Aufforderungen einstellen, den guten Wein oder Ähnliches doch wenigstens zu probieren.

- **Anrede:** Das *gospodica* (Fräulein) ist in Kroatien zwar noch nicht ausgestorben, klingt aber angestaubt. Nur Mädchen und junge Frauen bis etwa Mitte 20 werden – meist von älteren Personen – noch so genannt. Eine Frau wird mit *gospođo* angeredet, darauf folgt der Nachname. Das Wort für Frau (im Sinne von Dame) ist *gospođa,* wandelt sich aber in der direkten Anrede in *gospođo.* Der Herr heißt *gospodin,* aber in der direkten Anrede sagt man *gospodine,* gefolgt vom Nachnamen. Es wird nicht weniger gesiezt als anderswo, aber man geht ziemlich schnell zum „Sie" in Kombination mit dem Vornamen über. So heißt es dann zum Beispiel unter Arbeitskollegen, flüchtigen Bekannten oder Nachbarn: „Wie geht es Ihnen, Marko?" oder „Ich freue mich, Sie zu treffen, Marija."

- **Armut:** Offensichtliche Armut wird dem Kroatienbesucher nicht entgegenschlagen. Diejenigen, die in großer Armut leben (ca. 8 % mit unter 1300 Kuna Netto pro Kopf, was etwa 180 Euro entspricht) versuchen, sich dies nicht anmerken zu lassen, da es der Stolz dieser Menschen nicht zulässt. Ungepflegte und vernachlässigte Menschen wird man extrem selten antreffen. Im Jahr 2015 waren 391 Personen als obdachlos registriert, was keine erschreckend hohe Zahl ist, doch vermuten Experten eine um einiges höhere Dunkelziffer. Trotzdem landen hier wahrscheinlich auch deshalb weniger arme Menschen auf der Straße als in reichen Staaten, weil die Familie der Betroffenen hilft und sie auffängt. Betteln oder gar aggressives Betteln gibt es seitens der Kroaten äußerst selten. Trotzdem wird man in der Innenstadt oder in Touristenzentren manchmal auf z. B. verarmte Alkoholiker oder Roma-Frauen mit kleinen Kindern stoßen, die betteln.

- **Baden/Nacktbaden:** Zur Hochsaison sind viele Strände überfüllt. Doch die gute Nachricht: Das Meerwasser ist eines der saubersten in Europa. Die Wasser- und Strandqualität wird regelmäßig mit der „Blauen Flagge" ausgezeichnet, einer internationalen Umweltauszeichnung. Und die Möglichkeit, nackt zu baden, bietet Kroatien schon seit den 1930er-Jahren, ob in Istrien, der Kvarner-Bucht oder Dalmatien. Doch

sollte die Freikörperkultur bitte nur an den dafür vorgesehenen Stränden oder Campingplätzen praktiziert werden. Wer sich aber als Frau an einem normalen Strand oben ohne sonnen möchte, kann das problemlos tun.

- **Begrüßung/Verabschiedung:** Zur Begrüßung gibt man sich grundsätzlich die Hand und wechselt einen kurzen und kräftigen Händedruck, vermeidet schlaffes und langes Schütteln. Gute Freunde und Verwandte geben sich ein Küsschen links und ein Küsschen rechts auf die Wange. Männer, die nicht verwandt sind, küssen sich ungern, außer es ist Weihnachten oder Neujahr. Der Mann grüßt die Frau zuerst und der Jüngere den Älteren, nie umgekehrt. Diese Reihenfolge wird in Kroatien immer noch beherzigt. Das „dobar dan" („Guten Tag") empfindet man in Kroatien nicht als allzu formell. Man begrüßt sich aber auch leger mit „bog" (in Zagreb und Umgebung mit „bok"), vergleichbar mit dem deutschen „Hallo", dasselbe Wort gebraucht man auch beim Abschied, entsprechend unserem „Tschüss." Die Verabschiedung mit „adio" ist ebenfalls gebräuchlich. „Auf Wiedersehen" heißt „doviđenja".

- **Beleidigungen:** Als Besucher des Landes sollten Sie es vermeiden, Flüche anzuwenden, weil Sie glauben, dass es witzig ankommen könnte. Die Bedeutungen der Flüche sind heftig und äußerst vulgär und man nimmt sie persönlicher, als Sie vielleicht meinen (siehe „Das Fluchen ist eigentlich verpönt" auf Seite 177).

⌃ Unter der Woche findet sich immer ein Plätzchen fürs Badetuch

- **Bestechung:** Korruption ist in Kroatien ein großes Thema. Das Problem betrifft hauptsächlich Justiz, Wirtschaft und Politik und entspricht keineswegs einer in der Gesellschaft allgemein verbreiteten Mentalität. Die Allgemeinheit verurteilt die Korruption aufs Schärfste, da sie unter der Bestechlichkeit der Mächtigen leidet. Es ist höchst unwahrscheinlich, dass man als Gast in Situationen gerät, in denen man „schmieren" müsste.

- **Betrug:** Die Wahrscheinlichkeit, dass man „übers Ohr gehauen" wird, ist nicht größer als in irgendeinem anderen Land. Ein Cafébesitzer in Rovinj sorgte im Frühjahr 2016 mit zwei verschiedenen Preislisten für Schlagzeilen, einer für Touristen und einer anderen für Einheimische. Nicht nur ausländische Medien haben diesen Fall aufgegriffen, auch in Kroatien war er ein Skandal und zog sich durch die Presse. Sollte also eine Rechnung mal nicht stimmen oder etwas doppelt abgebucht worden sein, sollte man erst einmal davon ausgehen, dass ein Fehler passiert ist, bevor man glaubt, betrogen worden zu sein!

- **Bürokratie:** Wer eine Immobilie kaufen möchte, wird zwangsläufig auf ein Problem stoßen, über das die Kroaten seit Jahren schimpfen: die komplizierte und zähe Bürokratie. Wer Behördengänge erledigen muss, braucht Zeit und Nerven. Der Verwaltungsapparat wird von den Bürgern als unnötig kompliziert empfunden und kritisiert. In den Behörden hängen Informationen zu den erforderlichen Unterlagen, Kosten und Fristen aus. Zudem werden die bürokratischen Vorgänge laufend überarbeitet. Trotzdem werden sie noch lange nicht als gelungen betrachtet, weder von der Bevölkerung noch von potenziellen Investoren aus dem Ausland. Wegen der *papirologija,* wie die Bürokratie auch genannt wird, verwerfen viele Kroaten den Plan, sich selbstständig zu machen. Im Kontakt mit der Justiz braucht man ebenfalls Zeit und Geduld. Unzählige Verfahren sind unbearbeitet. Gerichtsverfahren laufen manchmal über mehrere Jahre.

- **Bura:** Der böige Fallwind (auch bekannt unter der Bezeichnung „Bora") tritt entlang der Küste und auf den Inseln auf. Dieser Wind erreicht im Spätherbst und Winter manchmal Geschwindigkeiten von bis zu 220 km/h und ist auch im Sommer nicht zu unterschätzen. Die Bura hat in Kroatien schon Schornsteine zum Einsturz gebracht und Dächer beschädigt. In den Sommermonaten braucht die Bura zwei bis drei Tage, bis sie sich beruhigt. In dieser Zeit sind die Brücken gesperrt. Fahren Sie also nicht eigenmächtig über kleine Brücken! Und gehen Sie während dieser Zeit nicht schwimmen, segeln oder wandern!

> Einkaufen wie zu Hause, aber zu oftmals höheren Preisen

- **Bußgeld:** Auch in Kroatien muss man seine Knöllchen fürs Falschparken bezahlen. Sollte man das als Ausländer nicht tun, kann es sein, dass man irgendwann Post bekommt. Der Betrag dürfte dann um einiges höher sein als ursprünglich, da Bearbeitungs- und Mahngebühren hinzukommen. Beim Autofahren mit einem Alkoholspiegel ab 0,5 Promille wird es ernst, die Bußgelder bewegen sich bei 0,5 bis 1,0 Promille zwischen 1000 und 3000 Kuna. Bei einem höheren Promillewert ist die Strafe entsprechend höher.

- **Drogen:** Wer meint, seinen Urlaub mit Cannabis versüßen zu müssen, der stelle sich die Frage, ob es die Scherereien wirklich wert ist. In einem Land, dessen Sprache man nicht spricht, festgenommen zu werden, kann Geld, Zeit und Nerven kosten. Kroatien kämpft mit einem Drogenproblem und synthetische Drogen schießen wie Pilze aus dem Boden. Für den Eigenbedarf gilt Drogenbesitz als Vergehen, nicht als Straftat, aber bei Dealern drückt man nicht mal ansatzweise ein Auge zu. Besonders hart wird gegenüber Personen durchgegriffen, die Drogen an Minderjährige oder vor Schulen „verticken". Sie erhalten eine mehrjährige Gefängnisstrafe.

- **Einkaufen:** Es gibt in Kroatien alles, was das Herz begehrt. Nach Shoppingmeilen und einem *Shopping centar* muss man nicht lange suchen. Wer auf seine gewohnten Produkte nicht verzichten möchte, kann diese problemlos auch in Kroatien kaufen – bei dm, Müller, Lidl, Deichmann – die Preise hier sind aber teilweise um einiges höher als in Mitteleuropa. So können das Duschgel oder der Joghurt eines deutschen Discounters in Kroatien das Doppelte oder gar Dreifache kosten.

● **Einladungen:** Es empfiehlt sich, eine Kleinigkeit dabei zu haben (siehe „Geschenke" auf Seite 18). Man sollte aber ohne Absprache keine weitere Person oder sein Haustier mitbringen. Der Umgang miteinander im Privaten ist ungezwungen, aber man schätzt es nicht, wenn jemand viel über sich selbst spricht oder die Dinge aufzählt, die in seiner Heimat besser sind (obwohl die Kroaten vieles an Deutschland bewundern). Erzählen Sie eine lustige Anekdote über Ihren Aufenthalt in Kroatien – das bricht das Eis, wenn weitere Gäste anwesend sind, und lässt Sie sympathisch wirken, da man mit Humor und Selbstironie einen guten Eindruck macht. Bedanken Sie sich am Ende für die Einladung und ggf. für das gute Essen. Manchmal sagen Gastgeber oder Gast „Nemoj što zamjeriti" („Nimm mir nichts übel"). Damit ist gemeint, dass eine vielleicht unbedarfte Äußerung nicht böse gemeint war oder der misslungene Kuchen oder zu spät gekochte Kaffee nichts mit Respektlosigkeit zu tun haben.

● **Ess- und Trinksitten:** Es gelten mehr oder minder die gleichen Tischsitten wie in Deutschland, Österreich oder der Schweiz. Dennoch gibt es ein paar markante Unterschiede, die beachtet werden sollten. In Kroatien ist es absolut unüblich, dass die Frau im Restaurant nach dem Kellner ruft. Die Bestellung und Nachbestellung nimmt der Mann vor. Die Frau beginnt als Erste mit dem Essen, sowohl im Restaurant als auch zu Hause. Ein Mann, dessen Rechnung die Frau bezahlt, ist auch heute noch kaum anzutreffen. Möchte die Frau ihre Rechnung selbst übernehmen, wird das aber keinen Schock beim Mann auslösen, höchstens unangenehme Gefühle. Bei Geschäftsessen sollte man während des Hauptgangs über neutrale Themen plaudern und das Geschäftliche vor oder nach dem Hauptgang besprechen. „Guten Appetit!" heißt „Dobar tek!" oder „Prijatno!". „Prost!" heißt „Živjeli!" oder „Uzdravlje!". Auch wenn die Kroaten wissen, dass es im Deutschen „Prost" heißt, würden sie es ungern sagen, da im Kroatischen das Wort *prost* „ordinär/vulgär" bedeutet.

● **Feste:** Es wird gerne gefeiert und deshalb findet ständig irgendein Festival oder Event statt. Die meisten davon sind äußerst laut, was man bei der Planung des Aufenthalts berücksichtigen sollte. Wer lärmempfindlich ist, sollte nachfragen, ob das Zimmer mit Blick auf den Strand auch den Blick auf Beachpartys einschließt. Die meisten Familienfeste wie Hochzeiten werden immer noch in größerem Rahmen (aber längst nicht so groß wie früher) und ausgelassen gefeiert – mit Musik, üppigem Essen, Gesang, Tanz und Alkohol. Wer als Ausländer die Lieder nicht kennt und nicht tanzen kann, muss sich deshalb keine Sorgen machen, denn allein der Wille zum Mitfeiern zählt.

- **Freundlichkeit:** Fremden gegenüber sind Kroaten durchaus hilfsbereit und freundlich. Im Dienstleistungsbereich wird man Ihnen wohlgesonnen sein, solange der Betrieb von privater Hand geführt wird. In Institutionen und bei bürokratischen Angelegenheiten ist die Wahrscheinlichkeit hoch, dass man auf unterkühlte und kurz angebundene Beamte trifft. Bei Behördengängen werden Fragen meist nur mit „Da" (Ja) und „Ne" (Nein) beantwortet – oder mit Nicken und Kopfschütteln. In Institutionen wird man zwar höflich, aber selten wirklich freundlich beraten. Auch wenn staatliche Einrichtungen Telefonnummern ausweisen, hebt am anderen Ende meist niemand ab. Wenn er es doch tut, schätzt er es, nur eine knapp formulierte Frage beantworten zu müssen.

- **Geld:** Die Währungseinheit in Kroatien heißt Kuna (Abk. *kn* oder *HRK*). Eine Kuna entspricht 100 Lipa. Derzeit (Stand: Sommer 2017) erhält man für 7,5 Kuna ungefähr 1 Euro. In touristischen Gebieten, Supermärkten und Tankstellen sind Zahlungen mit Visa Card, Mastercard oder American Express kein Problem, aber wer ins Hinterland fährt und in einem Gasthaus mit Kreditkarte bezahlen möchte, wird meist Pech haben. In Städten oder touristischen Gebieten gibt es Bankautomaten *(bankomati),* an denen man Geld abheben kann. Es empfiehlt sich, vor der Reise bei der Bank die Gebühren für Kreditkarten und fürs Geldabheben zu erfragen. Das Wechseln ist am vorteilhaftesten, wenn man es in Kroatien vornimmt und nicht im Heimatland. An *mjenjačnice* (Wechselstuben) mangelt es nicht. Mit ihnen „fährt" man normalerwei-

⌃ Gelegenheiten, mit Familie und Freunden etwas zu feiern, gibt es viele

Extrainfo 1 (s. S. 7): Englischsprachiger Blog mit News, Kultur- und Veranstaltungstipps

se günstiger als am Bankautomaten. Man kann aber auch in der Bank oder im Postamt wechseln.

- **Geschenke:** Wer jemanden zu Hause besucht, sollte nicht mit leeren Händen kommen. Es ist nicht nötig, sich in Unkosten zu stürzen. Süßigkeiten für die Kinder, ein guter Tropfen für den Hausherrn und Pralinen oder Blumen für die Dame des Hauses werden zwar stets mit der größten Überraschung und der Beteuerung entgegengenommen, dass das doch nicht nötig gewesen sei, doch sind sie gang und gäbe und gehören zum guten Ton.

- **Gesprächsthemen:** Small Talk zum Aufwärmen ist auch in Kroatien üblich. „Kako si?" („Wie geht es dir?") bzw. „Kako ste?" („Wie geht es Ihnen?") wird meist ganz am Anfang eines Gesprächs gefragt. Darauf folgt meist die Frage nach dem Befinden der Familie. Das Wetter steht nicht unbedingt ganz oben auf der Liste, außer es ist außergewöhnlich heiß oder kalt oder es gab ein Unwetter. Sport ist ein beliebtes Thema unter Männern. Frauen loben untereinander das gute Aussehen und die Kleidung der jeweils anderen. Gerne dürfen Sie das Land und dessen Sehenswürdigkeiten loben, denn in dieser Hinsicht sind die Kroaten relativ unbescheiden.

- **Handeln/Feilschen:** Das Feilschen ist nur dann legitim, wenn es um „Mengenrabatt" geht. Wenn man auf dem Markt einkauft und zehn Kilogramm Erdbeeren erwerben möchte, kann man fragen, ob es in Ordnung wäre, für zehn Kilogramm zu bezahlen und dafür elf Kilogramm zu erhalten. Bei sehr großen Beträgen, wenn es um einen Wohnungs- oder Autokauf geht, kann man natürlich über den Preis verhandeln. Das Feilschen beim Kauf von Lebensmitteln oder Kleidung auf dem Markt ist eher unüblich. Selbst wenn man damit Erfolg hätte, sollte man bitte bedenken, dass die Marktfrau entweder ihrer eigenen oder jemandes anderen Hände Arbeit verkauft. Es ist kein errungener Sieg, hart arbeitenden Menschen den Ertrag zu drücken, zumal Lebensmittel auf kroatischen Märkten ohnehin günstiger sind als z. B. in Deutschland oder Österreich.

- **Homosexualität:** Das Toleranzlevel gegenüber homosexuellen Menschen bewegt sich im mittleren Bereich. Es gibt Länder, die Homosexualität gegenüber um einiges negativer eingestellt sind und sie als Straftat ahnden, aber auch Länder, die um einiges aufgeschlossener gegenüber Schwulen und Lesben sind. In Kroatien gibt die Hälfte der *Gejs* (Gays) an, wegen ihrer sexuellen Identität diskriminiert zu werden. Etwa 17 % haben aus diesem Grund bereits Gewalterfahrungen gemacht. Diese Zahlen sind in Deutschland und Österreich übrigens ähnlich. Allerdings wird für Kroatien vermutet, dass die Dunkelziffer der nicht angezeigten Straftaten höher sei. Vereinzelt berichten Homosexuelle auch von „negativen Erlebnissen mit der Polizei". Etwa ein Drittel der Befragten in Kroatien gibt an, die eigene Homosexualität zu verschweigen, ein Drittel verschweigt sie gelegentlich und ein Drittel lebt sie offen. Die Hälfte der homosexuellen Kroaten plant auszuwandern bzw. wünscht sich dies wegen der Diskriminierung. In den größeren Städten Zagreb, Split oder Rijeka kann man hin und wieder händchenhaltende Schwule und Lesben sehen, aber die Regel ist es noch nicht. Dass ein Paar beschimpft oder gar attackiert wird, ist unwahrscheinlich. Viel wahrscheinlicher ist es, dass die Menschen über ein knutschendes Pärchen denken, es habe „ein Rad ab" – denn die Meinung, dass es sich bei Homosexualität um eine Krankheit handelt, ist noch weit verbreitet. Als homosexueller Mensch in Kroatien sollte man damit rechnen, dass man von seinem Umfeld spöttisch belächelt wird, auch mit verständnislosem Kopfschütteln ist zu rechnen. Aus reinem Selbstschutz empfiehlt es sich, seine Homosexualität nicht vor alkoholisierten Gruppen in aufgepeitschter Stimmung auszuleben (in Hetero-Klubs, bei Beachpartys, vor Fußballstadien etc.) Man sollte sich nicht unnötigen Provokationen aussetzen. Die Gay Pride (Infos: www.zagreb-pride.net) gibt es seit 2002, damals machten nur ein paar Hundert Leute mit. 2011 eskalierte die Gay-Pride-Parade in Split, damals wurden viele Schwule und Lesben attackiert und verletzt. Die Parade musste abgebrochen werden. Die Gay Pride 2012 und alle weiteren verliefen ruhig und ohne Zwischenfälle, sowohl in Zagreb als auch in Split. Politiker, Künstler und Bürger „bekennen" sich vermehrt zu ihrer Toleranz und marschieren mit. Heute nehmen Tausende an der Gay Pride teil, im Jahre 2013 waren es sogar 15.000. Ein Bürgermeister, der sich hinstellt und sagt „Ich bin schwul und das ist gut so" ist noch Zukunftsmusik, obwohl Homosexualität seit 1977 legal ist. Bis zu jenem Zeitpunkt drohte einem eine Freiheitsstrafe von bis zu einem Jahr. Homosexuelle dürfen wegen ihrer Orientierung nicht diskriminiert werden, so z. B. am Arbeitsplatz. Die Szene findet man überwiegend in Zagreb, Split und Rijeka, aber auch in Dubrovnik, Rovinj und auf Hvar. 2014 führte Kroatien die eingetragene Lebenspartnerschaft ein. Im Sabor (Parlament) stimmten 89 Abgeordnete dafür und nur 16 dagegen. Wer auf der Suche nach entsprechenden Hotels, Restaurants und Bars ist, findet unter www.friendlycroatia.com Informationen (auf Englisch).

■ **Kleidung:** Wer unangenehm auffallen möchte, der trage Adventure-Sandalen und ausgeleierte T-Shirts. Die Kroaten in den Städten und unter sechzig Jahren achten sehr auf ihr Äußeres und können dem Bequemlichkeitslook mancher Touristen nichts abgewinnen. Packen

Sie auch wärmere Kleidung ein, da die Abende und Nächte auch an der Küste kühl sein können. Auch arbeitet die eine oder andere Klimaanlage in Geschäften und Cafés auf übertrieben hoher Stufe. Sonnenschutz und Kopfbedeckung sind Pflicht für jeden, der in der Mittagssonne unterwegs ist. Einen Sonnenbrand oder Sonnenstich kann man sich schnell einfangen.

- **Krankenhaus:** Die medizinische Versorgung und die Ausbildung der Ärzte entsprechen dem europäischen Standard. Wer in Kroatien krank wird oder einen Unfall hatte, ist grundsätzlich in guten Händen. Das Personal ist kompetent, arbeitet aber mancherorts mit teils veralteten Instrumenten und Apparaten. Die städtischen Krankenhäuser sind zwar nicht auf ärmlichem, aber auf bescheidenem Niveau, das heißt ausgestattet mit veralteten Möbeln und Mehrbettzimmern. Die Besuchszeit beschränkt sich auf eine Stunde, meist von 16 bis 17 Uhr.

- **Kriminalität/Sicherheit:** Kroatien ist ein für Touristen sicheres Reiseland. Diebstahl oder gar Übergriffe sind kaum zu befürchten. Trotzdem gilt es, unangenehme Situationen nicht herauszufordern: Behalten Sie Wertgegenstände im Auge und halten Sie Ihre Handtasche geschlossen. Schließen Sie Ihren/Ihr Bungalow/Appartement stets ab, genau wie Ihr Auto.

- **Landminen:** Die Gefahr, durch Landminen zu Tode zu kommen, ist gering. Trotzdem soll es nicht unerwähnt bleiben: Die ehemals umkämpften Gebiete sind noch immer nicht minenfrei. Warnschilder (MINA/MINE mit Totenkopf und der Aufschrift NE PRILAZITE – nicht betreten!) sollten ernst genommen und diese Gebiete keinesfalls betreten werden. Auch das Aufsuchen von Ruinen oder leerstehenden Häusern sollte unterlassen werden. Wer Kroatien fernab der Touristenzentren entdecken und sich ins schöne Hinterland bewegen möchte, kann sich informieren: Auf der Website des Hrvatski centar za razminiranje (www.hcr.hr) sind die aktuellen Informationen samt Karte auch auf Englisch abrufbar.

- **Patriotismus:** Die Kroaten sind stolz auf ihr Land, gleichzeitig stehen viele Einwohner politischen und wirtschaftlichen Fragen durchaus kritisch gegenüber. Für einen Ausländer sind Themen darüber manchmal eine Gratwanderung: Mit Kroaten kann man über Missstände vernünftig diskutieren, aber die Grenze der Belehrung kann schnell überschritten sein. Das liegt weniger an der allgemeinen Kritikfähigkeit des Volkes, sondern vielmehr daran, dass die Kroaten durchaus mitbekommen, wie undifferenziert man manchmal in ausländischen Medien über sie berichtet. Eine Versammlung von Rechten ist genausowenig „Kroatien" wie eine Neonaziversammlung „Deutschland" ist.

- **Prostitution:** Käufliche Liebe ist in Kroatien verboten. Unnötig zu erwähnen, dass es sie trotzdem gibt. Wer dazu auffordert oder sexuelle Dienste anbietet, hat mit einer Geldstrafe von 2000 bis 5000 Kuna zu rechnen. Wer sich prostituiert oder dafür bezahlt, wird mit 3000 bis 7000 Kuna zur Kasse gebeten – oder mit bis zu 40 Tagen Gefängnis bestraft. Es ist zwar schwer vorstellbar, dass jemand (besonders ein Tourist) dafür 40 Tage ins Gefängnis gesteckt wird, aber die Geldstrafe von umgerechnet fast 1000 Euro ist bestimmt keine leere Drohung.
- **Rauchen:** In Kroatien wird viel geraucht. Die Quote von 33 % ist im Vergleich zu Deutschland mit seinen 28 % ziemlich hoch. In öffentlichen Einrichtungen, Wartezimmern und an Arbeitsplätzen ist das Rauchen streng verboten, aber in gastronomischen Betrieben wurde das Gesetz gelockert. Wenn ein Lokal eine standardisierte Lüftung hat, darf geraucht werden. Raucher sollten nachfragen, ob das Rauchen im betreffenden Lokal erlaubt ist.
- **Rutschgefahr:** Nach einer langen Hitzeperiode kann der erste Regen zur Gefahr auf der Fahrbahn werden. Aus den Poren des Asphalts treten Öl, Staub, Salz und Sand hervor und vermischen sich mit dem Regenwasser. Fahren sie mit angemessener Geschwindigkeit und halten Sie genügend Abstand.
- **Sauberkeit/Toiletten:** Um die hygienischen Zustände muss man sich als Kroatienbesucher normalerweise keine Sorgen machen. Auf Sauberkeit und Ordnung wird großer Wert gelegt, sowohl in den Unterkünften als auch in Restaurants. Öffentliche Toiletten in der Innenstadt, am Strand oder in den Nationalparks sind normalerweise ausreichend vorhanden und werden mehrmals täglich kontrolliert und gereinigt.
- **Seeigel:** In manchen Küstenregionen trifft man auf Seeigel. Beim Drauftreten kann es unangenehm und schmerzhaft werden. Dann sollte man lieber nicht herumexperimentieren, sondern zum Arzt oder in die Notaufnahme gehen, um den (ungefährlichen) Stachel entfernen zu lassen. Fußbekleidung aus Plastik ist heutzutage längst nicht mehr nur für Kinder und Rentner akzeptabel, denn die uncoolen Badelatschen sind passé. Es gibt lässige Fußbekleidung, die man beim Baden im Meer tragen kann.
- **Souvenirs:** Sucht man nach Mitbringseln oder etwas, das einen an seine Zeit in Kroatien erinnert, so kann man Lebensmittel kaufen, z. B. Olivenöl in schönen Flaschen (schon die Römer und Griechen lobten das Olivenöl aus Istrien). Berühmt ist Istrien auch für seine Trüffel. Der größte wurde 1999 entdeckt und mit einem Gewicht von 1,31 kg ins Guinness-Buch der Rekorde aufgenommen. Wie wäre es mit Schafskäse von der Insel Pag? Vegeta, Honig, feine Liköre und Schnäpse oder

Weine bieten sich an. Berühmt und beliebt ist der Maraschino aus Zadar, hergestellt aus heimischen Sauerkirschen. Es dürfte günstiger sein, diese Dinge auf den Märkten einzukaufen als im Souvenirshop. Trotzdem empfiehlt es sich, einen solchen aufzusuchen, weil das Angebot vielfältig ist und man originelle Dinge findet, oft mit dem Aufdruck „I love Croatia". Bekannt und geschätzt ist der Kalkstein von der Insel Brač (verwendet wurde dieser reine und marmorähnliche Kalkstein u. a. für das Weiße Haus in Washington, das Parlament in Wien, das Parlament in Budapest und den Berliner Reichstag). Als Mitbringsel eignen sich z. B. Aschenbecher oder Behälter für Teelichter aus Kalkstein. Oder vielleicht eine Krawatte aus dem Land ihrer Erfinder? Auch die Spitze *(Garn)* von der Insel Pag ist weltbekannt und wird nicht nur als Untersetzer angeboten. Und selbstverständlich fehlt auch Kleidung mit der *šahovnica,* dem rotweißen Schachbrettmuster (s. S. 66), nicht im Angebot. Lavendelsäckchen gibt es in sehr hübschen Ausführungen. Auf Märkten bieten manchmal alte Frauen ihre eigenen Handarbeiten an, gehäkelte Tischdeckchen oder Stickereien, und bessern dadurch ihre magere Rente auf. Das ist sicherlich ein authentisches Souvenir – und erfüllt gleichzeitig einen „guten Zweck."

■ **Trinkgeld:** Ein Trinkgeld von ca. 10 % im Restaurant oder für Taxifahrer ist eine gute Richtlinie. Bei kleineren Rechnungen (z. B. im Café) darf es auch etwas mehr sein. Sie können das Trinkgeld auf dem Tisch liegen lassen oder sagen: „Zadržite ostatak" („Behalten Sie den Rest"). Auch ein einfaches „Okay" oder das deutsche „Stimmt so" gehen in Ordnung. Einen bestimmten Betrag zu nennen, auf den der Kellner herausgeben soll, ist unüblich.

⌃ Authentische Souvenirs in großer Auswahl

⌐ Straßenbahn in Zagreb

- **Vegetarier:** Fast überall in Europa hat sich die Zahl der Vegetarier und Veganer in den letzten Jahren vervielfacht, so auch in Kroatien. Das vegetarische Angebot auf Speisekarten ist jedoch immer noch spärlich, da Fisch und Fleisch in der kroatischen Küche einen großen Stellenwert einnehmen. In den Touristenorten ist man flexibler geworden. Noch vor zehn oder zwanzig Jahren betrachtete man Vegetarismus als eine Art Spinnerei, aber auch die Einheimischen wünschen sich heutzutage vermehrt vegetarische Kost. Schätzungen zufolge sind derzeit ca. 4 % der Kroaten Vegetarier, Tendenz steigend. Wer im Internet nach veganen Restaurants sucht, findet sie unter http://veganopolis. net/veganski-restorani. Die Restaurants sind nach Orten gegliedert.

- **Verkehrsmittel:** Neben dem Auto ist der Bus das wichtigste Verkehrsmittel. Es gibt ein gut ausgebautes Verkehrsnetz, man kommt damit überall hin und die Preise sind moderat. In Zagreb und Osijek gibt es auch eine Straßenbahn. Taxifahren ist günstiger als in Deutschland – grob gerechnet kostet es in Kroatien etwa die Hälfte.

- **Verkehrsregeln:** Ein paar Dinge sollte man beachten: Es darf während der Fahrt nicht telefoniert werden. Kinder unter 12 Jahren dürfen nicht auf dem Beifahrersitz mitfahren. Zu schnelles Fahren und Falschparken können teuer werden. Bei Autos herrscht keine Tagfahrlichtpflicht, doch wird Abblendlicht empfohlen, Motorräder und Mofas müssen grundsätzlich immer das Tagfahrlicht einschalten. Busse dürfen während des Ein- und Aussteigens der Fahrgäste nicht überholt werden.

- **Zebrastreifen:** Einige kroatische Autofahrer sind immer noch der Ansicht, dass man an einem Zebrastreifen halten kann, aber nicht muss. Wähnen Sie sich nicht in Sicherheit, wenn Sie einen Fuß auf den Zebrastreifen setzen. Warten Sie lieber ab, ob der Autofahrer tatsächlich vorhat anzuhalten.

Die geschichtlichen Wurzeln

◁ Blick auf die östliche Altstadt von Zagreb. Im Laufe der Zeit entstanden hier mehrere prächtige Kirchen. (023kr-mb)

Vučedol und Vinkovci

Zeugnisse menschlichen Lebens im heutigen Kroatien weisen bis in die **Altsteinzeit** (Paläolithikum) zurück: In den Höhlen von Šandalja (in der Nähe von Pula) und in Punikve (ca. 20 km von Varaždin entfernt) finden sich Spuren des Prä-Neandertalers.

Auf Hušnjakovo Brdo bei Krapina (ca. 60 km nördlich von Zagreb) wurden 1899 und 1905 bei Ausgrabungen unter der Leitung von Dragutin Gorjanović-Kramberger Funde gemacht, die dem Neandertaler zugeordnet werden und die entsprechend dem Fundort die Bezeichnung **Homo Krapiniensis** erhalten haben. Ferner fanden sich bei den Ausgrabungen prähistorische Gegenstände und Tiere. **Krapina** gehört somit zu den **bedeutendsten und umfangreichsten Neandertalerfundstellen der Welt.** Es wurden dort nahezu 900 Knochen gefunden, die zu 70 Individuen gehören, die zum Zeitpunkt ihres Todes drei bis 27 Jahre alt waren. Unter den Gegenständen, die die Neandertaler aus Stein fertigten, fanden sich u. a. Hämmer, Bohrer, Messer und Sägen. Im Jahr 2010 wurde in Krapina ein Neandertalermuseum eröffnet.

In der **Vindija-Höhle** in der Nähe von Varaždin stieß man 1980 auf Neandertalerknochen, die rund 38.000 Jahre alt sind. Die Höhle bildete sich vor etwa zehn Millionen Jahren aus Kalkstein. Sie ist einer der jüngsten Fundorte von Neandertalerfossilien, wurde aber bereits 1878 erstmals in einem Dokument erwähnt.

1928 wurden dort erste Grabungen unternommen, umfangreiche und engagierte Ausgrabungen fanden allerdings erst in den 1970er-Jahren statt. Hier wurden viele **Tierknochen** gefunden, die Eiszeitpferd, Höhlenbär, Höhlenlöwe, Nashorn, Saigaantilope, Wollnashorn, Rentier und Wolf zugeordnet werden konnten.

Spuren der Jungsteinzeit (ca. 5000 v. Chr. bis ca. 2000 v. Chr.) – Tongefäße und Statuen – wurden größtenteils im **dalmatinischen Raum** entdeckt.

In der Nähe der heutigen Stadt **Vukovar** (Slawonien) fand man am **Donauufer** die **Vučedolska golubica (Taube von Vučedol),** eine aus Keramik gefertigte Figur, die einer dreibeinigen Taube gleicht, aber nach neueren Erkenntnissen ein Rebhuhn darstellt. Die „Taube von Vučedol" ist auf der Rückseite des 20-Kuna-Scheins abgebildet. Sie stammt aus der frühen Bronzezeit und ist ca. 4000 Jahre alt.

In der **Vučedol-Kultur** hausten die Bewohner in ovalen Häusern aus geflochtenem Reisig und Dächern aus Stroh. Sie betrieben Viehzucht, Fischerei und Landwirtschaft und verfügten über Kenntnisse in der Gewinnung und Verarbeitung von Metallen.

Die ostkroatische **Stadt Vinkovci** ist **eine der ältesten in Europa** und seit ca. 8300 Jahren konstant besiedelt. Über die damaligen Bewohner ist kaum etwas bekannt, da sie keine Schriften hinterließen. Im März 1978 wurde in Vinkovci der **älteste indoeuropäische Kalender** gefunden, er stammt aus der Kupferzeit. Auf dem Gefäß, das einer Vase gleicht, ist ein wiederkehrendes Muster zu sehen, das die vier Jahreszeiten darstellt. Die Zeichen präsentieren außerdem Sternbilder, die man zu bestimmten Zeiten am Himmel sehen kann, wobei Orion am häufigsten vertreten ist. Es wird vermutet, dass sich die Menschen damals dieses Kalenders auch bedienten, um ihre landwirtschaftlichen Tätigkeiten zu planen. Im Jahr 2012 stieß man bei Ausgrabungen auf silbernes Essgeschirr, das aus dem 4. Jahrhundert stammt.

Von den Illyrern bis zur Republik Kroatien

Illyrer, Kelten, Griechen und Römer

Um ca. 1200 v. Chr. besiedelten illyrische Stämme (Histrer, Liburner, Japoden, Dalmater) die Küste, die Inseln und die Pannonische Tiefebene, also Ost- und Nordkroatien. Die gesamte Region nannte man nach den Stämmen **Ilirija.** Die Illyrer handelten mit Bernstein und standen in regem

108x-fotoconcept w - stock.adobe.com

⌃ Das Amphitheater in Pula

Kontakt mit den Nachbargebieten bis hin nach Nordeuropa. Sie waren geschickt in der Verarbeitung von Bronze und Eisen, was Relikte in Form von Schmuck und Werkzeugen beweisen. Aus dieser Zeit stammen die *gradine* (Refugien), die teilweise bis heute erhalten geblieben sind.

Im 4. Jahrhundert v. Chr. wanderten **Kelten** aus Gallien ein, gleichzeitig auch **Griechen,** die sich auf den Inseln Korčula (Korkyra Melaina), Hvar (Pharos) und Vis (Issa) und in der heutigen Stadt Trogir (Tragurion) niederließen. Die Griechen kolonialisierten diese Teile Dalmatiens und machten sie zu ihren Handelsplätzen. Das Landesinnere besetzten sie nicht, weil sie sich davon keinen Profit versprachen. Die Illyrer verbündeten sich mit den Kelten. Mit den Griechen allerdings hatten sie zu kämpfen, trieben aber dennoch Handel mit ihnen.

Die **Römer** eroberten Illyrien allmählich, zerstörten die illyrischen Bauten und nahmen griechische Kolonien ein. Im 2. Jahrhundert v. Chr. drangen sie bis zur Halbinsel Istrien (Histria) vor. Die Provinz Dalmatia wurde im 1. Jahrhundert gegründet, genau wie die Provinz Pannonia. Während der

△ Historische Karte der unteren Donauländer

römischen Herrschaft entwickelten sich der Handel und die Infrastruktur; Straßen, Häfen und Brücken wurden gebaut. Städte entstanden bzw. illyrische Siedlungen wuchsen zu solchen heran, darunter Pula (Pole), Poreč (Parentiuma), Rovinj (Ruginium), Skradin (Scardone), Zadar (Jadera), Trogir (Tragurium) und Senj (Senia). Auf dem Festland entstanden z. B. Vinkovci (Cibalae), Sisak (Siscia), Slavonski Brod (Marsonia) und Osijek (Mursa). Zahlreiche Bauten trugen die Handschrift der Römer: Theater und Amphitheater, Bäder und Thermen, öffentliche Gebäude und Basiliken.

Im Jahr 295 begann unter dem römischen Kaiser **Diokletian** der Bau des nach ihm benannten **Palastes in Split** (Spalatum), der innerhalb von zehn Jahren fertiggestellt wurde. Diokletian residierte bis zu seinem Tod im Jahr 316 in diesem Palast, der 1979 in die Liste des **UNESCO-Weltkulturerbes** aufgenommen wurde.

Eine weitere Hinterlassenschaft der Römer ist das **Baptisterium in Solin.** Von dieser Stadt aus wurde die Provinz Dalmatia regiert. Die **Ruinen von Burnum,** ein Militärlager aus der Zeit der römischen Herrschaft, liegen ca. 20 km von Knin entfernt.

Die **Liburner** (ein Stamm der Illyrer) waren geschickte Schiffsbauer und machten sich dies auf unredliche Weise zunutze: Während der Zeit, in der zwischen Griechen und Römern reger Handel herrschte, betrieben sie **Piraterie.** Das stellte über einen langen Zeitraum hinweg ein großes Problem für die Römer dar. Immer wieder bekämpften sich Illyrer und Römer. Dass am Ende die Römer den Sieg davontrugen, dürfte an deren besserer Organisation und ihrem großen Heer gelegen haben. Nachdem das Römische Reich allmählich zusammenbrach, spaltete es sich in das **Weströmische** und das **Oströmische Reich** (Byzanz). Pannonien (der östliche Teil des heutigen Kroatiens) fiel dem Weströmischen Reich zu, Dalmatien mit Istrien dem Byzantinischen Reich.

„Bijeli Hrvati"

Eine Legende besagt, dass sieben „bijeli Hrvati" (Weiß-Kroaten) - urspr. „Chrobaten" oder „Chrowaten" - aus einem Gebiet namens „Bijela Hrvatska" (Weiß-Kroatien) kamen. Dabei soll es sich um zwei Schwestern namens Tuga und Buga gehandelt haben sowie fünf Brüder: Kluka, Muhlo, Lobel, Kosjenc und - Hrvat.

Es ist nicht klar, in welchem Gebiet sich Weiß-Kroatien befunden haben soll. Angenommen wird, dass es sich um Teile des heutigen Polens, der Ukraine oder Tschechien handeln könnte.

Awaren und Slawen

Während der großen Völkerwanderung im 6. und 7. Jahrhundert ließen sich Awaren und Slawen im heutigen Kroatien nieder. Die **Awaren** waren ein **Reitervolk aus dem Kaukasus,** drangen von Zagreb zur heutigen Kvarner-Bucht vor und von dort bis nach Dalmatien. Die **Slawen** stammten zu großen Teilen aus der heutigen **Ukraine,** dem heutigen **Polen** und **Tschechien.** Slawen und Awaren vertrieben die römischen Bewohner, diese flohen in andere Städte oder auf die Inseln. Die Slawen betrieben Handwerk, Viehzucht und Landwirtschaft, lebten in Sippen überwiegend in Pannonien (dem Osten des heutigen Kroatiens), da das Land dort fruchtbar war.

Einer **Theorie** zufolge sollen unter den Siedlern auch Menschen aus dem heutigen **Iran** gewesen sein, woher auch die Bezeichnung **Hrvat** (Kroate auf Kroatisch) herrühre, denn „Haurvata" habe in deren damaliger Stammessprache „Viehhüter" bedeutet.

Der deutsche Herrscher **Karl der Große** eroberte Ende des 8. Jahrhunderts Teile des heutigen Kroatiens. Unter seinem Einfluss begann die **Missionierung** bzw. **Christianisierung** der Kroaten. Zu dieser Zeit entstand die **glagolitische Schrift,** die auf dem griechischen Alphabet beruht. Die Zischlaute der Slawen wurden hinzugefügt.

Fürsten und Könige

Die Fürstentümer teilten sich in **Pannonische Fürstentümer** und **Fürstentümer des Küstenlandes.**

Der erste Fürst des Küstenlandes wurde im Jahr 626 **Radoslav.** Die Fürstentümer des 9. Jahrhunderts erkannten die Herrschaft Karls des Großen an und nach dessen Tod führte der Pannonische Fürst **Ljudevit Posavski** von 819 bis 823 einen Aufstand gegen die fränkische Herrschaft an. Die Franken schlugen diesen Aufstand zurück, woraufhin Posavski floh und ums Leben kam.

Der erste der bekannteren Fürsten des Küstenlandes war **Borna** (reg. 810–821). Er war der Onkel von Ljudevit, hatte sich dem Aufstand gegen die Franken jedoch widersetzt.

Der Fürst des Küstenlandes, **Trpimir** (reg. 845–864), dem vom Fränkischen Reich begrenzte Autonomie zugestanden wurde, kämpfte für ein unabhängiges Kroatien. Er forderte die **Benediktiner** auf, in sein Land zu

▷ Alte Schrift im Stadtmuseum von Split

kommen, um den christlichen Glauben und Bildung zu verbreiten. Zu Zeiten Trpimirs entstand erstmals ein großes Fürstentum. Fürst **Branimir,** der Ende des 9. Jahrhunderts herrschte, erreichte im Jahr 879 die Anerkennung Kroatiens durch Papst Johannes VIII., der den Fürsten, das Volk und das Land segnete.

Domagoj, Fürst des Küstenlandes (reg. 864–876), kämpfte gegen die **Venezianer.** Seine Schlachten galten als zahlreich und blutig, weshalb er schon zu Lebzeiten von den Venezianern als der schlimmste aller Fürsten bezeichnet wurde.

Der **erste kroatische König** wurde im Jahr 925 **Tomislav.** Er regierte bis zu seinem Tod im Jahr 928. Von 910 bis 925 war er Fürst des Küstenlandes und es wird vermutet, er habe sich selbst zum König erklärt. König Tomislav vereinigte die getrennten Gebiete, das ehemalige Pannonien und Dalmatien, zum **Königreich Kroatien.** Er vertrieb die Ungarn, die ins Land einmarschieren wollten, und unterstützte Byzanz gegen die Bulgaren, weshalb er das Recht erhielt, über das byzantinische Dalmatien zu walten. Über den Papst erhielt er als König die Anerkennung durch die Kirche. Den Byzantinern imponierte seine Fähigkeit, eine Streitmacht aufzubauen und zu führen, und deshalb verbündeten sie sich mit ihm gegen die Bulgaren.

König **Držislav** erhielt als Erster die Krone durch Byzanz als **König von Dalmatien und Kroatien** und regierte von 969 bis zu seinem Tod im Jahre 997.

013kr-mb

Extrainfo 2 (s. S. 7): Trailer zur siebenteiligen Serie „Hrvatski kraljevi" („kroatische Könige"). Die Serie wurde 2011 im kroatischen Fernsehen ausgestrahlt und in über 30 Länder verkauft.

König **Krešimir** (1058–1074) erweiterte das Territorium und verleibte seinem Reich u. a. die Region Lika ein. Während seiner Herrschaft entstanden und wuchsen Städte, z. B. Šibenik.

Dmitar Zvonimir (1075–1089) wurde von Papst Gregor VII. zum König gekrönt. Während seiner Herrschaft wurde das glagolitische Alphabet verbreitet und durchgesetzt. Zvonimir gilt bis heute als **guter Herrscher** über das damalige Kroatien und Dalmatien, da sich das Land unter ihm weiterentwickelte und die Menschen von Unruhen und Ausbeutung verschont blieben.

Der **letzte König** war **Petar Snačić**, der von 1093 bis 1097 regierte. Im Jahr 1091 drangen die Ungarn unter der Herrschaft Ladislaus I. ins Land ein, Ladislaus wurde schließlich König von Kroatien und Dalmatien. Von da an begann die ungarische Dominanz in Kroatien, die über 800 Jahre andauern sollte.

Die Habsburger und Österreich-Ungarn

„Svaka veličina od malenkosti počimlje"
„Jede Größe beginnt als Wenigkeit"
   (Ante Starčević, 1823–1896, Politiker und Publizist)

Im Jahr 1102 erklärten sich die Kroaten bereit, eine **Union mit Ungarn** einzugehen. Diese wurde von **Koloman I.** initiiert. Nach dem Tod seines Onkels, Ladislaus I., bestieg er den Thron und wurde König von Ungarn, Kroatien und Dalmatien. In der **Pacta conventa** wurde die Personalunion zwischen dem Königreich Ungarn und dem Königreich Kroatien besiegelt. Ungarn und Kroatien hatten einen gemeinsamen König, aber Kroatien behielt formell seine Souveränität, seine Verwaltung, seinen **Ban** (Vizekönig/Würdenträger) und eine eigene Armee. Diese Verbindung blieb, mit einigen Unterbrechungen und in wechselnder Form, bis 1918 bestehen.

Das **kroatische Parlament, der Sabor,** – abgeleitet vom altslawischen *zbor* (Versammlung) – wurde erstmals am 19. April 1273 erwähnt. Somit ist er nach dem Althing in Island (930) und dem sizilianischen Parlament (1130) das **drittälteste Parlament in Europa.**

Im 15. und 16. Jahrhundert fielen die **Osmanen** in Bosnien-Herzegowina, Serbien, Albanien und in Teilen Kroatiens ein und das Byzantinische Reich wurde zerschlagen. Die Kroaten mussten sich immer wieder gegen das osmanische Heer zur Wehr setzen und baten deshalb den römisch-

▷ Der Kunstpavillon in Zagreb entstand um die Wende zum 20. Jahrhundert

deutschen Kaiser Maximilian I. und Papst Alexander VI. um Unterstützung, die gewährt wurde, aber nicht ausreichend war.

Aus Not und Pragmatismus ernannten die Kroaten 1527 **Ferdinand I. von Habsburg** zu ihrem König. Ein Jahr zuvor hatte das königlich-ungarische Heer bei der Schlacht um Mohács eine bittere Niederlage gegen die Osmanen erlitten. Daraufhin eroberten Letztere Teile von Ungarn und Kroatien. In Wien erlitten die Osmanen eine Niederlage und so fielen die eroberten Gebiete wieder an die Kroaten zurück.

Im Jahre 1573 ereignete sich die **„seljačka buna"** (Bauernaufstand), deren Anführer **Matija Gubec** war, der bis heute als einer der größten Nationalhelden gilt. Gubec wurde 1548 als Ambroz Gubec im Zagorje (nördlich von Zagreb) geboren, war nicht gebildet und ein einfacher Bauernjunge. Er war intelligent, stolz, tapfer und motiviert, angetrieben durch seine Wut über die Ungerechtigkeit. Ein neues Gesetz trat in Kraft, das den Bauern noch weniger Rechte zusprach als ohnehin schon. Gubec war ein Leibeigener, wollte die Ausbeutung durch die Gutsherren nicht mehr erdulden, verbündete sich mit Gleichgesinnten und organisierte Ende Januar 1573 einen Aufstand, den er anführte. Die Zahl der Aufständischen wuchs in kurzer Zeit und weitete sich auch auf die Nachbargebiete aus. Trotz der schwachen Ausrüstung der Bauern hatten die Feudal- und Gutsherren ein ernsthaftes Problem, denn die Bauern rebellierten leidenschaftlich und in großer Zahl. Ban Juraj Drašković (ein Vizekönig und Geistlicher) rief die Armee auf, den Bauernaufstand niederzuschlagen, was am

9. Februar 1573 geschah. Am 15. Februar wurde Gubec wegen Hochverrats im Alter von 25 Jahren im Zentrum von Zagreb hingerichtet: Nachdem er sich eine brennende Krone aufsetzen musste, wurde er gefoltert und schließlich gevierteilt.

Matija Gubec und sein Aufstand dienten immer wieder künstlerischen Werken als Vorlage (Literatur, Theater, Musik, Film, Bildhauerei und Malerei). Viele Kulturvereine tragen seinen Namen. „Matija Gubec" ist zudem der häufigste Straßenname in Kroatien.

Die Großadligen **Fran Krsto Frankopan** und **Petar Zrinski** wurden 1671 in der Wiener Neustadt geköpft, nachdem sie sich für eine größere **Unabhängigkeit** Kroatiens ausgesprochen hatten. Sie hatten sich auf den Weg nach Wien gemacht, um sich dafür zu entschuldigen, da sie ihre Initiative als kühn erkannt hatten, aber in Wien wurde ihnen keine Gnade zuteil. Nach ihrer Hinrichtung wurden ihre Besitztümer geplündert und ihre Familien enteignet. **So fand der Adel in Kroatien sein Ende.**

Maria Theresia aus dem Hause Habsburg, Erzherzogin und Königin u. a. von Kroatien, wurde Regentin, da ein männlicher Thronfolger nicht zur Verfügung stand. Sie kam 1740 an die Macht und reformierte und modernisierte Kroatien, dessen Wirtschaft, Armee und Bildung. Sie verbot Hexenverfolgung und Folter und gründete den Landtag in der Stadt Varaždin. Von **1767 bis 1776** war **Varaždin** die **Hauptstadt** Kroatiens. Als es dort 1775 zu einem großen Brand kam, wurde die Regierung nach Zagreb verlegt.

Ab dem 11. Jahrhundert eroberten die Venezianer immer mehr der kroatischen Küste (außer Dubrovnik), allerdings mit Unterbrechungen durch Österreich-Ungarn. Für die **Venezianer** war die kroatische Küste als Handelsplatz begehrt, weil sie sich zwischen West-, Ost- und Südeuropa befand.

Ab dem 15. Jahrhundert herrschte Venedig über das gesamte Küstengebiet, bis die Venezianische Republik 1797 zerbrach.

Zwischen 1807 und 1813 herrschte Napoleon I. und somit Frankreich über die Illyrischen Provinzen (gesamter westlicher Teil Kroatiens und Teile Sloweniens, Italiens und Österreichs). Napoleon soll sehr beeindruckt von den kroatischen Soldaten gewesen sein. Auf einer Russlandreise habe er gesagt: „Gebt mir 100.000 Kroaten und ich besiege die ganze Welt."

Josip grof Ban Jelačić von Bužimski (1801–1859), der heute verkürzt Ban Jelačić genannt wird, ist Kroatiens **Nationalheld.** Er entstammt einem Adelsgeschlecht, war der Sohn eines Feldmarschalls und der deutschstämmigen Anna geb. Portner von Höflein. Seine Ausbildung absolvierte er im elitären Theresianum in Wien (1810–1819), um in den Staatsdienst der ungarisch-österreichischen Monarchie einzutreten.

Er soll bereits zu jener Zeit fünf Fremdsprachen beherrscht, eine einnehmende und freundliche Persönlichkeit gehabt haben, außerdem Empathievermögen, Sinn für Humor und für Gerechtigkeit (u. a. schaffte er die Knechtschaft ab). Ban Jelačić war nicht nur ein fähiger Soldatenführer, sondern auch ein guter Organisator, Fechter, Reiter und Schütze. Er gilt als selbstbewusster und stolzer Kroate, der sich gegen die Ungarn zur Wehr setzte. Er strebte nach mehr **Autonomie:** ein vereinigtes und unabhängiges Kroatien und Kroatisch als offizielle Landessprache. Diese Forderungen stellte er an die Habsburger im Sabor (Parlament) 1848, so rief er die ersten Parlamentswahlen ins Leben. Er wollte ein vereintes Kroatien mit Istrien, Dalmatien und Kroatien (Slawonien) schaffen. Das Land sollte nicht weiterhin Teil der ungarischen Krone sein. Er erklärte Kroatien von der ungarischen Krone für unabhängig und sprach sich als loyal gegenüber der österreichischen Monarchie aus. Als Armeeführer schlug er im selben Jahr mit 40.000 Mann den Aufstand der Ungarn gegen den österreichischen Kaiser nieder.

Wenige Jahre nach seinem Tod wurde im Herzen Zagrebs ein Denkmal errichtet, das 1947 von den Kommunisten entfernt wurde. Es ist dem Kunsthistoriker Antun Bauer zu verdanken, dass das Denkmal gerettet wurde. Schließlich wurde es am 16. Oktober 1990 (Jelačićs Geburtstag) am selben Platz wieder aufgestellt, dem heutigen Trg bana Jelačića im Zentrum der Hauptstadt Zagreb.

Der Schriftsteller **Ljudevit Gaj** und **Graf Drašković** riefen eine Bewegung ins Leben, die von der Theorie ausging, die wahren und ersten Kroaten seien die **Illyrer** gewesen. Als Folge dieser kroatisch-illyrischen Bewegung und ihrer Anführer Gaj und Drašković wurde im Jahr 1847 **Kroatisch offizielle Amtssprache.**

Kaiser Franz Joseph wurde 1867 König von Ungarn. Er erweiterte die Infrastruktur in Kroatien und es kamen Adlige und Großbürgerliche an die Küsten und in die Thermen. Der **Grundstein des Tourismus** war gelegt.

Von 1868 bis 1918 bestand die **Trojedna Kraljevina Hrvatska, Slavonija i Dalmacija** (Dreieiniges Königreich Kroatien, Slawonien und Dalmatien), eine eigenständige Monarchie in der k.-u.-k.-Monarchie. Das Wappen des Dreieinigen Königreichs ist neben dem Zagreber Wappen auf dem Dach der Kirche Sv. Marko (Markuskirche) in Zagreb zu sehen.

Ante Starčević (1823–1896) galt bereits zu Lebzeiten als *otac domovine* (Vater der Heimat). Er war Schriftsteller und Publizist, aber in der Hauptsache Politiker der **HSP – Hrvatska Stranka Prava** (Kroatische Partei des Rechts), die er gemeinsam mit Eugen Kvaternik gründete. Starčević engagierte sich leidenschaftlich für ein souveränes Kroatien. Er wollte die Kroaten nationalbewusst wissen und kämpfte für die Unabhängigkeit und

Ablösung von Österreich-Ungarn. Berühmt ist sein Ausspruch „Ni pod Beč ni pod Peštu, nego za slobodnu samostalnu Hrvatsku!" („Weder unter Wien noch unter Pest (heute Budapest), sondern für ein freies, unabhängiges Kroatien!").

Ende des 19. und Anfang 20. Jahrhunderts entstand eine stark **antiungarische Stimmung,** begleitet von Studentenunruhen und Volksbegehren. Diese Proteste wurden brutal niedergeschlagen.

Erster Weltkrieg und das „alte Jugoslawien"

Am 28. Juni 1914 schrieb ein bis dahin unbedeutender junger Mann Geschichte: Der zwanzigjährige **Gavrilo Princip erschoss** den österreichisch-ungarischen Thronfolger **Franz Ferdinand** und dessen Gemahlin **Sophie** in der bosnischen Hauptstadt Sarajevo. Trotz ihrer 46 Jahre soll Sophie schwanger gewesen sein. Princip erklärte später, hätte er dies gewusst, so hätte er sie nicht getötet. Der bosnisch-serbische Attentäter gehörte der Bewegung **Mlada Bosna** (Junges Bosnien) an, die eine Loslösung von Österreich-Ungarn erreichen wollte. Der Attentäter verbrachte die nächsten Jahre in Theresienstadt unter Folter und menschenunwürdigen Bedingungen. Er starb mit 24 Jahren.

Einen Monat nach Princips Attentat auf den Erzherzog erklärten die Österreicher Serbien den Krieg, woraufhin der Erste Weltkrieg begann.

Während des Ersten Weltkriegs war Kroatien Teil der österreich-ungarischen Monarchie, somit wurden die kroatischen Soldaten den Entscheidungen Wiens unterworfen und eingesetzt. Also fanden sie sich an verschiedenen Fronten. Die Kroaten hatten kein wirkliches Interesse, gegen irgendjemanden zu kämpfen, mussten sich jedoch den Großmächten fügen. Viele gerieten in russische oder serbische Gefan-

015kr-mb ◁ Radić-Statue in Zagreb

genschaft, die Zahl der Opfer seitens Kroatiens wird auf 137.000 Soldaten und 109.000 Zivilisten geschätzt. Außerdem gab es eine Dürreperiode, der besonders viele Kinder zum Opfer fielen. Hinzu kam dann noch die Spanische Grippe, die ebenfalls viele Todesopfer forderte.

Die Habsburger Monarchie zerbrach 1918, am Ende des Ersten Weltkriegs. Am 29. Oktober 1918 entstand die **SHS – Država Slovenaca, Hrvata i Srba** (Staat der Slowenen, Kroaten und Serben), mit Sitz in Zagreb.

Der Staat wurde international nicht anerkannt. Wenige Wochen später, am 1. Dezember, schloss sich Kroatien dem **Kraljevstvo Srba, Hrvata i Slovenaca** (Königreich der Serben, Kroaten und Slowenen) an, dessen Hauptstadt Belgrad wurde und der unter der Führung der serbischen Monarchie stand.

Der **Vertrag von Rapallo** wurde 1920 unterzeichnet, dadurch **fielen Istrien, Zadar und mehrere kroatische Inseln an Italien.** Die Stadt **Rijeka** wurde zum **Freistaat** erklärt, aber vier Jahre später durch Gabriele d'Annunzio italianisiert und Fiume genannt. Rijeka war zur Zeit des SHS geografisch gespalten, so gehörte ein Teil der Stadt zum Königreich und ein anderer samt Hafen zu Italien.

Allen Warnungen zum Trotz: Gänse im Nebel

Kroatien befand sich Ende 1918 in einer schwierigen Situation und stand unter Druck. Italien besetzte immer größere Teile Kroatiens. Als Teil der österreichisch-ungarischen Monarchie gehörte Kroatien zu den Verlierern des Ersten Weltkriegs. Jedem Kroaten war bewusst, dass das Land auf die Seite der Sieger wechseln musste, um zu vermeiden, weiterhin Territorium an die Italiener zu verlieren. Also war ein Zusammenschluss mit dem Königreich Serbien unvermeidbar, was auch Stjepan Radić so sah. Trotzdem appellierte er an die Abgeordneten und das kroatische Volk, sich nicht überstürzt in die serbische Abhängigkeit zu begeben. Kroatische Politiker aber wollten das Bündnis so schnell wie möglich besiegeln. Radić wollte jedoch zuvor die Voraussetzungen und die Rolle Kroatiens in diesem Bündnis klären. „Es ist noch nicht zu spät", sagte er besorgt, und dann den Satz, der in Kroatien legendär wird: „Ne srljajte kao guske u maglu!" („Rennt nicht wie Gänse in den Nebel!")

Seine Warnungen wurden in den Wind geschlagen. Möglicherweise nahm man sie durchaus ernst, aber durch den Zeitdruck stürzte man sich in eine ungünstige Position. Heute betrachtet man Radićs Warnungen als begründet und seine Prognosen als bewahrheitet.

Im Jahr 1921 änderte König **Aleksandar I. Karađorđević** den Namen des Staates in **Kraljevina Srba, Hrvata i Slovenaca.** Serbien verwaltete die Finanzen und besetzte hohe Posten mit Männern aus Serbien und Montenegro. **Stjepan Radić** und seine **Bauernpartei** (Die Partei wurde 1904 von ihm und seinem Bruder gegründet, der Parteiname aber mehrmals geändert, von **HPSS** zu **HRSS,** heute heißt sie **HSS** – Hrvatska Seljačka Stranka – Kroatische Bauernpartei) war zwar Befürworter einer Vereinigung der Südslawen, allerdings nur in Form föderativer Republiken. Seine Bauernpartei hatte in jener Zeit in Kroatien die größte Anhängerschaft und erhielt bei den Wahlen die absolute Mehrheit. **Radić** und drei weitere Mitglieder der Bauernpartei wurden 1928 während einer Parlamentssitzung in Belgrad vom montenegrinisch-serbischen Abgeordneten Puniša Račić **erschossen.** Die Partisanen töteten den Attentäter 1944 in Belgrad.

Noch heute kennt jeder den Namen Stjepan Radić. Das **Attentat** hat bei den Kroaten eine **tiefe Wunde** hinterlassen. Vermutlich auch deshalb, weil man sich fragt, wie die Geschichte Kroatiens verlaufen wäre, wenn Radić nicht ermordet worden wäre. In den Jahren nach diesem Attentat wurden Spannungen unüberbrückbar. Im Jahr 1929 rief Aleksandar I. Karađorđević die **Diktatur** aus – und änderte wieder den Namen des Landes, diesmal in: **Kraljevina Jugoslavija (Königreich Jugoslawien).** Im Volksmund wurde diese Zeit später als **Stara Jugoslavija** (Altes Jugoslawien) bezeichnet. Die Position der Kroaten empfanden Politiker und das Volk als inakzeptabel. Emotional wurde es besonders dann, wenn über Vertreibungen und Ermordungen von Kroaten berichtet wurde. Dann vermischten sich Wut, Angst und Verzweiflung.

Der Historiker **Milan von Šufflay** (1879–1931) war Gegner des diktatorischen Regimes und wurde deshalb ermordet. Aus diesem Anlass schrieben Albert Einstein und Heinrich Mann 1931 einen Brief an die Öffentlichkeit, um dazu aufzurufen, die Kroaten zu schützen.

Aleksandar I. Karađorđević wurde **1934** in Marseille **Opfer eines** von Vlado Georgijev Černozemski durchgeführten **Attentats.** Das Motiv für die Ermordung war die Abnabelung Mazedoniens und Kroatiens vom serbisch dominierten Königreich. Černozemski war gebürtiger Bulgare und an der mazedonischen Revolution beteiligt, die sich gegen die Vorherrschaft der Serben in Mazedonien richtete. Er schloss sich der **Ustaša-Bewegung** an (Ustaša = Aufständischer), dessen Anführer Ante Pavelić war.

▷ Die Ustaša ließ mehrere Bunker wie diesen im Zagreber Untergrund anlegen

Gespaltenes Land: der Zweite Weltkrieg

Im Jahr 1941 zerfiel das Königreich Jugoslawien unter der Besatzung durch die Achsenmächte. Im selben Jahr entstand die **NDH – Nezavisna Država Hrvatska (Unabhängiger Staat Kroatien),** die von 1941 bis 1945 bestand. Die NDH sollte später international als **Ustaša-Regime** in Erinnerung bleiben. Das Ustaša-Regime existierte von Hitlers und Mussolinis Gnaden und stellte sich gegen die Alliierten. Angeführt wurden die Ustaše von **Ante Pavelić,** genannt *poglavnik* (Oberhaupt), seltener *voda* (Führer). Pavelić war ein Dr. jur., der in Zagreb eine Anwaltskanzlei betrieb. Sein Weggefährte wurde **Andrija Artuković,** ebenfalls ein Dr. jur. Der größte Teil der Kroaten sympathisierte nicht mit den Ustaše. Das faschistische Regime hatte weit weniger Anhänger als vergleichbare Regime in anderen Ländern zu dieser Zeit. Pavelić und der **Anführer der Partisanen, Josip Broz** (mit dem Pseudonym Tito), bekämpften sich mit ihren Truppen in blutigen Gefechten. Hitlers und Mussolinis Unterstützung und Sympathie war Pavelić sicher, zumal er sich gegen Tito und seine kommunistischen Partisanen stellte. Auch wenn die Partisanen um die Unterstützung der Sowjetunion baten, wurde ihnen diese nicht zuteil, denn Moskau half Belgrad. Winston Churchill sympathisierte mit Tito und unterstützte die Partisanen, zumindest moralisch bzw. politisch. Churchill gefiel es, dass Tito Hitler die Stirn bot.

01dér-mb

Partisan, Marschall, Staatschef: Josip Broz Tito

Der Weg zum Staatschef

Josip Broz wird am 7. Mai 1892 im kroatischen Kumrovec (damals Österreich-Ungarn) geboren. Seine Mutter ist Slowenin, sein Vater Kroate. Später wird der 25. Mai als sein Geburtstag gefeiert werden, da er an jenem Tag im Jahr 1944 in Drvar, Bosnien-Herzegowina, nur knapp den deutschen Truppen entwischen konnte. Immer an seinem Geburtstag findet später auch der „Dan mladosti" („Tag der Jugend") statt, an dem junge Pioniere zu Ehren Titos die Veranstaltung anführen.

Seine Eltern sind Kleinbauern und leben in bescheidenen Verhältnissen. Josip ist ihr siebtes Kind. Nach der Schule macht er in Sisak eine Schlosserlehre, geht danach nach Zagreb und tritt in die Sozialdemokratische Partei ein. Auf der Suche nach Arbeit gelangt er nach Slowenien, Deutschland und Österreich. Mit 21 Jahren wird er in die österreichisch-ungarische Armee einberufen. Während des Ersten Weltkriegs wird er Unteroffizier und gerät in russische Gefangenschaft. In Russland nimmt er an Demonstrationen für den Kommunismus teil, geht später nach Zagreb und wird auch hier Mitglied der Kommunistischen Partei. Er arbeitet als Kellner, Mechaniker und in einer Werft. Mitte der 1920er-Jahre ist er Mitglied in Gewerkschaften und engagiert sich politisch. Wegen dieses Engagements und der Verbreitung kommunistischen Gedankenguts wird er zunächst zu einer Gefängnisstrafe auf Bewährung verurteilt, später zu fünf Jahren Zuchthaus. In Wien wird er in das Zentralkomitee der KPJ einberufen, die ihre Aktivität aus dem Exil koordiniert.

Er geht dort in den Untergrund und mit dem Aufstieg ins Politbüro nimmt er den Decknamen Tito an. Im Jahr 1938 wird er Generalsekretär der KPJ in Moskau.

Nachdem das Königreich Jugoslawien 1941 zerschlagen ist und Deutsche und Italiener einmarschiert sind, organisiert Tito den Widerstand. Im November 1943 wird er bei der Versammlung des AVNOJ (Antifašističko Vijeće Narodnog Oslobođenja Jugoslavije – Antifaschistischer Rat der Volksbefreiung Jugoslawiens) wegen seines Widerstands gegen die italienische und deutsche Besetzung zum Marschall von Jugoslawien ernannt. Ein Jahr zuvor hatte Tito zur Gründung der AVNOJ aufgerufen, einer Art vorübergehendes Kriegsparlament.

Ein Jahr später entgeht er in Bosnien-Herzegowina um Haaresbreite einer Verhaftung durch deutsche Truppen und flieht nach Italien. 1945 wird Tito Staatschef von Jugoslawien.

Extrainfo 3 (s. S. 7): Kurzer Bericht über die Tito-Biografie von Jože Pirjevec

Regierungsstil und die kroatische Sicht auf Tito

Heute gibt es in Kroatien Tito-Kritiker und Tito-Bewunderer, letztere auch „Jugonostalgičari" („Jugo-Nostalgiker") genannt. Dabei kann es sich um Leute handeln, die ihm und Jugoslawien wirklich hinterhertrauern, oder um solche, die Vergleiche ziehen und früher einfach nur ein paar Dinge besser fanden. Manchen Menschen fehlt die Sicherheit (beispielsweise der Arbeitsplatz). Seine Sympathisanten sind der Meinung, man könne stolz darauf sein, so einen Staatschef gehabt zu haben: Jeder durfte ein- und ausreisen und es lebte sich als Bürger relativ abgesichert und frei. Die Menschen hatten Arbeit und man wurde am Arbeitsplatz nicht ausgebeutet (wie teilweise heutzutage). Seinen Widerstand hat er aus dem Nichts heraus organisiert, gekämpft, sein Leben riskiert - und gewonnen.

Tito hatte genug Rückgrat gehabt, 1948 mit Stalin zu brechen und wurde später der Initiator der Blockfreien Staaten. Er konnte kühn und abgeklärt sein: Tito schickte eine Nachricht an Stalin mit der Botschaft, dieser solle aufhören, ständig Attentäter zu schicken, man habe schon fünf von ihnen erwischt. Sonst müsse er, Tito, einen nach Moskau schicken und „ein zweiter wird nicht nötig sein." Sowjetmarschall Schukow fragte Tito 1957 bei seinem Belgrad-Besuch: „Weißt du, Genosse, dass wir euch 1951 erledigen wollten?" Titos Antwort darauf war: „Weißt du, Genosse, das hat Hitler auch gewollt."

Tito stopfte sich nicht die Taschen voll und bunkerte keine Millionen auf privaten Konten (Die Residenzen wurden ihm vom Staat zur Verfügung gestellt und waren nicht sein Eigentum. Seine serbische Ehefrau Jovanka, mit der er seit dem Jahr 1952 verheiratet war und mit der er keine Kinder hatte, wurde nach seinem Tod enteignet und starb 2013 verarmt in Belgrad.) Wie Kroatien heute aussehen würde, wenn Tito und seine Partisanen den Krieg verloren hätten, darüber ließe sich spekulieren. Wie wären die Amerikaner und Briten mit dem Territorium verfahren? Und welche Rolle hätten die Sowjets dabei gespielt?

△ Treffen zwischen Tito und Churchill

Seine Verfassungsänderung von 1974 ermöglichte den Republiken später, aus Jugoslawien auszusteigen, betonen seine Befürworter.

Die Kritiker sagen, er führte den Staat mit harter Hand, erstickte den „Kroatischen Frühling" 1971 und ließ keinen Zweifel daran, wer Herr im Hause Jugoslavija war. Tito war eitel und liebte den Glamour, ließ Städte nach sich benennen, betrieb Personenkult und ließ Regimegegner auf die Gefängnisinsel Goli Otok („Nackte Insel") verbannen, wo unwürdige Bedingungen herrschten. Er hielt sich auf Brijuni einen pompösen Zoo und umgab sich gerne mit Hollywoodstars. Offiziell war die Religionsfreiheit garantiert, doch konnte man als gläubiger Katholik nicht in öffentlichen Einrichtungen arbeiten, schon gar nicht befördert werden. Tito hielt auch nicht viel von individueller Meinungsfreiheit, verfolgte und bestrafte seine Gegner. Das Singen des Liedes „Vila Velebita" („Fee des Velebit") war verboten und stand unter Strafe. Der Text diffamiert kein Volk und keine Ethnie, betont aber das Kroatentum. Entstanden ist das Lied vermutlich bereits Mitte des 19. Jahrhunderts, während oder nach der Illyrischen Bewegung.

Die Bezeichnung „Diktator" ist zwar gerechtfertigt, setzt Tito aber mit Massenmördern wie Hitler, Stalin und Mao Zedong gleich, was eine gewisse Absurdität beinhaltet.

In der Sicht auf Tito wird Kroatien wohl noch eine Weile unterschiedlicher Meinung bleiben. Nicht wenige sehen ihn auch differenziert und haben ihre eigenen Argumente, weshalb er für sie sowohl eine positive als auch negative Persönlichkeit war. Ob man Tito nun eher als positive oder negative historische Figur sehen möchte, sei jedem selbst überlassen, zumal jeder, der Jugoslawien erlebt hat, das Recht auf seine persönlichen Erinnerungen hat.

Der Blick von außen

Was ihn in Jugoslawien und im Ausland als Person beliebt gemacht hat: Er war mit jedem auf Augenhöhe, sah weder auf Staatsführer herab noch empfand er Ehrfurcht vor den großen „Leadern" dieser Welt.

Sowohl zu Lebzeiten als auch nach seinem Tod äußerten sich Politiker und Künstler immer wieder anerkennend über seine Leistungen und seine Person, z. B. Winston Churchill, Franklin Roosevelt, Richard Nixon, Martin Luther King, Aldo Moro, Willy Brandt und Helmut Schmidt. Der Schriftsteller Arthur Miller sagte, Tito und seine Partisanen zeigten den Deutschen im Zweiten Weltkrieg, dass sie nicht unverwundbar waren. Heinrich Himmler bedauerte, dass Tito sein Gegner sei, denn dieser habe große Charakterstärke. Für Dwight D. Eisenhower war Tito der größte Held im Zweiten Weltkrieg. Charles de Gaulle äußerte, dass Tito unter schwierigsten Bedingungen den Sieg davongetragen habe. Für Neil Armstrong war Tito der Mann, der Zerstörung und Krieg in Schöpfung und Frieden verwandelt hat.

In den Römischen Verträgen überließ der „Poglavnik" 1941 beinahe die gesamte kroatische Küste dem „Duce". Erst nach der Kapitulation Italiens wurde das Gebiet (zunächst durch die Kontrolle der Deutschen) wieder an Kroatien angeschlossen.

Die meisten Kroaten standen noch hinter der Bauernpartei, Pavelić ließ sie verbieten. Unter seinem Einfluss fand eine „Kroatisierung" statt: **Juden** und **Roma** wurden ganz nach NS-Vorbild entrechtet. Sein größtes Feindbild waren aber die orthodoxen **Serben.** Er wollte Teile von ihnen durch Zwangstaufen zu Katholiken machen und ließ in den von Serben besiedelten Gebieten **Massenmorde** durchführen. Die Serben schlossen sich Partisanen oder Četniks an – die Četniks verübten wiederum **Massaker an den Kroaten.** Dragoljub Draža Mihailović und seine Četniks wurden von den Alliierten zunächst geschützt, doch das Blatt wendete sich und die Alliierten wandten sich den Partisanen zu. **Pavelić** ließ KZs errichten, das größte von ihnen war **Jasenovac:** Dort starben hauptsächlich Serben, aber auch Juden, Roma, Partisanen und Kommunisten sowie antifaschistische Kroaten. In den 1960er-Jahren wurden das Denkmal (Blume aus Stein), eine **Gedenkstätte** und ein Museum der Öffentlichkeit zugänglich gemacht. Die Zahl der Opfer in Jasenovac liegt offiziell bei ca. 83.000. Verschiedene Untersuchen benennen aber auch ca. 100.000 Opfer. Gegen **Kriegsende,** am 14. Mai 1945, kamen viele Kroaten, Slowenen, Serben und Montenegriner in Kärnten an. Es handelte sich um Soldaten und Zivilisten, zum großen Teil um Sympathisanten der Ustaše, Četniks oder „Domobrani" (Heimwehr/Landwehr seitens Sloweniens und Kroatiens), Gegner des Kommunismus, die sich aus Angst vor der Rache der Partisanen auf den Weg nach **Bleiburg (Kärnten)** gemacht hatten, um sich den Briten zu ergeben. Doch die Briten hatten sich mit der Jugoslawischen Volksbefreiungsarmee, also den Partisanen, bereits verbündet – und überließen die Menschen den Partisanen!

Vereinbart war: Sollten auch Zivilisten unter den Flüchtlingen sein, so sollten diese gemäß dem Völkerrecht in ihre Heimatgebiete zurückgebracht werden.

Laut einigen Schätzungen trieben die Partisanen über 130.000 Menschen in Richtung Vojvodina. Auf dem Weg wurden Zehntausende erschossen und in Gräben geworfen, darunter sehr viele unschuldige Zivilisten. Dieses Ereignis wird später als **„križni put" (Kreuzweg)** bezeichnet.

In Huda Jama (Slowenien) wurde 2009 in einem Bergwerk ein Massengrab entdeckt. Die Täter waren Partisanen und die ca. 3000 Opfer waren überwiegend Slowenen, Kroaten und Deutsche. Bis zur Wende wurden diese Verbrechen unter den Teppich gekehrt. Es werden noch weitere Massengräber in Slowenien vermutet.

Ante Pavelić gelang 1945 über Österreich und Italien die Flucht nach **Argentinien,** wahrscheinlich als Mönch oder Priester verkleidet. In Argentinien fand er bei Präsident **Perón** Unterschlupf, in Jugoslawien galt er fortan als Kriegsverbrecher. Nach Peróns Sturz 1955 stand Pavelić schutzlos da. Zwei Jahre später wurde in Lomas del Palomar (ca. 30 km von Buenos Aires entfernt) ein **Attentat** auf ihn verübt, vermutlich durch die **UDBA,** den jugoslawischen Geheimdienst. Er überlebte die Schüsse, flüchtete zurück nach Europa und fand beim spanischen Diktator Franco Asyl. Mit 70 Jahren starb Pavelić 1959 in Madrid.

SFR Jugoslavija (Sozialistische Föderative Republik Jugoslawien)

„If this man is a mechanic, then I am not the Queen of Great Britain."
„Wenn dieser Mann ein Mechaniker ist, bin ich nicht die Königin von Großbritannien."
   (Queen Elizabeth II., 1972 nach der Begegnung mit Tito auf Brijuni)

Mit Tito an der Spitze entstand 1945 die **Federativna Narodna Republika Jugoslavija** (Föderative Volksrepublik Jugoslawien). Ab 1963 hieß sie **Socijalistička Federativna Republika Jugoslavija – SFRJ (Sozialistische Föderative Republik Jugoslawien).** Sie bestand aus sechs Teilrepubliken: Kroatien, Serbien, Bosnien-Herzegowina, Slowenien, Mazedonien und Montenegro. Jugoslawiens Hauptstadt war Belgrad.
   Die Voraussetzungen für „Brüderlichkeit und Einheit" gestalteten sich mitunter als schwierig. Auf dem Territorium von Jugoslawien starben während des Zweiten Weltkriegs mehr Menschen durch Ermordungen untereinander als durch einmarschierte Truppen. Die **Aufarbeitung der Verbrechen** während des Zweiten Weltkriegs war später unter Titos Herrschaft in Jugoslawien ein Tabu und schlichtweg verboten.

018kr

Bekannte Regimegegner

Es gibt viele Beispiele von Regimegegnern. Ihre Verachtung gegenüber einem totalitären System zog harte Strafen nach sich. Zwei von ihnen waren Ivan Supek und Vlado Gotovac:

Ivan Supek (1915–2007) war Physiker und Schriftsteller und leistete einen großen Beitrag zur kroatischen Kultur. Er studierte u. a. auch in Leipzig und wurde der Assistent von Werner Heisenberg (dt. Nobelpreisträger für Physik). Supek wurde wegen seiner antifaschistischen Haltung von der Gestapo verhaftet, worauf Heisenberg sich für ihn einsetzte und erklärte, er könne seine Arbeit nicht ohne Supek fortsetzen. Er kehrte zurück nach Zagreb und war dort u. a. als Dozent tätig. Nach dem Kroatischen Frühling wurde er wegen seiner Texte von den Kommunisten verleumdet. Supek wurde in seiner Arbeit behindert und von den Kommunisten vom öffentlichen Leben ausgeschlossen.

Vlado Gotovac (1930–2000) war Schriftsteller, Philosoph, Journalist und liberaler Politiker. Er beteiligte sich 1971 am Kroatischen Frühling, wurde mehrfach inhaftiert und verbrachte mehrere Jahre im Gefängnis. Mit seiner politischen Meinung hielt er sich nie zurück. Den Zorn der Kommunisten und die Konsequenzen seiner liberalen Haltung nahm er in Kauf. Seiner Meinung nach sei der größte Feind die Vulgarität. (Als vulgär bezeichnete er auch die Politik der 1990er-Jahre und nannte in diesem Zusammenhang Korruption, Betrug und staatliche Plünderung). Eine seiner bekanntesten Aussagen ist: „Znam što bih rekao pred smrt: Čuvajte mi Hrvatsku od niskosti i mržnje" („Ich weiß, was ich vor meinem Tod sagen würde: Beschützt mir Kroatien vor Niedertracht und Hass").

Nach außen schien alles zu funktionieren, denn Jugoslawien entwickelte sich zu einem vorbildlichen sozialistischen Staat und war der „lockerste" unter den kommunistischen Staaten. Tito war der Ansicht, alle sollten der Mittelschicht angehören. Es sollte in seinem Land weder Armut noch Kapitalismus geben. Dies vermittelte er und auf diese Weise regierte er sein Land. Die Menschen verstanden es, ohne dass er es regelmäßig thematisieren musste.

Im Vergleich zu anderen kommunistischen Ländern lebte es sich in Jugoslawien relativ gut, besonders in den 1960er- und 1970er-Jahren. Das

◁ In den 1950er-Jahren wurde die Jugend für den Bau des „autoput" (Autobahn) mobilisiert

Land hatte offene Grenzen für Touristen und Emigranten, erlaubte private Kleinbetriebe und unterhielt wirtschaftliche Beziehungen zum Westen.

Gesellschaftliche Eliten waren kaum existent, zumindest wurden sie nicht als solche bezeichnet. Reichtum, Mittelschicht und Armut sind Begriffe, die manchmal schwer zu definieren sind. Die „Mittelschicht" in Jugoslawien hätten nicht wenige Länder als reich angesehen. Im Vergleich zur deutschen, österreichischen oder Schweizer Mittelschicht lebte es sich in Jugoslawien jedoch bescheiden. Das lag auch am Warenangebot. Wer mehr vom Leben wollte (und es sich leisten konnte), der musste zum Einkaufen ins Ausland (meist ins italienische Triest) oder bestellte bei Verwandten und Freunden Markenkleidung oder moderne Unterhaltungselektronik.

Gerne wurde und wird behauptet, dass damals jeder Arbeit hatte. Dass in Jugoslawien die **Arbeitslosenquote** gering war, dürfte allerdings weniger am funktionierenden Staat als vielmehr an der massenhaften Auswanderung gelegen haben.

Eine Aufarbeitung der Kriegsereignisse wäre dringend nötig gewesen, so meinen viele, aber Tito hatte sich für das Wegsehen und Schweigen entschieden, und nur die Taten der Partisanen wurden idealisiert. Andere meinen, er hätte mit der Aufarbeitung nur die Büchse der Pandora geöffnet und alte Wunden wären wieder aufgerissen worden. Das Totschweigen hatte tatsächlich insofern einen positiven Effekt, als man am Arbeitsplatz oder unter Bekannten oftmals gar nicht wusste, wo die Wurzeln des anderen lagen und welcher Religion er angehörte. Die meisten hatte es schlichtweg nicht interessiert, weil alle Jugoslawen waren.

Wer kein begeisterter Sozialist war, wurde als **Nationalist** gebrandmarkt, so wie **Andrija Hebrang** (1899–1948). Er war Antifaschist und Partisan, für die Partei aber zu pro-kroatisch, da er kroatische Interessen vertrat. Er wurde unter dem Vorwurf der Spionage festgenommen und in ein Belgrader Gefängnis gebracht – wo er angeblich Selbstmord beging, was bis heute nicht geglaubt wird.

Der Bruch mit Stalin 1948 brachte Tito Sympathiepunkte seitens des Westens ein. Sein Sieg im Zweiten Weltkrieg und der Bruch mit der Sowjetunion verliehen ihm Anerkennung und Souveränität. Möglicherweise wurde auch deshalb sein Einparteiensystem vom Westen toleriert. Nach Ansicht des slowenisch-italienischen Historikers (und Tito-Biografen) Jože Pirjevec habe Tito nicht für das Volk mit Stalin gebrochen, sondern um seine Macht nicht zu teilen.

▷ Nicht nur bei der damaligen Jugend sehr beliebt: der „Zastava 750" – „Jugoslawiens Smart"

Tito wollte nicht unter dem russischen Stiefel stehen. Dafür erntete er zwar den Zorn der Russen, aber auch weltweite Bewunderung für seinen Mut. Auf Brijuni empfing er 1956 den indischen Ministerpräsidenten Jawaharlal Nehru und den ägyptischen Staatspräsidenten Gamal Abdel Nasser, um die **Bewegung der Blockfreien Staaten** zu gründen. Titos Initiative zog in den nächsten Jahren viele Länder an. Bei der ersten Konferenz 1961 waren 25 Staatschefs anwesend. Heute gehören den Blockfreien 120 Länder und 55 % der Weltbevölkerung an.

Im Jahr 1966 wurde der Serbe **Aleksandar Ranković** wegen Spionagevorwürfen seines Amtes enthoben und aus der Partei ausgeschlossen. Ranković war von 1946 bis 1953 **Innenminister** und von Tito zum **Vizepräsidenten** ernannt worden. Später wurde er **Chef der UDBA, des jugoslawischen Geheimdienstes.** Die UDBA verfolgte antikommunistische Kroaten in der Diaspora, die sich gegen Tito und den Kommunismus stellten. Allein in Deutschland wurden zwischen 1970 und 1989 von der UDBA 29 Morde verübt.

Langsam wurde in Kroatien der **Ruf nach Autonomie** laut, ausgelöst durch die serbische Vorherrschaft. Der Tourismus war für Kroatien ein großer wirtschaftlicher Faktor, doch der Großteil der Einnahmen musste an die Regierung in Belgrad abgetreten werden, genau wie die Einnahmen in den Bereichen Landwirtschaft, Industrie und Schiffbau, in denen Kroatien ebenfalls führend war. (Heute steht Kroatien im Schiffbau weltweit auf Rang 10, früher war es Platz 3). Dies sorgte bei den Kroaten für Frustration. Aus serbischer Sicht hatte es seine Berechtigung: Belgrad musste die Gelder an andere Republiken verteilen und in Infrastruktur und Entwicklung der Republiken investieren, die kaum Einnahmen zu

verzeichnen hatten. **Kroatien und Slowenien waren von allen am weitesten entwickelt** und am reichsten. Andere Republiken wie Montenegro und Mazedonien sowie die Provinz Kosovo waren wirtschaftlich unterentwickelt.

Ein weiterer Kritikpunkt war die **Marginalisierung der kroatischen Sprache.** Kroatien forderte eine stärkere Position innerhalb der Bundesrepublik Jugoslawien ein. Titos Ideologie setzte die Identifikation mit Jugoslawien voraus, doch die Kroaten wollten ihre Identität nicht gänzlich aufgeben. Sie warfen Belgrad vor, zuzusehen wie Kroaten aus wirtschaftlichen Gründen ins Ausland abwanderten, ohne etwas dagegen zu unternehmen. Man war in Kroatien der Meinung, die **Emigration** dadurch eindämmen zu können, dass dem Land wirtschaftlich mehr Spielraum eingeräumt wurde. Außerdem säßen zu viele Serben in der Regierung und generell in hohen Positionen. Die **Gleichberechtigung der Staaten bestand nur pro forma.**

Angeführt von **Savka Dabčević-Kučar** und **Miko Tripalo,** Politiker aus dem **Zentralkomitee des Bundes der Kommunisten Kroatiens,** entstand 1971 der **Hrvatsko proljeće (Kroatischer Frühling).** Von der Einheitspartei wurde dieser, abgeleitet von *masivni pokret* (Massenbewegung), **MASPOK** genannt.

Vorgänger bzw. Gründer dieser Bewegung waren Intellektuelle (u. a. der Schriftsteller **Miroslav Krleža** und der kroatische **PEN-Klub**) sowie der Kulturverband **Matica Hrvatska** („Kroatische Mutterzelle"). Matica Hrvatska ist eine seit Mitte des 19. Jahrhunderts bestehende Institution, die ihre Aufgabe darin sieht, die kroatische Kultur und Sprache zu fördern. Bis 1874 hieß sie **Matica Ilirska,** also „Illyrisches Stammbuch". Zahlreiche Studenten – unter ihnen auch **Dražen Budiša,** der 1992 bei den Wahlen Franjo Tuđman unterliegen sollte – nahmen ebenfalls am Kroatischen Frühling teil, auch **Stjepan Mesić,** der später Tuđmans Nachfolger werden sollte. Mesić wurde festgenommen und verbrachte ein Jahr im Gefängnis. Zeitgleich kam es zu **Unruhen in Belgrad,** bei denen eine Forderung nach einer Liberalisierung des Landes artikuliert wurde, Mazedonien forderte ein pluralistisches System. Nun griff Tito ein, um eine Revolution zu verhindern. Ende 1971 wurde auf Schloss Karađorđević in Serbien eine Versammlung abgehalten. Tito beschloss, den Unruhen den Garaus zu machen: **Parteiführer und Funktionäre wurden ihrer Ämter enthoben.** Es gab etliche **Festnahmen** und mehrere Tausend Menschen saßen wegen der Beteiligung am Kroatischen Frühling **Haftstrafen** ab, **verloren ihren Arbeitsplatz** oder wurden in Status und Rang herabgesetzt. Der Kulturverein Matica Hrvatska wurde verboten, ebenso ein Teil der Presse. In seinem 1990 veröffentlichten Buch „Hrvatsko Proljeće" schreibt Miko Tripalo „Realno gledano naša je politika pala, jer smo ‚preuranili'." („Realis-

Vergessene, ewige und neue Nationalhelden

Helden und Idole können ein Spiegel der Gesellschaft sein. Wer gestern eine Persona non grata war, kann heute ein Held sein.

Bis 1990 gab es in fast jeder Stadt ein „Kino Partizan" und Straßen, Plätze und Fabriken waren nach Partisanen benannt: z. B. nach Rade Končar, Josip Kraš, Ivo Lola Ribar und Stjepan Filipović. Rade Končar (1911–1941) wurde von der italienischen Geheimpolizei getötet, weil er sich für die antifaschistische Bewegung einsetzte. Josip Kraš (1900–1941) kennt man deshalb, weil noch heute eine Süßwarenfabrik nach ihm benannt ist. Josip Kraš war in der antifaschistischen Bewegung aktiv und kam bei einer Straßenschlacht gegen die Ustaše ums Leben. Ivo Ribar mit dem Pseudonym „Lola" war in der Partisanenbewegung aktiv und starb 1943 im Alter von 27 Jahren. Den Namen Stjepan Filipović (1916–1942) kennen heute in Kroatien nicht mehr viele, aber dafür seinen legendären Satz, den der leidenschaftliche Widerstandskämpfer und Partisan kurz vor seiner Hinrichtung in die Welt hinausschrie: Ein deutsches Militärgericht verurteilte ihn 1942 zum Tode. Es gibt eine Fotografie seiner Hinrichtung. Mit dem Strang um den Hals reckt er die Fäuste gen Himmel und ruft: „Smrt fašizmu - sloboda narodu!" („Tod dem Faschismus - Freiheit für das Volk!") Noch viele Jahre nach seinem Tod stand dieser Satz unter Behördenbriefen.

Namen von Straßen und Plätzen, die nach Tito benannt sind, hat man größtenteils beibehalten (obwohl darüber hitzige Debatten stattfinden). Aber viele andere Straßennamen wurden geändert, alleine in Zagreb die Namen von 474 Straßen und Plätzen zwischen 1990 und 2007. Der heutige Trg hrvatskih velikana (Platz der kroatischen Größen) bekam 1928 zunächst den Namen Trg burze (Börsenplatz), zwischen 1941 und 1945 trug er den Namen Trg Münchenskih žrtava (Platz der Münchener Opfer), bezogen auf den Hitlerputsch. Im Jahre 1946 bekam er den Namen Trg Jože Vlahovića (Joža-Vlahović-Platz), dieser war ein Antifaschist und wurde von der Ustaša ermordet. Im Jahre 1990 heißt er wieder Trg burze (Börsenplatz) und seit 2001 nun Trg hrvatskih velikana (Platz der kroatischen Größen).

Aber im übrigen Kroatien wurden viele Straßen umbenannt. Die Namen der Straßen und Plätze, die vormals Platz der Republik, Marx-Engels-Straße, Straße der Sozialistischen Revolution u. ä. geheißen hatten, wurden nicht selten durch Namen ehemaliger Adeliger oder Künstler ersetzt. Der häufigste Straßenname wurde im Andenken an den Nationalhelden Matija Gubec vergeben, der 1573 den Bauernaufstand anführte.

tisch betrachtet, ist unsere Politik gescheitert, weil wir ‚verfrüht' gehandelt haben.") Dabčević-Kučar und Tripalo sollten bei den Wahlen im Mai 1990 gegen Tuđman verlieren.

Tito räumte **1974** den Republiken durch eine **neue Verfassung** mehr **Souveränität** ein und Kroatien durfte einen Teil seiner Einnahmen durch den Tourismus behalten. Durch diese Verfassung wurde es Kroatien später möglich, sich von Jugoslawien zu lösen und unabhängig zu werden. Im selben Jahr wurde **Tito** Staatspräsident auf Lebenszeit. Treu an Titos Seite war der Kroate und Jurist **Vladimir Bakarić** (1912–1983), von dem Tito noch im Partisanenkampf unterstützt wurde. Er galt neben Tito als der einflussreichste Politiker Jugoslawiens und war u. a. Regierungschef. Bakarić war 40 Jahre politisch tätig.

Nach dem Kroatischen Frühling und nachdem u. a. Savka Dabčević-Kučar ihren Platz räumen musste, kam Milka Planinc (1924–2010) als ihre Nachfolgerin und wurde Premierministerin Jugoslawiens – und somit zur mächtigsten Frau in einem kommunistischen Staat. Sie war einst bei den Partisanen und eine überzeugte Jugoslawin, was für sich allein nicht der Grund war, weshalb sie bei den Kroaten unbeliebt war: Unter Planincs Führung wurden die Aktivisten des Kroatischen Frühlings verhaftet, später war sie für die extremen Sparmaßnahmen verantwortlich (z. B. Autofahren „par nepar", s. S. 51).

Am 4. Mai **1980 starb Tito im Alter von 88 Jahren** in einem Krankenhaus in Ljubljana (Slowenien). Er hinterließ den Jugoslawen einen Schuldenberg von 20 Milliarden US-Dollar.

Millionen Menschen trugen Trauer – und waren in Sorge um die Zukunft des Landes. Titos Begräbnis in Belgrad erfüllte das Volk mit Stolz, denn keinem anderen Staatspräsidenten war zuvor eine solche Ehre in Anwesenheit so vieler hochkarätiger Staatsmänner und Monarchen zuteilgeworden. In der Trauer um ihn war sein Volk ein letztes Mal vereint. Es folgten harte Zeiten für die Bewohner Jugoslawiens. Das Volk und die Politik waren ohne Tito völlig überfordert. Es kam zur *nestašica* (Mangel/ Defizit). In den Geschäften gab es bestimmte Dinge nicht zu kaufen, z. B. Waschmittel, Zucker, Kaffee. Der Galgenhumor der Bevölkerung brachte damals folgenden Witz hervor:

Was ist momentan der beliebteste Jungenname? – Duško! Er steht für:
Deteržent (Waschmittel)
Ulje (Öl)
Šećer (Zucker)
Kava (Kaffee)
i **O**stalo (und Sonstiges)

Nach Titos Tod stürzte Jugoslawien wirtschaftlich wie politisch in eine **Krise.** Die Schulden und die Inflation wurden erdrückend. Ende der 1980er-Jahre erhielt man für eine D-Mark 70.000 Dinar. Die Teilrepubliken zerstritten sich über die Staatsordnung, soziale Belange und Gleichberechtigung. In den 1970er-Jahren hatte sich Jugoslawien **hoch verschuldet.** Die Rückzahlung der Kredite bedeutete Einsparungen für die gesamte jugoslawische Bevölkerung. Die **Ölkrise** nachte sich in Jugoslawien stärker bemerkbar als z. B. in Deutschland. In Jugoslawien griff man zur Maßnahme **par nepar** („gerade – ungerade"). Jeden zweiten Tag durften diejenigen Auto fahren, deren Kennzeichen mit einer geraden endete, und die übrigen Tage diejenigen mit einer ungeraden Ziffer. Mitte der 1980er-Jahre saß man täglich eine Stunde im Dunkeln, weil dann aus Sparsamkeitsgründen der Strom abgestellt wurde. Um den endgültigen Staatsbankrott zu vermeiden, ließ der Ministerpräsident Ante Marković sich etwas einfallen: Er ließ **Devisenkonten** sperren. Den Bankkunden wurde schlichtweg der Zugriff auf ihr Geld verweigert. Es entbrannte ein Streit zwischen den Republiken über den Staatsfond und Kreditrückzahlungen. Der Kommunismus brach in den 1980er-Jahren in mehreren europäischen Staaten zusammen, kurz darauf auch in Jugoslawien.

Republik Kroatien

Kampf um Unabhängigkeit und Demokratie

„Uvijek imate budala. Demokratsko je pravo biti budala."
„Idioten gibt es immer. Es ist ein demokratisches Recht, ein Idiot zu sein."
   Stjepan Mesić (ehemaliger Präsident Kroatiens, nachdem er ausgepfiffen wurde)

Am 13. Mai 1990 kam es im **Maksimir-Stadion in Zagreb** während des Fußballspiels zwischen Dinamo Zagreb und Roter Stern Belgrad zu heftigen **Ausschreitungen.** Manche bezeichnen diesen Vorfall als den „Beginn des Krieges".

▷ Gedenktafel für gefallene Kroaten in der Herzegovina

Im Frühjahr 1990 organisierten kroatische Abgeordnete im Zagreber Sabor (Parlament) erstmals **demokratische Wahlen** zwischen mehreren Parteien – das Land hieß damals noch Socijalistička Republika Hrvatska. Die **HDZ** (Hrvatska Demokratska Zajednica, Kroatische Demokratische Union) mit **Franjo Tuđman** ging mit 42 % der Stimmen als klarer Wahlsieger hervor. Am 19. Mai 1991 wurde ein **Referendum** abgehalten, um über die politische Zukunft Kroatiens zu entscheiden. Über **93 % der Wähler sprachen sich für die Unabhängigkeit von Jugoslawien aus.** Am 25. Juni 1991 erklärten sich **Kroatien** und **Slowenien** für unabhängig. Franjo Tuđman, Historiker und ehemaliger General unter Tito, der sich später mit ihm überworfen hatte, wurde Präsident.

Nach der Unabhängigkeitserklärung vom 25. Juni 1991 errichteten **serbische Minderheiten** in Kroatien *barikade,* also **Straßensperren** aus Baumstämmen. Diese Aktion bekam den Namen *balvan revolucija, balvan* bedeutet Balken/Baumstamm. Das Streben der Kroaten nach Unabhängigkeit, für die die HDZ eintrat, interpretierten die Serben als eine neue Ustaša-Bewegung. Durch die Straßensperren sollte der Tourismus blockiert und Kroatien wirtschaftlich geschädigt werden. Polizisten griffen ein und es kam zu **Ausschreitungen.** In den folgenden Monaten wurden **mehrere Städte von serbischen Rebellen beschossen, unterstützt von der jugoslawischen Armee,** unter anderem Dubrovnik, Vukovar, Osijek, Sisak, Vinkovci, Slavonski Brod, Zadar, Karlovac und Gospić. Viele Kroaten wurden vertrieben oder getötet. Innerhalb der ersten Monate **besetzte die JNA,** die Jugoslavenska narodna armija (Jugoslawische Volksarmee)

⌃ Ruine bei Rastoke

Anfang und Ende des Krieges: Krajina

Im 11. Jahrhundert diente Knin als Residenz des Königs Zvonimir. Da dieser keine Nachkommen hatte, wählte der kroatische Adel Petar zum König, der ebenfalls Knin als seinen Hauptsitz wählte. Um 1520 wurden in der Vojna Krajina (Militärgrenze) im Auftrag der Habsburger Serben angesiedelt, die aus Bosnien geflüchtet waren. Sie sollten bei Bedarf die Osmanen abwehren. Die Venezianer brachten das Gebiet 1688 in ihren Besitz und unter ihrer Herrschaft wurde es Teil der Republik Dalmatien. In den Folgejahren siedelten immer mehr Kroaten wieder in dem Gebiet, errichteten 1708 ein Kloster und 1775 eine Kirche. 1797 fiel Knin an die Habsburger, danach an Napoleon (1807-1813). Von 1813 bis 1918 befand es sich unter der Herrschaft Österreich-Ungarns.

Am 17. August 1990 begann der Aufstand in der Krajina. Von Serbien aus wurde die serbische Minderheit in der Krajina zum Aufstand aufgerufen, Sprachrohr war Slobodan Milošević (1941-2006), Ende der 1980er-Jahre hatte Milošević seinen Vorgänger Ivan Stambolić gestürzt und wurde Präsident der Republik Serbien.

Milošević artikulierte die Forderung nach einer „Republika Srpska Krajina" (Republik Serbische Krajina) mit Knin als Hauptstadt. Serben in der Krajina riefen diese Republik aus und erklärten sie für unabhängig, doch wurde sie international nicht anerkannt, auch nicht von Serbien. Etwa 170.000 Kroaten wurden vertrieben oder terrorisiert. Der Krieg begann im Jahr darauf und endete 1995.

Am 1. und 2. Mai wurde in der „Operation Bljesak" (Blitz) das Gebiet in Westslawonien zurückerobert. Im August 1995 fand die „Operation Sturm" (Oluja) statt. Innerhalb von nur vier Tagen (4. bis 7. August) eroberten die kroatischen Truppen Knin zurück. Dieses Ereignis galt als das Ende des Krieges in Kroatien. Der 5. August, der „Dan pobjede i domovinske zahvalnosti" („Tag des Sieges und der heimatlichen Dankbarkeit") ist heute ein Feiertag. Die „Operation Sturm" sehen Kroaten und Serben natürlich unterschiedlich. Aus Sicht der Serben wurden Menschen vertrieben (ca. 200.000), ihre Häuser wurden geplündert und angezündet und mehrere hundert Zivilisten wurden ermordet. Aus Sicht der Kroaten war die „Oluja" nicht gegen „die Serben", sondern gegen die serbische Armee gerichtet. Ziel des Einmarsches war es nicht, fremdes Land zu erobern, sondern eigenes Land wieder zu befreien. Einige Serben kehrten nach dem Krieg zurück und leben heute wieder in diesem Gebiet. Einem Teil der vertriebenen Serben ist es später gelungen, ihr Haus an Kroaten zu verkaufen oder Häuser zu tauschen, die wiederum von Serben aus Bosnien-Herzegowina vertrieben worden waren.

ein Drittel des Landes. Durch Verhandlungen mit den Vereinten Nationen wurde 1992 ein **Waffenstillstand** erzielt. Dennoch akzeptierte Serbien nicht die ursprünglichen Grenzen.

Während des Heimatkrieges und in den Jahren danach haben die Kroaten manchmal die Trennung Jugoslawiens mit der vorbildlichen Trennung der Tschechoslowakei verglichen. Wie human sich die Tschechen und Slowaken doch getrennt hätten!

Franjo Tuđman

*Für die Kroaten war Tuđman der **Mann der Stunde,** der das Land endlich in die lang ersehnte Unabhängigkeit führen würde! Nach Jahrhunderten der Fremdherrschaft sollte dieser Traum endlich wahr werden! Mit der Aussage „Sve za Hrvatsku a Hrvatsku ni za što" („Alles für Kroatien, aber Kroatien für nichts auf der Welt") vermittelte er den Bürgern seine uneingeschränkte Liebe zum Vaterland. Er plädierte für freie Marktwirtschaft und Demokratie. Während seiner Amtsausübung erschien manchen Kroaten sein **Verständnis von Demokratie begrenzt.** „Ich bin glücklich, dass meine Frau nicht Jüdin oder Serbin ist". Es gibt Stimmen, die meinen, dieser Satz von Tuđman sei als Seitenhieb auf Pavelić und Tito zu verstehen, da Ersterer mit einer Halbjüdin und Letzterer mit einer Serbin verheiratet gewesen war – eine ungelenke Formulierung, falls er damit zum Ausdruck bringen wollte, dass er Demokrat sei und weder mit den Faschisten noch mit den Kommunisten sympathisiere. Einiges an ihm erinnerte an Tito: beispielsweise der Personenkult samt Uniformen und seine Residenz auf Brijuni. Die Medien wurden von ihm gegängelt und er war Präsident einer Partei (HDZ), alles Dinge, die in einem demokratischen Staat unüblich sind, von dem er aber häufig sprach. Als er 1996 den unabhängigen Sender Radio 101 schließen wollte, gingen in Zagreb 120.000 Menschen auf die Straße und demonstrierten. Radio 101 wurde bereits 1984 während des Kommunismus gegründet und konnte trotz Turbulenzen bis heute bestehen.*

*Seine Aussagen zur **Arbeitslosenquote** waren eine Überlegung wert: „Offiziell gibt es in Kroatien 16 bis 17 % Arbeitslose, in Wirklichkeit sind es nicht einmal 9 %, weil die Arbeitslosen nur offiziell arbeitslos sind." Seine Rechnung war nicht abwegig. Durch die Zahlungsmoral mancher Unternehmen gegenüber ihren Mitarbeitern (und bis zu sechsmonatigen Lohnzahlungsverspätungen) blieb einem Familienvater nur noch der Weg in die Schwarzarbeit. Im Verlaufe des Prozesses der **Privatisierung von Staatseigentum** kam es während Tuđmans Amtszeit zu **Korruptionsvorwürfen.***

Auf dem Weg in die EU

Der Krieg dauerte vier Jahre, von 1991 bis 1995. Anfang 1992 wurden **Kroatien und Slowenien als unabhängige Staaten durch die EWG und die internationale Staatengemeinschaft anerkannt.** Die ersten Länder, die das taten, waren die Ukraine, Lettland und Litauen und kurz danach – noch vor Deutschland, Österreich und dem Vatikan – Island, ein Land,

*Etliche ehemals stabile Firmen brachen zusammen und meldeten Bankrott an. Im Jahr **1997** wurde Franjo Tuđman **wiedergewählt** und blieb bis zu seinem Tod im Amt. Am 10. Dezember 1999 starb Tuđman im Alter von 77 Jahren. Er hinterließ **Kritiker und Bewunderer, Dankbare und Enttäuschte.** Davon zeugt auch eine nicht repräsentative Umfrage eines E-Magazins aus dem Jahr 2016: „In welcher Erinnerung behalten Sie Franjo Tuđman?" Mit „in sehr schlechter" antworteten 31 %, mit „in sehr guter" antworteten 23 %, und mit „in guter und schlechter" antworteten 15 %. Nach ihm sind u. a. eine Brücke in Dubrovnik und der Zagreber Flughafen benannt.*

Es gibt immer wieder merkwürdige Aussagen von einigen Kroaten, die behaupten: „Franjo Tuđman je stvorio Hrvatsku!" („Franjo Tuđman hat Kroatien erschaffen!"). Tuđman hat Kroatien zur Unabhängigkeit verholfen, aber Kroatien hat es schon viele Jahre vorher gegeben.

das verhältnismäßig weit entfernt ist und keine historische Verbindung zu Kroatien hat. Die Dankbarkeit gegenüber Österreich und Deutschland war groß: Nach Genscher wurden zu jener Zeit in Kroatien sogar Cafés benannt.

Im November 1996 wurde Kroatien in den Europarat aufgenommen.

Der **Weg in die EU** gestaltete sich **zäh.** Gegen **Ante Gotovina** wurde 2001 ein Haftbefehl erlassen, woraufhin er untertauchte. Gotovina war während der Operation „Oluja" („Sturm") in der Krajina einer der führenden Generäle. Im Alter von 17 Jahren verließ er Kroatien, ohne in den folgenden 19 Jahren Kontakt zur Heimat gehabt zu haben. Mit 18 trat er in Frankreich in die Fremdenlegion ein, wo er fünf Jahre blieb, später wurde er französischer Staatsbürger. Nach der Unabhängigkeitserklärung Kroatiens kam er in die Heimat zurück, stieg in der Armee innerhalb kurzer Zeit auf, und erhielt hohe Befugnisse. In Knin war er Befehlshaber des Süd-Sektors.

Der Internationale Gerichtshof in Den Haag warf ihm Kriegsverbrechen und Verbrechen gegen die Menschlichkeit vor. Gotovina blieb verschwunden. Die EU forderte die Auslieferung Gotovinas und die Beitrittsverhandlungen stagnierten. Kroatien versicherte, dass es Gotovinas Aufenthaltsort nicht kenne.

Extrainfo 4 (s. S. 7): „Kroatien – Vergängliche Helden". Dokumentation über die Kriegs- und Nachkriegsjahre mit vielen Interviews.

2005 wurde er auf Teneriffa festgenommen und an Den Haag ausgeliefert, woraufhin Beitrittsverhandlungen zur EU ermöglicht wurden. Im Jahre 2008 begann der Prozess, 2011 wurde Gotovina zu 24 Jahren Haft verurteilt. Das löste in Kroatien großes Unverständnis und Proteste aus. Im Berufungsprozess 2012 wurde Gotovina in Den Haag in allen Anklagepunkten **freigesprochen.** Im selben Jahr gab er dem serbischen Blatt „Kurir" ein Interview, in dem er sagte, die vertriebenen Serben sollten nach Kroatien zurückkehren, denn es sei genauso ihre Heimat wie seine. Er, Gotovina, sei ein Bürger von Kroatien wie alle anderen, ob Ungar, Italiener, Russe, Serbe oder Deutscher. Damit sorgte er für Erstaunen und Verwirrung. Ein großes Medienereignis war es jedoch nicht. Gotovina hatte keinerlei Ambitionen, in die Politik zu gehen, und widmet sich heute der Thunfisch-Zucht.

103kr-fo©jorisvo - stock.adobe.com

Tudmans Nachfolger wurde im Jahr 2000 **Stjepan Mesić** von der **HNS,** der **Hrvatska Narodna Stranka** (Kroatische Volkspartei), die als liberale Demokraten galten. Fünf Jahre später wurde er wiedergewählt und war bis 2010 im Amt.

Sein Nachfolger wurde **Ivo Josipović,** ein Sozialdemokrat (SDP). Fünf Jahre später unterlag er **Kolinda Grabar-Kitarović** von der HDZ. Sie ist derzeit Kroatiens Präsidentin. Die Präsidenten bzw. Präsidentinnen werden direkt vom Volk gewählt und übernehmen, ähnlich wie in Deutschland, vorwiegend repräsentative Aufgaben und haben nur wenig Befug-

⌃ Der Wasserturm von Vukovar: Wahrzeichen mit 640 Einschusslöchern

⌄ Aus Unverständnis gegenüber dem Internationalen Gerichtshof in Den Haag reagierten manche mit demonstrativem Trotz

nisse. Ihre Amtszeit beträgt fünf Jahre und während dieser Zeit sind sie parteiunabhängig – obwohl natürlich jeder weiß, aus welcher „Ecke" sie kommen. Der Premierminister ist das, was in Deutschland der Kanzler bzw. die Kanzlerin ist. Er wird vom Parlament gewählt. Seit 2016 ist Premierminister **Andrej Plenković** von der HDZ im Amt.

Im Frühjahr 2017 berichteten die Medien über eine Umfrage von „Nova TV", bei der 59 % der Kroaten angaben, dass Kroatien in eine falsche Richtung gehe. Generell sind die Bürger nicht besonders zufrieden mit der Regierung und ihren Politikern. Die Regierung bekommt von ihren Bürgern die Note 2,53 (in Kroatien ist 5 die beste und 1 die schlechteste Note).

Ständige Streitigkeiten und gegenseitige Vorwürfe unter den Parteien lassen die Regierung wacklig erscheinen. Viele Bürger können keinen Nutzen für sich oder das Land erkennen. Chaotische Zustände herrschten 2016: Nur ein halbes Jahr hielt die Koalition zwischen Most („Brücke") und der HDZ. Der parteilose (aber von HDZ geförderte) Ministerpräsident **Tihomir Orešković** wurde nach fünf Monaten zu Fall gebracht. **Karamarko** ließ gegen Orešković ein Misstrauensvotum einleiten, und mit dem Koalitionspartner Most könne er nicht mehr zusammenarbeiten. Er trat wegen Korruptionsvorwürfen zurück. Wie bekannt wurde, hatte seine Frau Geschäftsverbindungen zu einem Lobbyisten des ungarischen Ölkonzerns MOL, mit dem Kroatiens Regierung im Streit lag.

Ein Jahr später konnte die Koalition zwischen Most und Plenković (Premierminister) ebenso wenig bestehen. Most wollte ein Misstrauensvotum der Opposition gegen den Finanzminister der HDZ unterstützen. In der HDZ wünschte man sich von Most jedoch mehr Loyalität, hieß es. Die Zusammenarbeit war beendet.

Diener und Herren

Das folgende Gespräch fand im Januar 2013 in einem Café in Kroatien statt. Neben der Autorin saßen zwei Männer mittleren Alters. Sie führten folgenden Dialog:

– „Ich bin total dagegen, dass Kroatien der EU beitritt."

– „Sei nicht so pessimistisch. Es wird auch Vorteile haben."

– „Wir waren doch lange genug fremdbestimmt. Jetzt wollen wir uns wieder von jemandem rumdirigieren lassen. Nachdem wir Blut gespuckt haben, um frei zu sein. Wir werden Diener im eigenen Land sein."

– „Dann müssen wir uns eben aus dieser verdammten Opferhaltung befreien und uns endlich wie Herren im eigenen Land benehmen."

Im Januar 2012 beteiligten sich 43,5 % der Kroaten am **Referendum über den EU-Beitritt.** Von diesen Wählerinnen und Wählern stimmten 66,2 % für den Beitritt. Gut ein Drittel stimmte dagegen, auch aus Sorge davor, sich schon wieder jemandes Regeln unterwerfen zu müssen.

Am 1. Juli **2013** wurde Kroatien **28. Mitglied der Europäischen Union.** Bereits 2009 war das Land der **NATO** beigetreten.

Geschichtstabelle

- **Um 6300 v. Chr.:** Menschen lassen sich in Vinkovci nieder (s. S. 26).
- **Um 2000 v. Chr.:** Besiedlung durch thrakische Stämme
- **2. und 1. Jahrtausend v. Chr.:** Illyrer, Kelten und Griechen wandern ein. Die Griechen gründen Kolonien, u. a. Vis und Hvar. Die Illyrer benennen das Gebiet nach sich selbst: Illyrien.
- **Ca. 230–220 v. Chr.:** Die Römer führen einen ersten Krieg gegen die Illyrer. Nach errungenem Sieg herrschen sie über das Territorium des heutigen Kroatiens. Dalmatia wird römische Provinz.
- **4./5. Jahrhundert:** Hunnen fallen ein und plündern die Region.
- **6./7. Jahrhundert:** Besiedlung durch Slawen und Awaren
- **845–864:** Fürst Trpimir I. vereint einen Teil des heutigen Kroatiens.
- **870:** Fürst Branimir unterstützt Aufstandsbewegungen für die kroatische Unabhängigkeit.
- **925:** Tomislav I. wird erster kroatischer König.
- **Ca. 1000:** Venedig beginnt mit der Eroberung der kroatischen Inseln.
- **1076:** Zvonimir I. wird von Papst Gregor VII. zum König gekrönt. Dadurch verstärkt sich der Einfluss der römisch-katholischen Kirche.
- **1102:** Der Ungar Koloman wird König von Kroatien und Dalmatien und herrscht bis 1116. Die *Pacta conventa* wird geschlossen. Trotz Fremdherrschaft behalten die Kroaten zu weiten Teilen ihre Rechte.
- **1205:** Das heutige Dubrovnik gerät unter venezianische Herrschaft.
- **1358:** Friedensvertrag zwischen Ungarn und der Republik Venedig. Ragusa (das heutige Dubrovnik) bleibt bis 1808 ein unabhängiger Stadtstaat.
- **1389:** In der Schlacht auf dem Amselfeld kämpfen die Kroaten auf der Seite der Serben gegen die Osmanen. Die Osmanen gewinnen die Schlacht.
- **1409:** Für 100.000 Dukaten verkauft König Ladislav den Venezianern Zadar und den Rechtsanspruch auf Dalmatien.
- **1527:** Ferdinand I. wird im Parlament von Cetingrad vom kroatischen Adel zum König von Kroatien gewählt.

- **1573:** Matija Gubec führt einen Bauernaufstand an.
- **1807–1813:** Napoleon herrscht über den Westteil Kroatiens (Illyrische Provinzen).
- **1827:** In Kroatien und Slawonien wird an Mittel- und Hochschulen Ungarisch als Pflichtfach eingeführt.
- **1847:** Kroatisch wird offizielle Landessprache, was auch dem Historiker und Politiker Ivan Kukuljević-Sakcinski (1816–1889) zu verdanken ist. Er ist der Erste im Sabor, der eine Rede auf Kroatisch hält.
- **1848/1849:** Josip grof Ban Jelačić von Bužimski (gen. Ban Jelačić) kämpft gegen die Vorherrschaft Ungarns.
- **1918:** Auflösung Österreich-Ungarns. Kroatien schließt sich unter der Führung des serbischen Königs einem Bündnis mit Slowenien und Serbien an.
- **1920:** Mit dem Vertrag von Rapallo fallen Teile der kroatischen Küste an Italien.
- **1928:** Der Kroate Stjepan Radić von der Bauernpartei wird in Belgrad erschossen.
- **1929:** Das Königreich der Serben, Kroaten und Slowenen wird vom serbischen König Aleksandar I. in Königreich Jugoslawien umbenannt.
- **1941:** Deutsche marschieren in Jugoslawien ein. Unter der Führung Ante Pavelićs bildet sich das faschistische Ustaša-Regime – und unter der Führung Josip Broz Titos leisten die antifaschistischen Partisanen in der Folgezeit Widerstand.

- **1945:** Nach dem Zweiten Weltkrieg gehört Kroatien zur Föderativen Volksrepublik Jugoslawien, regiert von Tito (Josip Broz) unter kommunistischer Führung. Später wird der Staat in Sozialistische Föderative Republik Jugoslawien umbenannt.
- **1948:** Tito bricht mit Stalin.
- **1956:** Tito lädt den indischen Ministerpräsidenten Nehru und den ägyptischen Staatspräsidenten Nasser auf seine Residenz in Brijuni ein, um die Gründung der „Blockfreien" zu besprechen.
- **1971:** Der „Kroatische Frühling" – Demonstrationen und Aufstände, verbunden mit der Forderung nach mehr Autonomie für Kroatien – wird von Tito niedergeschlagen.
- **1974:** Tito reformiert die Verfassung, den Republiken wird mehr wirtschaftliche Selbstbestimmung eingeräumt.
- **1980:** Tito stirbt im Alter von 88 Jahren. In der Folge entstehen Spannungen zwischen den Republiken, die wirtschaftlichen Probleme treten immer deutlicher zutage.
- **1991:** Kroatien verkündet unter der Führung von Franjo Tuđman seine Unabhängigkeit von Jugoslawien. Die Jugoslawische Armee unterstützt serbische Aufständische und besetzt Gebiete in Kroatien.
- **1995:** Im Zuge der militärischen Offensive *Oluja* („Sturm") erobern die Kroaten die von Serben besetzte Krajina zurück. Im selben Jahr wird der Krieg in Kroatien beendet.
- **1996:** Aufnahme Kroatiens in den Europarat
- **1999:** Tod von Franjo Tuđman
- **2000:** Die Sozialdemokraten gewinnen die Parlamentswahlen. Stjepan Mesić wird Tuđmans Nachfolger.
- **2009:** Kroatien wird NATO-Mitglied.
- **2013:** Eintritt in die EU als 28. Mitgliedsstaat
- **2015:** Kolinda Grabar Kitarović wird als erste Frau Präsidentin Kroatiens.
- **2016:** Im Dezember sind Ministerpräsident Andrej Plenković und Außenminister Davor Ivo Stier zu Besuch in Deutschland.

◁ Der Sabor 1848, Gemälde von Dragutin Weingärtner

Der kulturelle Rahmen

◁ Musik spielt im Leben der Kroaten eine wichtige Rolle –
so wie für diesen Straßenmusiker in Zagreb (027kr-mb)

Wer sind die Kroaten?

Seit den 1990er-Jahren hat sich Kroatien rasant verändert, aber es gibt auch zeitlose Werte, die für die Menschen sehr wichtig sind, und die sie als Teil ihrer Identität begreifen.

90,4 % der Bürger des Landes sind **Kroaten,** das bedeutet, dass die Gesellschaft ziemlich homogen ist. Den „typischen" Kroaten gibt es allerdings, bezogen auf seine äußere Erscheinung, nicht. 4000 Jahre, geprägt von Einwanderung und verschiedenen Einflüssen, haben ein vielfältiges Bild hervorgebracht – große und kleine, dicke und dünne, blonde und dunkle Kroaten. Die **Einwohnerzahl** des Landes ist mit 4,3 Millionen nicht besonders hoch. In der Vergangenheit ist sie durch verschiedene geschichtliche Ereignisse immer wieder geschrumpft: durch Auswanderungswellen, die beiden Weltkriege und zuletzt durch den Heimatkrieg.

Die **Kroaten** sind **modern** und **mitteleuropäisch,** pflegen aber gleichzeitig ihre traditionelle **Folklore** und haben eine **konservative Ader.** Der Besucher kann die Widersprüche nicht immer einordnen, denn er vermisst das „oder". Was für ihn ein „oder" darstellt, ist für den Kroaten ein „und". Fortschritt und Tradition, mitteleuropäisch und mediterran – wohlgemerkt, ohne zum Balkan zu gehören. Die Kroaten sind so vielschichtig wie ihr Land selbst.

Ein Widerspruch besteht auch zwischen dem Stolz und einem Gefühl der Bedeutungslosigkeit. So glauben viele Kroaten, für die EU „zu unbedeutend und klein" zu sein. Aber sind sie wirklich so klein? Von den 28 EU-Staaten rangiert Kroatien mit einer Fläche von 56.594 Quadratkilometern immerhin auf Platz 19. Dänemark und die Niederlande beispielsweise finden sich auf Platz 22 und 23 wieder.

Die **Lebenserwartung** der Frauen liegt bei ca. 80 und die der Männer bei ca. 73 Jahren. Jeder vierte Einwohner ist über 60 Jahre alt. Mitte des 20. Jahrhunderts war es noch jeder achte. Angeblich enden die **Familiennamen** alle mit „ić" und in Filmen und Büchern ausländischer Autoren heißen die Männer meistens Goran und Branko. Die häufigsten Familiennamen sind in absteigender Reihenfolge: Horvat, Kovačević, Babić, Marić, Novak, Jurić, Kovačić, Vuković, Knežević und Marković. Horvat, der häufigste unter den Familiennamen, leitet sich ab vom kroatischen Wort Hrvat für „Kroate". Die Namen Kovač, Kovačić und Kovačević gehen alle auf Kovač zurück, was „Schmied" bedeutet und im Deutschen dem Namen Schmidt entspricht. Die Endung „ić" ist eine Verniedlichungsform. Der Kovačić war das „Söhnchen" des Schmieds. So ist das ić in den Nachnamen entstanden: indem man die Söhne verniedlichend nach ihren Vätern nannte, meist nach ihren Vornamen, selten nach ihrem Beruf wie

Extrainfo 5 (s. S. 7): In zehn Minuten erklärt ein Amerikaner Kroatien auf humorvolle Weise

im Fall Kovač. Der Vater hieß dementsprechend Jure (Jurić) oder Marko (Marković). Noch heute wird in ländlichen Gegenden das Kind namentlich dem Vater zugeordnet. Möchte man z. B. wissen, um welche Mirjana es sich denn handelt, bekommt man zur Antwort: „Um Ivans Mirjana."

Die **Vornamen** haben teilweise große Veränderungen durchgemacht. Marija und Ivan halten sich seit Jahrhunderten an der Spitze der beliebtesten Vornamen oder zumindest weit vorne. Das wird mit großer Wahrscheinlichkeit noch lange so bleiben. Die beliebtesten Vornamen für Jungen waren in den 1960er-Jahren Željko, Ivan und Ivica. Mädchen hießen in diesem Jahrzehnt Marija, Vesna und Mirjana. Zwanzig Jahre später lauteten die häufigsten männlichen Vornamen Ivan, Marko und Tomislav, Mädchen wurden Ivana, Ana und Martina getauft. Im Jahr 2015 waren die häufigsten Vornamen für Jungen Luka, Ivan, Marko, David und Josip und für Mädchen Ana, Mia, Marija, Lucija und Sara.

Weltweit werden Frauen nach **Blumen** benannt, z. B. „Rose" oder „Iris." In Kroatien ist der Name Ljiljana verbreitet, der übersetzt „Lilie" bedeutet. Auch werden Mädchen hier nach Früchten benannt: Dunja (Quitte), Jagoda (Erdbeere), Višnja (Sauerkirsche).

Außerhalb Kroatiens denkt man, dass für den weiblichen Vornamen Milka die gleichnamige Schokolade als Inspiration diente. Möglicherweise ist es genau umgekehrt. Angeblich hat Carl Russ-Suchard (Schwiegersohn des Firmengründers) die Milka-Schokolade nach der kroatischen Opernsängerin Milka Trnina (1863–1941) (siehe Kap. „Kunst und Kultur" ab Seite 115) benannt. Offiziell heißt es, dass die Milka-Schokolade zu ihrem Namen kam, weil sie aus **Mil**ch und **Ka**kao zusammengesetzt ist. Doch fest steht, dass Carl ein großer Bewunderer der Opernsängerin war und ihr ständig nachgereist ist, um sie

[>] Darsteller in historischen Kostümen

Das kroatische Symbol: Šahovnica

Das kroatische Schachbrettmuster gibt es seit dem 15. Jahrhundert. Es verfügt über 25 Felder, von denen das erste rot ist (zu Zeiten der NDH, s. S. 39, war das erste Feld offiziell weiß).

Einer Legende zufolge soll König Držislav in venezianische Gefangenschaft geraten sein und gegen den Dogen Schach gespielt haben. Nachdem er das Spiel für sich entschieden hatte, gewann er seine Freiheit wieder und führte fortan das Schachbrett als Wappen.

Er starb 997. Zum offiziellen Wappen wurde es 1527, als der Sabor (Parlament) die Wahl des kroatischen Königs Ferdinand I. von Habsburg in einem Dokument bestätigte. Nach dem Zweiten Weltkrieg und bis 1990 besteht die Fahne der Teilrepublik Kroatien aus den Farben Rot, Weiß und Blau, in deren Mitte ein roter Stern prangt. Aber ab 1990 erschien das Schachbrett wieder auf der Fahne.

Die fünfzackige Krone über dem rotweißen Schachbrettmuster symbolisiert das illyrische (alte) Kroatien, die Republik Dubrovnik, Dalmatien, Istrien und Slawonien.

029kr-rk

singen zu hören. Es wäre aber skandalös gewesen, offiziell zu erklären, sie habe ihn bei der Namenswahl für seine Schokolade beeinflusst. Er war verheiratet und da wäre es ungünstig, ein Produkt nach einer Frau zu benennen, die er bewundert. Denkbar ist daher eine Mischung aus beiden Motiven: die Sängerin Milka und die Zusammensetzung aus Milch und Kakao. Jedenfalls war Milka ein sehr populärer Vorname, der sich von *milo* bzw. der weiblichen Form des Wortes – *mila* – ableitet und „lieb" bzw. „die Liebreizende" bedeutet.

In Kroatien ist es nicht üblich, einen **zweiten Vornamen** zu vergeben. Wenn das Kind einen Vornamen bekommt, der nicht biblisch ist, so erhält es bei der Taufe einen zweiten Vornamen, der dann zwar im Taufschein, aber nicht in amtlichen Dokumenten aufgeführt wird.

Balkan oder nicht Balkan?

„Wenn es den Balkan nicht gäbe, müsste man ihn erfinden"
  Hermann Graf Keyserling (Philosoph), 1928

Das Wort Balkan wurde von den Osmanen geprägt und bedeutet „bewaldetes Gebirge". Diejenigen, die sich mit Kroatien und den Kroaten beschäftigen, stoßen immer wieder auf den Hinweis, dass die Kroaten eine **Aversion gegen das Wort „Balkan"** hegen und sich aufregen, wenn man ihr Land dem Balkan zurechnet. Von außen wird das nicht immer verstanden, denn schließlich gehörten doch die Republiken Jugoslawiens zum Balkan, oder etwa nicht? Und auch die kroatische Mentalität hat doch gewisse „Balkanzüge." Aber hier fängt die Problematik schon an: Die Auffassung davon, worin die **„Balkanmentalität"** besteht und wie der Balkan geografisch definiert ist, sind das Ergebnis reiner Willkür. Was man unter Balkanmentalität versteht, beruht auf Hörensagen, selektiver Wahrnehmung und Behauptungen. Innerhalb jeden Landes gibt es Mentalitätsunterschiede, z. B. tickt der Bayer ein bisschen anders als der Rheinländer oder Berliner. Der sogenannte Balkan schließt jedoch viele Länder mit ein, die allesamt eine gleiche Mentalität haben und dem Klischee entsprechen sollen? Eine steile These.

Warum wehren sich nicht nur Kroaten gegen dieses „Unwort"? – was übrigens nicht immer so war, erst als man anfing, in überheblicher Manier über den Balkan zu lästern, kam es dazu. Im Jahr 1886 wurde die alle zwei Wochen erscheinende Zeitung „Balkan – list za zabavu, pouku, umjetnost i književnost" (Balkan – das Blatt für Unterhaltung, Lehre, Kunst und Literatur) in Zagreb verlegt. Die Balkanmentalität oder das, was man unter ihr versteht, ist bestimmt vorhanden. Viereinhalb Jahrzehnte gehörte Kroatien zu einem angeblichen Balkanland und es versteht sich von selbst, dass sich in diesem Land verschiedene Einflüsse, Haltungen und Gewohnheiten miteinander verwoben haben – ob in Bezug auf Essen, Musik oder den Sinn für Humor. Die Frage ist nur, ob all das „balkanisch" ist. Geografisch ist es ebenso fragwürdig, weil klare Grenzen zwar zeigen, wo Europa oder Kolumbien liegen, aber der Balkan sich nicht präzise definieren lässt.

Freilich, würde der Balkan für Korrektheit, Reichtum und Macht stehen, würden sich alle Länder darum reißen, dazuzugehören und der Balkan verliefe von Mittel- bis Südeuropa. Aber der Balkan evoziert **Gedanken an Unzuverlässigkeit** und eine gewisse **„Wildheit":** Dort leben angeblich faule Menschen, die sich nicht an Regeln halten. Wenn man es **positiv** sehen möchte, könnte man die Bewohner folglich als lässige „Rulebreaker" bezeichnen und den Balkan als Region, in **der fröhliche, charismatische und großzügige Menschen** leben, die gerne Fünfe gerade sein lassen. Doch über viele Jahrzehnte hat man diese Region in überheblicher Art und Weise **stigmatisiert** und ihr nicht selten abfällige Attribute verpasst: „Balkanische Zustände", „Pulverfass Balkan" usw. Wenn zwei Verbrecher auffliegen, die aus dieser Region kommen, wird gerne der Begriff „Balkan-Mafia" verwendet. Offenbar braucht es nur zwei Menschen, um mafiöse Strukturen zu bilden. Würde es sich um zwei Menschen aus Nordeuropa handeln, so würde das Wort „Skandinavien-Mafia" wahrscheinlich niemandem in den Sinn kommen. Wenn ein nord- oder mitteleuropäischer Autor einen Profikiller oder Schmuggler benötigt, so stammt diese Figur oft genug vom Balkan.

Wer nicht immer das ungelenke „Ex-Jugoslawien" oder „ehemalige Jugoslawien" benutzen möchte, der wählt den Ersatz „Balkan". Manche zählen es sogar zu Osteuropa, frei nach dem Motto: „Ist doch eh alles Osten, was Slawisch spricht." Wer sich die Karte Europas ansieht, der findet Kroatien allerdings an der Grenze zu Mittel-/Südosteuropa. Man kann es gelassen sehen und die gelegentliche Zuordnung zum Balkan einfach hinnehmen. Aber da der Balkan letztendlich eine aufgestülpte Bezeichnung und negativ behaftet ist, muss man den Kroaten das Recht zugestehen, sich dieser Zugehörigkeit zu entziehen.

Die Historikerin **Maria Todorova** (geb. in Bulgarien, lebt und arbeitet in den USA) schreibt in ihrem Buch „Die Erfindung des Balkans – Europas bequemes Vorurteil" anschaulich und detailliert über die Stigmatisierung durch den Westen. Bezüglich des Jugoslawienkriegs nennt sie zum Vergleich erschütternde Zahlen über die US-Soldaten im Vietnamkrieg gegenüber der Zivilbevölkerung. Todorova kommt zu der Schlussfolgerung, dass der Balkan sicher nicht das Monopol auf Barbarei habe.

Auch ohne Todorovas Buch gelesen zu haben, weiß man, wie viel Grausamkeit sich allgemein durch die „zivilisierte Welt" im 20. Jahrhundert ereignete.

Katarina Luketić, Journalistin und Redakteurin, veröffentlichte 2013 ein Buch mit dem Titel „Balkan – od geografie do fantazije" („Balkan – von der Geografie bis zur Fantasie"). Im Interview mit der Zeitung Novi list vom 14. Juli 2013 erklärte sie ihre differenzierte Haltung zum Balkan. Die nationalistische Ideologie des Präsidenten Franjo Tuđman habe bei den Kroaten in den 1990er-Jahren eine Abneigung gegenüber dem Begriff Balkan hervorgerufen. Der 1995 von der HDZ verwendete Slogan „Tuđman a ne Balkan" („Tuđman und nicht Balkan") habe das verstärkt. Die Zuordnung zu Europa oder dem Balkan führe zu Neurosen, so die Autorin. Luketić meint außerdem, es sei paradox, dass man in jener Zeit verbissen versucht habe, vor dem Balkan „wegzulaufen", aber im Grunde am dichtesten am konstruierten Bild des „balkanischen Wilden" dran war. In der Politik und der Bevölkerung würde der Begriff als Schimpfwort und Beleidigung verwendet und dann herangezogen, wenn es günstig erscheine, einen anderen in ein schlechtes Licht zu rücken. Luketić sieht den Balkan als eine **Mischung unterschiedlicher Kulturen und Identitäten.** Für sie ist Kroatien sowohl ein europäisches, mediterranes als auch balkanisches Land. Das Bild sei kompliziert und komplex, was gut sei. Es sei weder positiv noch negativ. Ein wichtiger Punkt, den Luketić anspricht und kritisiert, ist der Umstand, dass ausländische Diplomaten und Journalisten über ihre Eindrücke schrieben, sobald sie in ihre Heimat zurückgekehrt seien. Viele dieser Texte gründeten auf den Erlebnissen der 1990er-Jahre. Unter den Autoren fänden sich selten solche, die Geschichte und Kultur wirklich kennen würden oder die Sprache beherrschten. Das Resultat sei ein oberflächlicher Eindruck, denn im besten Fall habe ihr Aufenthalt ein paar Monate gedauert. Zurück in ihrer Heimat, würden sie fortan als „Balkan-Experten" gelten, so, als hätten sie die Region in ihrer Gesamtheit völlig begriffen. Das sei eine klassisch imperialistische Haltung, mit der man in ein fremdes Land und eine fremde Kultur käme, von der man dächte, dass sie auf gewisse Weise weniger Wert und nicht so komplex sei wie die eigene Kultur, sagt Luketić.

Dr. Dragutin Feletar ist Publizist und in Kroatien ein bekannter Geologe. Er sagt, dass es sich schon bei dem Begriff „Balkanische Halbinsel" um eine fehlerhafte Bezeichnung handle, weil geologische Definitionen dagegensprechen würden, dass es sich überhaupt um eine Halbinsel handle. Ferner ist er der Ansicht, dass das Balkangebirge in Kroatien nicht dominiert, sondern andere Gebirgsketten wie das Dinarische Gebirge oder der Velebit. Er berichtet, der deutsche Geograf und Pädagoge **Johann August**

Zeune habe 1809 in einer seiner Arbeiten fälschlicherweise das Gebiet als Balkan bezeichnet. Laut Feletar soll Zeune es versäumt haben, in Atlanten oder Karten zu recherchieren und einfach vermutet haben, dass das Balkangebirge hier dominiere. Etwa hundert Jahre später soll der serbische Geograf **Jovan Cvilijić** die **Zuordnung Kroatiens zum Balkan** bestätigt haben, um so eine Art Gemeinschaft zwischen Kroaten und Serben zu schaffen.

Feletar betont, dass Kroatien über Jahrhunderte einer mediterranen und römisch-katholischen Kultur angehörte und diese mit aufbaute. Er sieht Kroatien **weder geografisch noch kulturell als dem Balkan** zugehörig.

Patrioten oder Nationalisten?

Kroatien ist gespalten, sowohl das Volk als auch die Politik. Die **HDZ** (konservative Mitte-Rechts-Partei) beschimpft die **SDP** (Sozialdemokraten) als Kommunisten – und umgekehrt sieht die SDP die HDZ als zu weit rechts von der Mitte angesiedelt. Die GfK, ein Marktforschungsinstitut, führte in Kroatien eine Umfrage durch, die sie 2011 veröffentlichte. Das Resultat: 37 % sehen sich politisch in der Mitte, 34 % links, 23 % rechts,

sechs Prozent wissen sich nicht einzuordnen. Unter den Linksorientierten findet man überwiegend über 60-Jährige und 20–24-Jährige, bei der Mitte meist 20–30-Jährige und 50–60-Jährige und bei den Rechtsorientierten vor allem 40–50-Jährige.

Auf das gesamte Land bezogen sind die Kroaten sich in vielen Dingen einig und in manchen Dingen uneinig. Am stärksten macht sich die Spaltung jedoch in der politischen Haltung bemerkbar. Die Rechtsorientierten werfen den Lin-

◁ Denkmal für Kroatiens ersten König Tomislav in Zagreb

ken oder den „Neutralen" vor, nicht genug Heimatliebe zu empfinden. Umgekehrt nennen diese die Rechtsgesinnten rückständig. Kroatiens Schritt vom Sozialismus in die Demokratie war wichtig, und darauf musste das Volk lange warten. Der **Nachholbedarf in Sachen kroatischer Patriotismus und Fahnenschwenken** war verständlich. Die meisten Kroaten hatten aber irgendwann genug davon und gingen zur Tagesordnung über. Doch entwickelte sich die **patriotische Energie** in einem Teil der Bevölkerung zu einer Art **kontinuierlicher Kraftquelle.** Die Grenzen zwischen Patriotismus und Nationalismus sind manchmal fließend. Eine gesunde Portion **Heimatliebe** ist etwas anderes als eine **rechte Gesinnung,** aber manchmal sind die beiden Einstellungen für einige schwer auseinanderzuhalten. Hinzu kommt, dass auch in Kroatien Patriotismus unterschiedlich definiert wird. Die Rechten sehen sich als Patrioten, was wiederum bei den anderen die Frage aufwirft, ob es patriotisch sei, seinem Land einen Image-Schaden zuzufügen.

Lokalpatrioten und Vorurteile

Kroaten sind sich einig, dass ihre Heimat insgesamt ein tolles Land ist, sie sind aber auch Lokalpatrioten. Dieser **Lokalpatriotismus** wird in Liedern besungen und im Fußball gelebt. Es gibt zwar einige Animositäten und Verallgemeinerungen über jeweils andere Regionen, allerdings ist man sich weitgehend der Tatsache bewusst, dass es sich dabei um Klischees handelt, weshalb die verallgemeinernden Äußerungen scherzhaft gemeint sind – meistens jedenfalls. Hier ein paar „kroatieninterne" Klischees (Achtung, Ironie!):

- Die **Purgeri** (wie die **Zagreber** gerne genannt werden) sind **hochnäsig** und glauben, sie seien etwas Besseres – „Aber okay, von Kultur haben sie Ahnung."
- Die **Ličani** (Einwohner der Region **Lika**) sind hart im Nehmen, können zupacken, sind ein bisschen menschenscheu und weltfremd.
- Den **Lijeve Komunjare,** den linken Kommunisten, wie die Bewohner **Istriens** und der **Kvarner-Bucht** bezeichnet werden, mangelt es an Heimatliebe. („Komunjare" ist abfällig für „Kommunisten" gemeint.) Sie kommen mit allen gut klar und tolerieren jeden Blödsinn.
- Die **Dalmatinci (Dalmatier)** lassen lieber ihre Frauen arbeiten. Die Männer sind Patrioten, stur, lustig und nie um ein Wort verlegen.
- Die **Slavonci (Slawonier)** betreiben das Essen als Hobby, je deftiger, desto besser. Sie sind aufgeschlossen und tanzen und musizieren gerne.
- Die Menschen aus **Zagorje** und **Međimurje (Nordosten)** sind fleißig und sparsam, trinken gerne über den Durst und sind Hitzköpfe.

In den Regionen selbst gibt es auch noch den **„Patriotismus im Mikrokosmos".** Das Nachbardorf betrachtet man gerne als „anders." Selbst wenn es nur drei Kilometer Luftlinie entfernt liegt, findet man etwas, das einen vom anderen unterscheidet.

Von Diskretion und Lebenstempo

Dass Kroatien willens ist, nach vorne zu blicken, zeigt sich nicht nur, seit es bestimmten Richtlinien der EU unterworfen ist. Vieles funktionierte schon vor dem Beitritt besser und reibungsloser als in den Jahren um das Jahr 2000.

   In den 1980er-Jahren hatte man auf dem Land schon mal vergeblich auf den **Bus** warten müssen, weil der Busfahrer schlichtweg keine Lust hatte, einen Umweg zu fahren. Fünfzehn Jahre später war das unvorstellbar. Verändert hat sich auch die einst unverblümte Art, Fragen von der Sorte „Wie viel verdienst du?" und – in den 1990er-Jahren – „Welche Partei hast du gewählt?" zu stellen. Die **Frage nach dem Gehalt** war einst völlig normal und wurde unbefangen gestellt. Heute wird sie das immer noch, aber diskreter und unter Verwandten und guten Freunden. In den ersten Jahren nach der Unabhängigkeit wurden Unterhaltungen und Diskussionen

⌃ Im ganzen Land bekannt: der Säbeltanz von Korčula

darüber geführt, welche **Partei** man wählen wird oder gewählt hat. Mittlerweile sind die Menschen dieser Art der Diskussionen müde geworden und möchten es vermeiden, sich für „ihre" Partei rechtfertigen zu müssen. Trotzdem wird viel über die *politika* geredet, diskutiert und gestritten – und spätestens nach fünf Minuten lässt sich ohnehin erkennen, mit welcher Partei der jeweils andere sympathisiert.

Alles in allem wird mehr Wert auf **Diskretion** gelegt und eine gewisse **Distanz** gewahrt, um nicht als plump zu gelten.

Auch die **„Überraschungsbesuche"** sind heute nicht mehr gang und gäbe. Spontane Besuche waren das Normalste der Welt und es konnte vorkommen, dass am Samstag die Wohnküche oder das Wohnzimmer aus allen Nähten platzte, weil sich zufällig die halbe Verwandtschaft dazu entschlossen hatte, mal wieder einen Verwandten zu besuchen. Dann kamen noch die Nachbarn vorbei und es konnte ein langer Abend werden. Familienangehörige und Freunde rufen heute vorher an und verabreden eine Zeit. Durch das *brzi tempo života* („schnelle Lebenstempo") ist ein bisschen kroatische Lebenskultur verlorengegangen. Eine 40-jährige Kroatin formuliert es so: „Unsere Eltern und Großeltern haben sicher nicht weniger gearbeitet als wir heute. Aber sie wollten weniger als wir heute. Die sind halt nicht ins Fitness- oder Nagelstudio gegangen, sondern haben die Nachbarn besucht."

Traditionen und Bräuche

„Ima sve da se trese, kad Hrvati slave"
„Es muss alles erzittern, wenn Kroaten feiern"
(Antwort eines Kroaten auf die Frage, ob es denn eine kleine, ruhige Feier werden würde)

Seit der Unabhängigkeitserklärung 1991 pflegt man wieder vermehrt Traditionen und Bräuche. Ein großer Teil der jüngeren Bevölkerung hat allerdings kein besonderes Interesse an **Folklore.** Auch wenn die Tracht bei traditionellen Veranstaltungen präsent ist, wird nur noch selten in ihr geheiratet. Die **Volkstrachten** sind den verschiedenen Regionen zugeordnet, aber häufig unterscheiden sie sich auch innerhalb der Regionen.

Die vorherrschenden Farben sind Rot und Weiß mit weißen oder goldenen Stickereien. Die Tracht der Frauen besteht aus Bluse und Weste sowie besticktem Rock und bestickter Schürze. Als Kopfbedeckung dient ein Tuch oder eine Kappe, je nach Region. Die Männer tragen Hosen aus Baumwolle oder Leinen mit Jacke oder Weste. Auf dem Kopf tragen sie einen Hut oder eine Kappe.

Kroatien hat seine eigenen **Musikinstrumente** und besonderen **Formen des Gesangs,** entsprechend seinen Regionen. Eine alte und immer noch beliebte Form der Musik ist das **„Klapa-Singen"** in Dalmatien. Die *klapa* besteht aus mehreren Personen, die im Chor singen. Noch bis vor Kurzem bestand die traditionelle *klapa* ausschließlich aus Männern. Heute finden sich auch Frauen im Chor. Wer das Klapa-Singen zum ersten Mal hört, kann sich vielleicht nicht sofort dafür begeistern. Aber es lohnt sich, sich darauf einzulassen, denn es ist eine ganz besondere und emotionale Kunstart.

Ein wichtiges Musikinstrument für alte Volkslieder und bei Hochzeiten ist die *harmonika* (Akkordeon). In Slawonien dominiert das Musikinstrument *tambura,* häufiger verniedlichend *tamburica* genannt, das einer Mandoline gleicht. Von ihr begleitet werden sowohl fröhliche als auch stimmungsvolle und gefühlvolle Volkslieder gesungen.

Es gibt schier unzählige **Veranstaltungen,** in denen das Brauchtum gepflegt wird. In Zagreb gibt es jedes Jahr im Juni für mehrere Tage **Folklore mit Volksmusik** und Tanz. In Vinkovci (Slawonien), der ältesten kroatischen Stadt, findet jeden Herbst die Veranstaltung **Vinkovačke jeseni** statt. Ebenfalls in Slawonien, in Đakovo, kann man im Juni der folkloristischen Veranstaltung **Đakovački vezovi** beiwohnen. Hier treten Folkloregruppen auf, die Volkstänze, Gesänge und Stickereien präsentieren. Der **Schwerttanz von Korčula** wird zu Ehren des Sv. Todor (hl. Theodor), des Schutzpatrons der Stadt, immer am 29. Juli aufgeführt.

032kr-mb

Beim **Sinjska alka** (in Sinj) feiert man jedes Jahr Anfang August den Sieg über die Türken. Und wer im Winter in Kroatien ist, kann dem seit 1959 veranstalteten **Unterwasserfischen auf der Insel Mali Lošinj** beiwohnen. Das milde Klima lädt dazu ein, das Event mit einer Silvesterfeier zu verbinden.

Weihnachten kann man gut in **Zagreb** feiern. Der dortige **Weihnachtsmarkt** wurde 2016 zum schönsten Weihnachtsmarkt Europas gewählt.

Zu traditionellen Anlässen werden teure Geschenke gemacht. Die *kuma* (Patin, siehe hierzu auch Seite 209) und der *kum* (Pate) greifen, abgesehen von den Eltern, bei diesen Gelegenheiten besonders tief in die Tasche. Ein *kum* hat früher bei **Hochzeiten** sogar die gesamte Rechnung über die Verköstigung übernommen. Heute finanzieren das meist die Eltern des Brautpaares. Trotzdem versteht es sich von selbst, dass die Trauzeugen Geschenke machen, die von Wert sind. Das können teures Geschirr und Besteck sein oder handgemachte Heimtextilien wie bestickte Tischdecken mit den passenden Servietten. Der Wert und das Andenken stehen im Vordergrund. Die Hochzeiten auf dem Land dauerten früher drei Tage. In den Städten wurde zwar nur einen Tag gefeiert, dafür aber opulent, manchmal mit zweihundert Gästen. Die Hochzeitsfeiern sind heute hinsichtlich der Gästezahl überschaubarer. Manche halten es sogar schlicht und laden nur die engere Familie ein – weil sie die finanziellen Mittel nicht haben und sich nicht verschulden möchten oder, wie manche Brautpaare, weil sie lieber verreisen, als eine große Hochzeitsfeier zu veranstalten. Das wäre bis ca. 1990 noch eine kleine Schande gewesen. Den Eltern wäre es peinlich gewesen, nicht imstande zu sein – so meinte man –, ihrem Kind eine Hochzeit mit „allen Schikanen" auszurichten.

Den **Ehering** trägt man in Kroatien übrigens am linken Ringfinger, weil das näher am Herzen ist.

Bei der **Taufe** beschenkt die *kuma* oder der *kum* das Kind mit Gold, mit Halsketten mit Anhänger oder Armbändern, Mädchen auch mit Ohrringen. Silber wird nicht verschenkt, da es als Taufgeschenk als minderwertig gilt. Auch Weißgold führt immer noch ein Schattendasein, weil es zu sehr an Silber erinnert. Wer Taufpatin oder Taufpate ist, der verliert das Kind nicht aus den Augen, macht auch an Geburtstagen, zur Kommunion und Firmung großzügige Geschenke und besucht sein Patenkind. Auch die Großeltern des Kindes beschenken das Kind großzügig mit Gold. Nahe Verwandte und enge Freunde der Familie können zwar auch Schmuck

◁ Flugformation anlässlich des Dan pobedje i domovinske zahvalnosti (Tag des Sieges und der heimatlichen Dankbarkeit) in Bibinje

schenken, geben aber meist Geld. Zur **Kommunion oder Firmung** bekommt das Kind von den Großeltern und dem Tauf- und Firmpaten meistens wieder Schmuck, aber nicht unbedingt so wertvollen wie zur Taufe.
Manche Schwiegereltern schenken ihrer Schwiegertochter Schmuck,
nachdem sie das erste Kind geboren hat, manchmal auch zur Hochzeit.

Geburtstag feiert man in Kroatien nicht anders als in anderen Ländern.
Es gibt keinen wesentlichen Unterschied in der Art und Weise, außer bei
Kindergeburtstagen. Häufig läuft es so ab, dass die Kinder nicht abgege-
ben und nach ein paar Stunden wieder abgeholt werden, sondern die Erwachsenen ebenfalls zu Gast sind und bewirtet werden.

Der **Namenstag** wird in Kroatien nicht gefeiert, höchstens erwähnt. Eine
Ausnahme ist der Sveti Stjepan (Stephanstag) am 26. Dezember. Bei der
älteren Generation ist es immer noch üblich, dass Familie und gute Freunde mit einer Flasche (z. B. Wein) gratulieren und man zusammen auf das
Wohl des Stjepan anstößt.

Ostern: An Karfreitag herrscht *post* (Fleischverzicht). Es gibt weder Ausnahmen noch Entschuldigungen für den Fleischkonsum an diesem Tag.
An Tagen des Fleischverzichts ist Fisch erlaubt. An Veliki petak (Karfreitag, wörtl. übersetzt „großer Freitag") und Badnji dan (Heiligabend) essen
nur Ungläubige Fleisch. Viele Menschen besuchen die Mitternachtsmesse
und lassen Lebensmittel segnen. In kleinen Körben oder Taschen befinden sich meist Schinken, Wurst, Frühlingszwiebeln, Ostereier und manchmal auch Brot, Hefekuchen, Wein oder Rakija. Das erste Essen, das an Ostern zu sich genommen wird, ist dieses gesegnete – bei einigen Kroaten

⌃ Christbaum vor der Crkva sv. Marka (St.-Markus-Kirche) in Zagreb

bereits nach der Messe, bei anderen erst zum Frühstück. Das Mittagessen an Ostern ist üppig und reichhaltig. Aber wann ist es das in Kroatien an Feiertagen nicht …?

Zur **Weihnachts- und Silvesterzeit** sind die Städte schön und ausgiebig geschmückt. Weihnachten in Kroatien ist sehr atmosphärisch und stimmungsvoll. Die Sitten hier sind etwas anders als in Mitteleuropa. Der größte Unterschied besteht in der Definition von Besinnlichkeit – und den Telefonaten und Besuchen der Kroaten. In manchen Ländern wäre es grob unhöflich, einen Nachbarn oder guten Freund an Weihnachten anzurufen oder gar zu besuchen. In Kroatien sieht das ganz anders aus. Anrufe und Besuche zu Weihnachten sind ein Zeichen der Wertschätzung und Zuneigung. So wird vermittelt, dass man an diesem besonderen Tag an den anderen denkt. Nachbarn besuchen sich und wünschen sich „Sretan Božić" („Glückliche Weihnachten"), mit Händeschütteln und Küsschen auf beide Wangen. Dasselbe gilt, wenn sich Bekannte zufällig über den Weg laufen. Gute Bekannte oder Verwandte, die weiter entfernt wohnen, rufen an und wünschen ebenfalls „Sretan Božić" oder „Čestit Božić." Geschenke werden am ersten Weihnachtstag ausgepackt und nicht an Heiligabend. Das Weihnachtsessen findet meist bei den Großeltern statt, zu denen die Kinder ihre Ehepartner und den Nachwuchs mitbringen.

Danach geht es zu anderen Verwandten. Weihnachten in Kroatien ist nicht ruhig, aber sehr familiär und innig. So sieht eben für die Kroaten die Definition von „besinnlich" aus.

Feiertage

1. Januar	Neujahr	Nova godina
6. Januar	Heilige Drei Könige	Sveta tri kralja/Bogojavljanje
beweglich	Ostern	Uskrs
1. Mai	Tag der Arbeit	Praznik rada
beweglich	Fronleichnam	Tijelovo
beweglich	Pfingsten	Duhovi
22. Juni	Tag des anti-faschistischen Kampfes	Dan antifašističke borbe
25. Juni	Tag der Staatlichkeit	Dan državnosti
5. August	Tag des Sieges und der heimatlichen Dankbarkeit	Dan pobjede i domovinske zahvalnosti
15. August	Mariä Himmelfahrt	Velika Gospa
8. Oktober	Unabhängigkeitstag	Dan neovisnosti
1. November	Allerheiligen	Svi sveti
24. Dezember	Heiligabend	Badnji dan
25. Dezember	Weihnachten	Božić

Überzeugte und frischgebackene Katholiken

„Nije li čudno što se ljudi tako rado bore za svoju vjeru, a tako nerado žive po njenim zakonima?"
„Ist es nicht seltsam, dass die Leute so gerne für ihre Religion kämpfen, aber so ungern nach ihren Regeln leben?"
Marija Jurić Zagorka (1873–1957), Journalistin und Schriftstellerin

Kroatien ist ein **katholisch geprägtes Land.** 86 % der Bevölkerung sind laut einer Volkszählung von 2011 Katholiken. Orthodoxe machen 4,4 % und Protestanten 0,3 % aus. Es gibt 1,4 % Muslime, 0,7 % Agnostiker und 3,8 % Atheisten. Jüdischen Glaubens sind nur ca. 500 Personen, also 0,01 %. Die meisten von ihnen leben in Zagreb.

Unter den **Katholiken** im Land findet man vom frommen Kirchgänger bis zum gleichgültigen „Pro-forma-Katholiken" die gesamte Bandbreite der Erscheinungsformen. Noch im Jahr 2001 waren 206.000 Menschen mehr katholisch als im Jahr 2011. Gleichzeitig schrumpfte jedoch auch die Einwohnerzahl um 150.000, was den Rückgang weniger dramatisch erscheinen lässt – er beträgt etwa 5 %. Die Zahl der **Atheisten** und **Agnostiker** ist leicht angestiegen, was manche dem ehemaligen sozialdemokratischen Präsidenten Ivo Josipović anlasten, denn dieser bekannte sich öffentlich dazu, Agnostiker zu sein. Zwischen 2001 und 2011 ist die Zahl der Agnostiker um fast das Zwanzigfache angestiegen.

Die **Religion** ist für die meisten Kroaten seit jeher **Teil ihrer Identität.** Schon immer wurden Feiertage respektiert und Bräuche gepflegt. Wieder andere behielten der Religion gegenüber eine neutrale Haltung bei und blieben dem Katholizismus weiterhin eher auf lose Weise verbunden.

Der **katholische Religionsunterricht** in Schulen, *vjeronauk* genannt (wörtl. „Glaubenslehre"), zeigt hinsichtlich seiner Popularität regionale Unterschiede: In Split und Zadar sowie in Požega-Slavonija und Lika-Senj besuchen 96 bis 98 % der Schüler den *vjeronauk,* während es in Istrien und Rijeka nur ca. ein Drittel ist.

Kroatien gehörte von 1945 bis 1991 zu **Jugoslawien** und wie in allen sozialistischen bzw. kommunistischen Ländern führte die Kirche damals ein Schattendasein. Wer in staatlichen Einrichtungen arbeitete, ließ sich lieber nicht vor Kirchen blicken. Besonders belastend war es für diejenigen, die einerseits beruflich etwas erreichen und andererseits gegenüber ihrer katholischen Familie weiterhin integer bleiben wollten. So ließen manche Menschen damals ihre Kinder heimlich taufen.

Während des Krieges (1991–1995) und **nach dem Krieg** wurde es wieder beliebt, katholisch zu sein. Es gab Fälle von plötzlich entdeckter

Gläubigkeit, die sich folgendermaßen abspielten: Vor dem Krieg war der betreffenden Person der Glaube eher gleichgültig gewesen. Sie hatte sich nicht als Atheistin betrachtet, hatte einen Weihnachtsbaum aufgestellt und zu Ostern Eier gefärbt, war aber kaum in die Kirche gegangen. Während des Krieges stieg der Katholizismus empor wie Phönix aus der Asche und nun wurde der Person plötzlich bewusst, dass sie Katholikin ist. Das **Phänomen der Neubekehrtheit** zeigte sich in intensiven Kirchgängen und leidenschaftlichen Appellen an das Umfeld, seine Religion zu ehren und sie ausüben. Ehemals glühende Kommunisten sangen nun lauthals im Kirchenchor, hängten Kruzifixe in der Wohnung auf und feierten Weihnachten mit traditionellen Bräuchen und modernem Prunk. Das sind zwar Randerscheinungen, aber nahezu jeder Kroate kennt ein solches Fähnchen im Wind. Kommunismus und Kirche sind zwei entgegengesetzte Systeme, aber beide geben klare Regeln vor.

Die **Demokratie** ist für fast alle Menschen die ideale Regierungsform und die politische Freiheit der Idealzustand, aber sie sind eben auch mit Verantwortung und Pflichten verbunden. Man muss sich in dieser neuen Freiheit erst mal zurechtfinden und Demokratie für sich definieren, was einige zu Überläufern werden ließ – vom überzeugten Kommunist zum überzeugten Katholiken. Viele benötigen diese **klaren Regeln** und das

⌃ Grab in Mirogoj, Zagreb

Gefühl der Zugehörigkeit. Hier ein Beispiel: Als in Jugoslawien ein Bekannter der Autorin eine Goldkette mit einem Kreuz um den Hals trug, ging seine Klassenlehrerin auf ihn zu, packte das Kreuz und riss ihm die Kette mit voller Wucht vom Hals. Sie wolle das in ihrer Klasse nicht haben, sagte sie. Zwanzig Jahre später, im mittlerweile unabhängigen Kroatien, liefen sie sich über den Weg. Nach der Frage über das Befinden sagte die Lehrerin: „Ich komme gerade aus der Kirche." – „Ach ja?", fragte ihr ehemaliger Schüler überrascht. – „Heute ist Weihnachten", belehrte sie ihn. „Warum bist du nicht in der Kirche?" Der Bekannte sah sie eine Weile nachdenklich an, dann sagte er: „Wissen Sie, für mich war der christliche Glaube schon immer wichtig und wird es immer sein." Die Lehrerin erwiderte: „Ach ja, das war eine andere Zeit, damals." Das besagte Fähnchen im Wind sieht sich selbst als anpassungsfähig, nicht als opportunistisch.

Gleichzeitig gibt es auch das andere Phänomen: Der **Glaube** dient zur **Identifikation. Kroaten in Bosnien-Herzegowina** oder der Vojvodina sind zu 100 % Katholiken. **Serben** in Kroatien oder Bosnien-Herzegowina sind **Orthodoxe. Bosniaken** (Muslime aus Bosnien-Herzegowina) sind Muslime. Egal, um welchen Glauben es geht, selbst die größten „Religionsmuffel" stellen im Zweifelsfall den **Glauben über die Staatsangehörigkeit.** Die Volkszugehörigkeit wird in Bosnien-Herzegowina im Wesentlichen über die Religion definiert: Katholiken sind Kroaten, Orthodoxe Serben und Muslime Bosniaken.

△ Der Marienwallfahrtsort Trsat in Rijeka (1288 erstmals erwähnt)

Gegenseitige Kritik

Zu den **Mitternachtsmessen an Weihnachten und Ostern** sind die Kirchen voll. Bei den sonntäglichen Messen hingegen herrscht kaum Platzmangel und die Pfarrer werden nicht müde, sich den **Kirchgängern** gegenüber zu beklagen, dass viel zu wenig junge Menschen zur Kirche gehen. Zwar feiert man die katholischen Feiertage und verfügt über Grundkenntnisse, was die Inhalte der Bibel betrifft, doch hat die Kirche Schwierigkeiten, jüngere Kroaten zu erreichen.

Jede dritte bis vierte **Ehe** wird **geschieden,** immer mehr Paare leben ohne Trauschein zusammen – und dass **Homosexuelle** gar nicht erst in die Kirche gehen müssen, weil sie dort nicht willkommen sind, wissen Schwule und Lesben nur allzu gut. Die katholische Kirche stößt mit ihrer konservativen Struktur generell auf Widerstand, auch andernorts, aber in Kroatien mischt sie sich auch öffentlich in politische Fragen ein, was vielen Bürgern und den liberalen Medien nicht gefällt. Andererseits könnte natürlich auch argumentiert werden, dass in einer Gesellschaft, in der das Recht auf freie Meinungsäußerung garantiert ist, die Kirche dieses auch für sich in Anspruch nehmen dürfe.

Im August 2009 sorgte der damalige **Präsident Stjepan Mesić** für Wirbel. Glaubenssymbole – im diesem Falle das **Kruzifix** – sollten **aus öffentlichen Einrichtungen verbannt werden.** Kirche und Staat seien voneinander zu trennen. Es gefiel ihm nicht, dass Bischöfe sich zu politischen Fragen äußerten und die Priester während ihrer Messen politische Themen von der Kanzel aus behandelten. Schul- und Polizeidirektoren ließen verlauten, Mesić solle das Kreuz aus seinem Büro entfernen lassen, aber ihr Kreuz werde bleiben, solange wie das Gesetz dies erlaube. **Mesićs Gegner** in dieser Angelegenheit waren die **Kirche** und die Parteien **HDZ** (Kroatische Demokratische Union), **HSS** (Kroatische Bauernpartei) und **HSLS** (Kroatische Sozial-Liberale Partei). Seine Befürworter waren **SDP** (Sozialdemokraten), **HNS** (Kroatische Volkspartei) und **SDSS** (Unabhängige Demokratische Serbische Partei). Jedenfalls kam es nicht zur Ausführung von Mesićs Forderung und die Kruzifixe blieben hängen.

Bei offener Kritik reagiert die Kirche manchmal mit ironischen Gegenschlägen, nur selten mit „Liebe und Demut".

Wenn es um Kirche geht, spielt auch der **Friedhof** eine große Rolle. Verstorbene werden in der Regel innerhalb von zwei bis drei Tagen beerdigt. Das **Grab** für den Angehörigen ist selten schlicht – das Beste ist hier gerade gut genug. Auf dem Grab werden selten Blumen gepflanzt, sondern es stehen Vasen mit Schnittblumen auf den Marmorplatten, manchmal auch Engelsstatuen o. ä. Auf dem Grabstein sieht man typischerweise in goldfarbener Schrift den Namen und die Daten sowie ein

Der Fall Alojzije Stepinac

Im Jahr 2003 besuchte Papst Johannes Paul II. zum dritten Mal Kroatien. Nur in wenigen Ländern wurde er jedes Mal so begeistert von riesigen Menschenmassen empfangen wie hier – sodass man meinen konnte, das ganze Land mache dem Papst seine Aufwartung. Kroatien wollte sich bei den Papstbesuchen von seiner besten Seite zeigen, was auch gelang. Derselbe Papst sorgte jedoch mit der Seligsprechung von Alojzije Stepinac bei einigen Menschen für Aufruhr.

Stepinac (1898–1960) war während des Zweiten Weltkriegs Erzbischof von Zagreb. Seine Taten bzw. Unterlassungen lassen Spielraum für Befürworter und Kritiker. Stepinac soll mit der Ustaša-Bewegung sympathisiert und ein gutes Verhältnis zu deren „poglavnik" (Oberhaupt) Ante Pavelić (s. S. 39) gehabt haben. Was Zwangstaufen von Serben und Transporte in Konzentrations- und Arbeitslager betrifft, soll Stepinac die Vorgehensweise und die Bedingungen kritisiert haben, nicht jedoch das Ziel dieser Maßnahmen und den Zweck des Vorhabens. Er sprach sich bei Pavelić gegen das zwangsweise Tragen des Judensterns aus, weshalb dieser 1941 abgelegt werden durfte. Während die Entrechtung der Serben und Juden immer größere Ausmaße annahm, bekräftigte Stepinac regelmäßig die Forderung nach humaneren Bedingungen (auch schriftlich gegenüber Pavelić).

Im Ort Glina (ca. 70 km südlich von Zagreb) wurden im Mai 1941 mehrere Hundert Serben von den Ustaše in eine orthodoxe Kirche getrieben und ermordet. Daraufhin schrieb Stepinac wieder an Pavelić, diesmal nachdrücklicher. Stepinac kritisierte die Ermordung Unschuldiger.

Ab 1942 thematisierte er die Ideologie und das Vorgehen der Ustaše in seinen Messen. Stepinac sagte später, er habe etwa 7000 Menschenleben gerettet, auch viele serbische Kinder. Obgleich er sich für Initiativen, Schutzgewährung und Nahrungsmittelverteilungen eingesetzt hatte, warf man ihm vor, zu passiv und verblendet gewesen zu sein, indem er hoffte, die Rolle des Katholizismus in Kroatien zu stärken.

Nach Kriegsende wurde Stepinac trotz massiver Proteste der Bevölkerung und des Vatikans in einem Schauprozess zu 16 Jahren Zuchthaus verurteilt. Der Prozess durch Titos Kommunisten verstieß gegen geltendes Recht, selbst nach damaligen Maßstäben. Nach sechs Jahren wurde Stepinac entlassen, jedoch bis zu seinem Tod unter Hausarrest gestellt. In seinem Körper wurde Gift nachgewiesen, weshalb es naheliegt, dass er ermordet wurde.

Die amerikanische Autorin Dr. Esther Gitman ist Jüdin und Historikerin und hat sich eingehend mit Stepinac und der kroatischen Gesellschaft jener Zeit befasst. Sie recherchierte mehrere Jahre und durchforstete Archive. Gitman wurde 1939 in Sarajevo geboren und floh 1941 mit ihrer Mutter in die

USA. Im Jahr 2011 veröffentlichte sie ihr Buch „When Courage Prevailed: The Rescue and Survival of Jews in the Independent State of Croatia 1941–1945". Ihre Recherchen lassen sie zu folgendem Schluss kommen: Pavelić erhielt zahlreiche, mit den Namen der Absender versehene Briefe und Petitionen mit der Bitte, die Juden zu verschonen. Das hätte es, so Gitman, zu jener Zeit in keinem anderen Land gegeben. (Der Staat Israel verleiht die Medaille „Gerechter unter den Völkern" an diejenigen, die Juden während des Holocaust gerettet haben. Bisher erhielten 111 Kroaten die Medaille).

Pavelić war von Hitler und Mussolini eingesetzt worden, nachdem Vladko Maček sich geweigert habe, sich dem Willen der Nazis zu unterwerfen. (Maček wurde nach der Ermordung Stjepan Radićs 1928 dessen Nachfolger in der Bauernpartei).

In Gitmans Buch finden sich auch Briefe an den Innenminister der NDH, Andrija Artuković, in denen Stepinac dazu auffordert, die Juden nicht länger zu erniedrigen, zu verfolgen und zu töten. Es sei Stepinac zu verdanken, dass die Aufforderung Himmlers (während seines Besuchs bei Pavelić), katholisch-jüdische Ehepaare in deutsche Konzentrationslager zu schicken, nicht befolgt wurde. Ferner fand Gitman heraus, dass durch Stepinacs Initiative serbische Kinder aus Jasenovac (s. S. 43) gerettet werden konnten.

Papst Franziskus entschied 2016, eine Kommission über Stepinac beraten zu lassen und die Geschichte um den Zagreber Erzbischof erneut zu untersuchen. Im Juli 2017 hat die Kommission (bestehend aus kroatischen Katholiken und serbischen Orthodoxen) keine Einigung erzielt.

Visionär und Wohltäter: Josip Juraj Strossmayer

Strossmayer wurde 1815 in Osijek (Slawonien) geboren. Sein Urgroßvater kam Anfang des 18. Jahrhunderts als Soldat aus Linz und heiratete eine Kroatin. Dessen Enkel (Josips Vater) war Beamter beim Militär und Pferdehändler. Josip war einer von fünf Söhnen, drei starben bereits im Kindesalter und ein Bruder wurde keine 30 Jahre alt. So blieb nur Josip. Er studierte Theologie und Philosophie, promovierte in Pest (heute Budapest) und Wien. Strossmayer wurde Bischof von Đakovo, Bosnien und Srijem. Er engagierte sich in der Politik und führt die Narodna stranka (Volkspartei) an. Entstanden war diese 1841, ursprünglich hieß sie Ilirska stranka (Illyrische Partei), doch wurde der Begriff zwei Jahre später verboten. Strossmayer übernahm die Leitung 1861. Der k.u.k.-Monarchie war die Partei ein Dorn im Auge, weil sie ein unabhängiges Kroatien anstrebte. Die Partei löste sich 1906 auf.

Strossmayers großes Anliegen war die Stärkung der Position der Südslawen gegenüber der Österreich-Ungarischen Monarchie. Er wollte den Zusammenschluss des christlichen Glaubens, also auch die Katholiken und Orthodoxen zusammenführen – womit er sich nicht nur Freunde machte.

Kaiser Franz Joseph stellte ihn wegen seiner antimonarchischen Haltung mehrfach brüsk zur Rede, und Ante Starčević (der ein unabhängiges Kroatien anstrebte und sowohl Österreich-Ungarn ablehnte als auch den Zusammenschluss der Südslawen) nannte ihn abfällig „Štroca", der den Verstand verloren habe. Strossmayer und Starčević versöhnten sich später in hohem Alter. Strossmayer bot jedem die Stirn und stand hinter jedem seiner Worte und Taten. Vor Kaiser Franz Joseph knickte er nicht ein und sagte ihm geradeheraus: „Moja je savjest čista!" („Mein Gewissen ist rein!"). In seiner Rede in Rom 1870 sprach er sich gegen die Unfehlbarkeit des Papstes aus. Von den entsetzten Zwischenrufen – „Ketzer!" – ließ er sich nicht beirren.

Strossmayer ermutigte und förderte Künstler(innen): z. B. den Maler Vlaho Bukovac, damit dieser in Paris studieren konnte. Später wurde Bukovac einer der berühmtesten Maler Kroatiens. Durch Strossmayer erhielt der Schriftsteller August Šenoa ein Stipendium. Außerdem unterstützte er Journalistinnen und Schriftstellerinnen, ermunterte und überredete sie, öffentlich in Erscheinung zu treten und für ihre gesellschaftliche Stellung als Frau zu kämpfen. Er war Unterstützer und guter Freund der Journalistin und Schriftstellerin Marija Jurić Zagorka sowie der Kinderbuchautorin Ivana Brlić-Mažuranić.

Als Mäzen unterstützte er wichtige wissenschaftliche und kulturelle Einrichtungen. Die Kroatische Akademie der Wissenschaften und Künste (HAZU) entstand 1866 durch sein Engagement.

Auch gründete er mehrere Stiftungen, unterstützte den Bau von Lehranstalten, Bibliotheken, Galerien, Verlagshäusern und Kirchen. Die von ihm in Auftrag gegebene Kathedrale von Đakovo wurde von Papst Johannes XXIII. als die schönste zwischen Venedig und Konstantinopel (Istanbul) bezeichnet.

Strossmayer galt als empathischer Mensch, fortschrittlicher Geist und leidenschaftlicher Katholik und Patriot: „Sve za vjeru i domovinu" („Alles für den Glauben und die Heimat") waren seine Haltung und Lebensaufgabe.

Strossmayer starb im Jahr 1905 in Đakovo. In ganzen Land sind zahlreiche Straßen, Plätze und Institutionen nach ihm benannt. Aber auch in den Nachbarländern Slowenien, Bosnien-Herzegowina, Serbien, Tschechien, Österreich und Bulgarien tragen Straßen seinen Namen.

Foto des Verstorbenen, das in einem ebenso edlen Rahmen steckt. Eine Beerdigung kann eine Familie ein gewaltiges Loch in die Rücklagen brennen, sofern diese vorhanden sind. Einen nahen Verwandten in ein schlichtes Grab zu „stecken", kratzt am Ansehen der Familie. Sie wird für geizig und gefühlskalt gehalten. Das Ganze kann so weit gehen, dass sie das Stigma der Geizigen und Gefühllosen nur schwer wieder los wird. So kann es vorkommen, dass man Zeuge einer Szene wird, die gleichzeitig komisch und tragisch wirkt: Eine alte Frau betrachtet im Vorbeigehen das einfache Grab eines kürzlich verstorbenen Greises und meint zu ihrer Begleiterin: „Warum haben sie ihn nicht gleich in eine Grube hinter dem Haus geworfen?"

Verstorbene Verwandte erfordern **kontinuierliche Pflichterfüllung.** Schnittblumen, die seit Wochen vor sich hin welken und deren Wasser schon grün verfärbt ist, lassen auf Nachlässigkeit schließen. Für schmutzige Marmorplatten gibt es ebenfalls keine Entschuldigung. Auch wenn es hauptsächlich ältere Menschen sind, die die Gräber gewissenhaft pflegen – der Schmach des schlichten Grabs mag sich niemand aussetzen.

Die **Todesanzeigen** in den Zeitungen können pro Verstorbenen mehr als ein Dutzend umfassen. Auch entfernte Verwandte oder Freunde und Nachbarn verabschieden sich in ihrem Namen vom Verstorbenen. Auch setzen nahe Verwandte eine separate Anzeige auf. Der Ton ist hier gefühlvoll, manchmal auch poetisch. Auch selbstverfasste Gedichte sind keine Seltenheit. Zeilen wie „Seit dein Herz aufgehört hat zu schlagen, sind meine Tage dunkel und sinnlos geworden" wirken in Kroatien nicht pathetisch, sondern sind selbstverständlich, wenn man mit seiner Anzeige das ausdrücken möchte, was man fühlt. Damit sendet man dem Verstorbenen ein *posljedni pozdrav* (einen letzten Gruß).

Ein Brauch wird jedoch immer seltener gepflegt: Frauen trugen früher beim Verlust eines Angehörigen mindestens ein Jahr lang **schwarze Kleidung.** Die jüngere Generation der Frauen trägt heute in den ersten Wochen manchmal dunklere Kleidung, andere Frauen kleiden sich wie sonst auch.

Der größte **Marien-Wallfahrtsort** in Kroatien heißt **Marija Bistrica.** Er befindet sich in der Region Zagorje, knapp 30 km von Zagreb entfernt. Bereits im frühen 13. Jahrhundert wurde der Ort erwähnt und seit Hunderten von Jahren pilgern Katholiken hierhin. Im Jahre 1715 erhielt die Kirche von Marija Bistrica vom Sabor (Parlament) einen wertvollen Altar, weshalb der Ort weiter an Popularität gewann und immer mehr Pilger dorthin strömten. Weitere Wallfahrtsorte, die am 15. August besucht werden, sind **Sinj** (ca. 35 km von Split), **Trsat** (Rijeka) und **Aljmaš** (ca. 25 km von Osijek).

Aberglaube und Wunderheiler

Kroatien ist nicht unbedingt ein Land, das von **abergläubischen Ritualen** oder **Vermeidungsstrategien** geprägt ist: Freitag, dem 13., wird nicht in höherem Maße Aufmerksamkeit geschenkt als anderswo. Einige Menschen sind abergläubischer als andere. Manche glauben daran, dass einem das Geld entgleitet, wenn die rechte Handfläche juckt. Wenn die linke Handfläche juckt, fließt einem angeblich das Geld zu. Wenn die Nase juckt, bedeute das Ärger oder Streit. Ein paar abergläubische Floskeln benutzt man eher aus Gewohnheit als aus Überzeugung. Eine markante, in der Bevölkerung weit verbreitete Eigenschaft ist allerdings das **Interesse am Mystischen und Unerklärbaren.**

Die **Marienerscheinung in Medugorje** wird vom Vatikan zwar nicht anerkannt, aber viele Kroaten glauben trotzdem daran und pilgern zu diesem Ort in Bosnien-Herzegowina. Sechs Kindern und Jugendlichen soll dort im Juni 1981 erstmals die Jungfrau Maria erschienen sein. Die Kinder und der Ort wurden Gegenstand eines Presserummels und sind heute berühmt. Medugorje wird heute von Menschen aus der ganzen Welt besucht. Aufgrund dieses Ereignisses wurde 1995 der Film „Gospa" mit Martin Sheen gedreht. Regie führte der Kroate Jakov Sedlar.

Es gibt eine beachtliche Anzahl **esoterischer Dienstleister: Tarotleger, Nummerologen, Wünschelrutengänger, Wahrsager** etc. Das Lesen aus dem Kaffeesatz ist allerdings passé und gilt als primitiv.

Der **Hang zum Mystischen** ist eine weitere kroatische **Widersprüchlichkeit.** So gibt es Menschen, die zeitlebens erzkatholisch sind, aber zum **Wunderheiler** gehen. Einer der bekanntesten unter den Wunderheilern dürfte Josip Grbavac alias **Braco** sein, der in ganz Europa und darüber hinaus bekannt ist, und dessen „Patienten" in Scharen mit Bussen kommen. Bracos heilende Kraft besteht angeblich im Blickkontakt. Er stellt sich auf ein Podest vor einen Saal voller Menschen und lässt ein paar Minuten seinen heilenden Blick schweifen. Viele seiner Anhänger kommen regelmäßig, und immer wieder beteuern Menschen aus aller Herren Länder, Braco habe sie geheilt. Diskussionen mit überzeugten Anhängern sind müßig, da diese felsenfest von Bracos Gabe überzeugt sind. Wer versucht, mit gesundem Menschenverstand dagegen anzugehen, erreicht ganz einfach deshalb nichts, weil gegen die Antwort „Seit ich bei ihm war, habe ich keine Beschwerden mehr" nicht anzugehen ist. Und dass es sich dabei womöglich nur um Autosuggestion handelt, will derjenige nicht hören. Braco polarisiert. Selbst innerhalb von Familien kann es zu hitzigen Diskussionen über ihn kommen. Es gibt kaum jemanden, der nur ein bisschen an ihn glaubt. Für

Extrainfo 6 (s. S. 7): ZDF-Beitrag über Braco, den Wunderheiler

die einen ist er ein Scharlatan und die anderen sind von seiner Gabe überzeugt. Auch im Ausland findet man anerkennende Worte für ihn, beispielsweise von Prominenten wie Andie MacDowell und Naomi Campbell.

Die Kroaten und ihre Minderheiten

Kroatiens Nationalitätenpolitik

Auch wenn die Kroaten mit einem Anteil von 90 % an der Gesamtbevölkerung im eigenen Land gut vertreten sind, so leben hier immerhin **22 anerkannte Minderheiten.** In **Istrien** sind die Kroaten innerhalb des eigenen Landes mit zwei Dritteln am schwächsten vertreten, bedingt durch die hohe Präsenz der **Italiener,** die hier ein Drittel der Bevölkerung ausmachen. In der Stadt **Vukovar** ist es die serbische Minderheit, die einen Prozentsatz von 34 ausmacht, gegenüber 57 % Kroaten.

Die Minderheiten in Kroatien haben u. a. das **Recht** auf:
- ihre eigene Sprache und Schrift
- Bildung und Erziehung in ihrer Sprache
- ihre eigenen Zeichen und Symbole
- kulturelle Selbstbestimmung
- Religionsfreiheit und kulturelle Autonomie
- die Gründung von Verbänden
- Schutz vor Bedrohung und Unterdrückung durch die Justiz
- Interessenvertretungen im Sabor (Parlament)

Letzteres gilt als seltene Besonderheit. Im **Sabor** sind acht Plätze für nationale Minderheiten reserviert. Ferner werden drei Sitze für die kroatische Diaspora vergeben.

Laut Verfassung müssen **Straßenschilder zweisprachig** sein, wenn in einem Gebiet die entsprechende Minderheit mehr als ein Drittel ausmacht. Istrien ist kroatisch und italienisch geprägt, dort funktioniert das System mit den zweisprachigen Tafeln gut – obwohl sich einige Kroaten an den italienischen Bezeichnungen stören. In **Gebieten mit serbischen Minderheiten,** deren Anteil über ein Drittel beträgt, werden die kyrillischen Tafeln regelmäßig beschädigt oder zerstört. Die Wunden des Krieges sind für manche Menschen nicht verheilt – insbesondere in den Gebieten, die Zerstörung erlebt und in denen viele Bewohner Angehörige verloren haben.

Das kroatisch-serbische Verhältnis

Kroaten und Serben bemühen sich um gute Nachbarschaft und pflegen generell ein höflich-distanziertes Verhältnis zueinander. Aber es bestehen bekanntermaßen Spannungen. Man unterhält Handelsbeziehungen und schätzt die Künstler der anderen, aber sobald eine missbilligende Bemerkung geäußert wird, kann es bei manchen Leuten emotional werden. Vergessen wird – auf beiden Seiten –, dass die Äußerung von einer einzelnen Person kam und diese nicht repräsentativ für das ganze Volk ist. Manche Politiker beider Länder spielen auf dem Nationalstolz ihrer Bürger wie auf einer Klaviatur, weil es funktioniert und sie sich damit bei ihrer Zielgruppe beliebt machen. Man glaubt, einander aus historischen Gründen „zu kennen", auch wenn natürlich auf beiden Seiten auch Fehlinterpretationen und Ressentiments vorhanden sind. Bekanntermaßen werden liberale Medien auch nur von liberalen Leuten gelesen, die anderen bewegen sich lieber in Foren, in denen sie ihre Ideologie bestätigt sehen. Mit hetzerischen Parolen tun sie dabei der „Gegenseite" den allergrößten Gefallen, da diese sich in ihrer Meinung über die anderen damit bestätigt sieht.

Man kann Gegensätze finden, aber auch Gemeinsamkeiten, z.B. den ähnlichen Musikgeschmack. Es gibt kroatische Künstler, die in Serbien auftreten und serbische Künstler, die in Kroatien auftreten, und auf diese Weise zeigen, dass sie die Politik beiseiteschieben und die Bevölkerung des jeweils anderen Landes respektieren. Darunter sind kroatische Künstler wie der Sänger Gibonni oder die Bands Parni valjak (Dampfwalze) und „Prljavo kazalište" (Schmutziges Theater), die in Serbien in ausverkauften Hallen auftreten. Bei deren Lied „Ruža Hrvatska" wird in serbischen Konzerthallen mitgesungen, weil der Titel richtig verstanden wird: Das Lied schrieb das Bandmitglied Jasenko Houra für seine verstorbene Mutter. Mit „Rose Kroatiens" ist seine Mutter gemeint. Auf serbischer Seite sind es z. B. Željko Joksimović und Đorđe Balašević, die in Kroatien willkommen sind..

Auch in der Vergangenheit gab es Persönlichkeiten, die in der jeweils anderen Kultur gewirkt haben: Die kroatische Hymne „Lijepa naša domovino" schrieb der Kroate Antun Mihanović, komponiert hat sie Josip Runjanin, gebürtiger Kroate mit serbischen Wurzeln (die serbische Hymne „Bože pravde" schrieb der Slowene Davorin Jenko). Der Kroate Tin Ujević verfasste das Gedicht „Srbiji" („für Serbien"), in dem er den Glauben der Serben poetisch-respektvoll hervorhob. Er engagierte sich für einen Zusammenschluss beider Länder. Petar Preradović, serbischer Abstammung, plädierte für die Emanzipierung Kroatiens und ihr Nationalbewusstsein. Der Literatur-Nobelpreisträger Ivo Andrić entstammt einer kroatischen Familie. In Bosnien-Herzegowina geboren, schrieb er auf Serbisch und lebte viele Jahre in Belgrad, wo er auch starb.

In den 1990er-Jahren sollen viele Mischehen zwischen Kroaten und Serben gescheitert sein. Bedauerlicherweise gibt es darüber keine zuverlässigen Zahlen, zumal die Gründe für Scheidungen nicht öffentlich zugänglich sind. „Bad news are good news", denn über diejenigen, die zusammengeblieben sind, wurde nicht berichtet. Die aus während der Ära Jugoslawien geschlossenen Mischehen hervorgegangenen Kinder haben nicht selten ein Identitätsproblem. Goran Bregović (geb. 1950 in Sarajevo), einer der Gründer der Rockband „Bijelo dugme", bezeichnet sich als „Balkanac" („Balkanbewohner"). Seine Mutter ist Serbin und seine Vater Kroate. In einem Interview äußerte er, für einen Serben sei er nicht serbisch genug und für einen Kroaten nicht kroatisch genug. Es gibt viele Geschichten von ehemals besten Freunden oder Nachbarn, die einander während des Krieges ausgeliefert oder getötet haben. Aber wie viele einander geholfen, sich gegenseitig versteckt oder füreinander ihr Leben riskiert haben, das wird man nie erfahren. Die Kroaten meinen, man sei sich im eigenen Land oft uneins, aber die Serben hielten eisern zusammen. Wahrscheinlich hat jedes Land das Gefühl, dass das Volk mehr Zusammenhalt vertragen könnte. Ob der Eindruck der Kroaten im Hinblick auf die Serben richtig oder falsch ist: Deren vier Cs (der kyrillische Buchstabe für S, da die Serben neben der lateinischen auch die kyrillische Schrift anwenden) im Kreuz haben in der Jugoslawienzeit auf Hauswänden, in Aufzügen und auf Garagentoren diesen Eindruck hinterlassen: „Samo sloga Srbina spašava" („Nur Zusammenhalt rettet den Serben"). Es ist anzunehmen, dass die Serben Ähnliches über die Kroaten denken, nämlich dass sie heimatverliebt seien und eisern zusammengeschweißt.

Die kroatische Minderheit in Serbien bzw. Vojvodina und die serbische Minderheit in Kroatien wird vom jeweiligen Ursprungsland als die „ihren" wahrgenommen. Im Ursprungsland identifiziert man sich mit ihnen und umgekehrt identifiziert sich die Minderheit mit dem Ursprungsland. Wenn sie in ihr Ursprungsland kommen, wirken sie auf „ihre Leute" nicht selten fremd. Ein Serbe, der in 10. Generation in Kroatien lebt, hat unbewusst die Mentalität, die Bräuche und nicht zuletzt die Sprache (evtl. samt Dialekt) verinnerlicht. Umgekehrt gilt das Gleiche: Wer als Kroate aus Serbien, Serbisch sprechend und serbisch prägend, nach Kroatien kommt, wird sich wahrscheinlich nicht unvermittelt in die Gesellschaft integrieren können.

Als der serbische Tennisstar Novak Đoković 2007 in Montreal zur Pokalübergabe versehentlich als Kroate aufgerufen wurde, stellte er richtig, dass er aus Serbien und nicht aus Kroatien käme. „Don't worry", sagte er, „It's the same thing." In Kroatien und Serbien nahm man das sportlich seitens Đoković, weil er eine sympathische und erfolgreiche Persönlichkeit ist. Trotzdem herrschte Verärgerung darüber, dass man in Übersee offenbar die beiden Länder nicht unterscheiden könne.

Serben

Die Volkszählung von 2011 ergab, dass Serben mit 4,4 % (186.633 Personen) die **größte Minderheit im Land** darstellen. Bereits im 16. Jahrhundert waren Serben nach Kroatien gekommen. Serbische Communitys entwickelten sich u. a. in Gebieten der **Lika,** in **Slawonien** und **Dalmatien.** Im Zuge der Industrialisierung zogen viele auch in die Städte. Anfang der 1990er-Jahre emigrierten viele Serben oder wurden vertrieben. Vor Kriegsausbruch lebten über 580.000 Serben in Kroatien. Sie machten damals 12 % der Gesamtbevölkerung aus.

Bosniaken

Die Bewohner Bosnien-Herzegowinas werden allgemein **Bosnier** genannt. Die Muslime aus diesem Land heißen *Bošnjaci* (Bosniaken). Im Jahr 1971 wurden sie bei der Volkszählung in Jugoslawien als *muslimani u nacionalnom smislu* („Muslime im Sinne der Nationalität") eingetragen. Kroaten, Serben und Muslime – als einzige wurden bosnische Muslima über ihren Glauben definiert und empfanden das als ungerecht. Die Katholiken in Bosnien-Herzegowina bezeichnen sich als Kroaten, die Orthodoxen als Serben. So wird die Änderung von Muslimen zu Bosniaken erst verständlich. Seit September 1993 heißen sie **Bosniaken.** In Kroatien leben auch Katholiken, die aus Bosnien-Herzegowina zugezogen sind. Da diese

037krk

jedoch katholisch und kroatisch sind, gelten sie nicht als Minderheit oder Ausländer, sondern als Kroaten. **In Kroatien leben rund 31.500 Bosniaken,** sie machen einen Anteil von 0,7 % an der Gesamtbevölkerung aus und leben überwiegend in den **Städten.** Die meisten Bosniaken leben in Zagreb, Istrien und um die Kvarner-Bucht. Eine große Einwanderungswelle erfolgte in den 1870er-Jahren und dann wieder in den 60er- und 70er-Jahren des 20. Jahrhunderts aus wirtschaftlichen Gründen.

Kroatische Behörden weigerten sich lange, muslimischen Frauen einen Personalausweis oder Führerschein auszustellen, wenn sie auf dem Foto ein Kopftuch trugen. Seit 2014 dürfen sie sich nun mit Kopftuch ablichten lassen, wenn Wangen, Stirn und Kinn gut sichtbar sind. Islamische Gemeindezentren gibt es in Zagreb, Rijeka, Split, Varaždin, Pula und Sisak. In Kroatien gibt es drei Moscheen: Die erste wurde 1969 in Gunja (Slawonien) errichtet, die zweite 1987 in Zagreb und die dritte 2013 in Rijeka. Vielen Muslimen gilt sie als die schönste Europas. Der Mufti Aziz Hasanović (Präsident der islamischen Gemeinschaft in Kroatien) äußerte, dass Kroatien, was die Muslime betrifft, ein Beispiel für andere europäische Länder sein kann – und für muslimische Länder, wie es mit christlichen Minderheiten umgehen sollte.

Die Bosniaken sind gut integriert, einige konvertieren sogar (meist durch Heirat) oder ändern ihren Vornamen, um ihn „kroatischer" zu machen. Die meisten jedoch pflegen weiterhin ihre Bräuche und bleiben ihrem Glauben treu. Bei der Frage nach guter Nachbarschaft oder Freundschaften stellt der muslimische Glaube normalerweise kein Problem dar.

Italiener

Mit einem Bevölkerungsanteil von 0,4 % stehen die Italiener neben den Albanern und den Roma **an dritter Stelle der Minderheiten,** die etwa den gleichen Bevölkerungsanteil haben.

Italiener leben hauptsächlich in **Istrien und Rijeka,** insgesamt zählt man ca. 17.800 Personen. Gerade in diesen Regionen haben sie durch die Geschichte ihre Spuren hinterlassen. Interessanterweise hatte Tito zwar Istrien wieder an Kroatien angeschlossen und gemeint, „Italiener gehören nach Italien", aber die Straßen und Plätze mit italienischen Namen durften bestehen bleiben, z. B. in Rijeka die Straße Garibaldi, die neben dem Korzo (!) in der Innenstadt verlief und heute nach Ante Starčević benannt ist. Umgekehrt heißt das einstige Kino „Partizan" heute „Teatro fenice".

◁ Moschee in Rijeka

Die italienische Minderheit verfügt über eine eigene **Zeitung, „La voce del popolo"** („Die Stimme des Volkes"). Die Ursprünge dieser Zeitung reichen bis in die 1880er-Jahre zurück, aber regelmäßig erscheint die Zeitung seit 1944. Sie wird vom italienischen Verlag Edit *(edizione italiane)* herausgegeben, der in Rijeka ansässig ist und dessen Produkte sich an die italienische Minderheit in Kroatien und Slowenien richten.

Die italienische Minderheit spricht auch heute noch im Privaten ihren italienischen Dialekt. Auf ihre Wurzeln sind sie zwar stolz, identifizieren sich aber gleichzeitig mit Kroatien, das sie als ihre Heimat betrachten. Istrien ist nach wie vor zweisprachig, und in Rijeka werden die italienischstämmigen Bürger immer noch „Fiumani" genannt bzw. nennen sich selbst so (aus der Zeit der italienischen Herrschaft in der ersten Hälfte des 20. Jahrhunderts, als Rijeka „Fiume" hieß). In Rijeka gibt es die „Scuola elementare" (Grundschule) und in Pula die „Dante Alighieri" (eine Mittelschule), die zum Teil auch von nicht-italienischstämmigen Kindern besucht wird, aufgrund der Motivation der kroatischen Eltern, dass ihre Kinder eine Zweitsprache fließend lernen sollen.

Albaner

Ende der 1940er-Jahre gab es nur ca. 600 Albaner in Kroatien, heute sind es ca. **17.500,** wovon die meisten in **Zagreb** leben, nämlich etwa 4300. Sie werden umgangssprachlich *šiptari* genannt, was sich von *Shqiptar* ableitet. So bezeichnen sie sich selbst und ihre ethnische Zugehörigkeit. Allerdings hat das Wort *šiptar,* wenn es von Nicht-Albanern geäußert wird, einen negativen Beigeschmack, weil es in ihren Ohren abwertend klingt. Doch tatsächlich hat man sie nur selten Albaner genannt, sondern bezeichnete auch ihre Eisdielen stets mit *kod šiptara* („beim Šiptar"), einfach aus Gewohnheit. Die Albaner führten oftmals Kleinbetriebe, in der Hauptsache Gold- und Schmuckgeschäfte, eine *„pekara"* (Bäckerei) oder *slastičarna* (Konditorei/Patisserie), eine Art **Café mit Eisdiele** und Kuchen-

⌂ Zweisprachiges Straßenschild in Istrien

auswahl. Heute fehlen die *slastičarne* im Stadtbild, sie sind Ketten oder normalen Cafés gewichen. Dadurch ist ein Stückchen Eis- und Kuchenkultur verlorengegangen. Schließlich wusste jeder, dass es das beste Eis *kod šiptara* gab. Die jüngere Generation der Albaner geht ihre eigenen Wege, bildet sich weiter und übernimmt nur noch selten die *pekara* oder *slastičarna* der Eltern. Ein weiterer Grund für das Schrumpfen der Lebensmittel-Kleinbetriebe ist auch die steigende Präsenz der Supermarktketten. Bei den Gold- und Juweliergeschäften scheint es um die Nachfolge besser bestellt zu sein. Albaner gelten als gute **Händler,** was auch ihrer vorbildlichen Art zu verdanken ist: immer ruhig, freundlich und kultiviert im Umgang mit ihren Kunden – und alles blitzblank sauber.

Im Jahre 2016 wurde auf einem Gymnasium in Zadar (neben Englisch, Französisch, Deutsch und Italienisch) auch Albanisch eingeführt. Es meldeten sich 40 Schüler an, die der albanischen Minderheit angehören.

Roma

Schätzungen zufolge verließen sie das nordwestliche Indien vor ca. 1000 Jahren. In Kroatien siedelten sie sich im südlichen Dalmatien im 14. Jahrhundert an und breiteten sich dann über die benachbarten Gebiete immer weiter aus.

Die meisten Roma leben in **Slawonien und Zagreb,** weitere kleinere Gruppen sind über das gesamte Land verstreut. Noch heute werden sie oft als *cigani* (Zigeuner) bezeichnet. Knapp **17.000 Roma** sind in Kroatien statistisch erfasst, wobei es sich tatsächlich um mindestens 30.000 handeln soll. Viele sind nicht registriert, manchmal ganze Familien nicht. Schätzungen zufolge besucht über die Hälfte der Roma-Kinder keine Schule. In Kroatien gibt es ca. 500 staatenlose Roma und ca. 1000 mit nur vorübergehendem Aufenthalt. Viele von ihnen beklagen, dass sie sich vergeblich um die Staatsbürgerschaft bemühen. Im Februar 2017 wurde im Fernsehen über Miloš Mitrović berichtet. Der Roma lebt seit seiner Kindheit in Kroatien, mittlerweile seit 53 Jahren. Er diente auf kroatischer Seite im Heimatkrieg. Mitrović lebt von den Sozialhilfeleistungen, die sein Sohn und die Schwiegertochter beziehen. Sein Antrag auf Staatsbürgerschaft wurde zehnmal abgelehnt. Seitens der Verwaltung heißt es, die Unterlagen der Roma seien häufig unvollständig.

Die **Lebensqualität** bzw. der **Lebensstandard** der Roma ist extrem unterschiedlich. Manche leben in Baracken ohne Wasser und Strom – von Heizöfen ganz zu schweigen – und entsprechend kurz ist ihre Lebenserwartung. Andere wiederum integrieren sich, besuchen die Schule, arbeiten und bauen Häuser.

Die **Wahrnehmung** ist oft einseitig, denn diejenigen, die arbeiten und sich ein Häuschen bauen, nimmt man weniger wahr, als diejenigen, die in Armut leben. Letztere werden als faul **beschimpft,** weil sie nicht arbeiten, aber nicht viele Arbeitgeber sind bereit, sie einzustellen. Die kroatische Gesellschaft hat mit den Roma alles in allem kein wirkliches Problem, doch heiratet ein Roma selten eine Kroatin oder hat einen größeren kroatischen Freundeskreis. Dass die Roma meist unter sich bleiben, liegt unter anderem daran, dass sie ihre eigene Kultur pflegen, aber auch an den Vorurteilen der Kroaten, weshalb es mehrere Initiativen mit Slogans wie „Stopp den Vorurteilen gegenüber Roma!" gibt.

Die Donauschwaben: Deutsche in Kroatien

Weil sie entlang der Donau siedelten und viele von ihnen aus Schwaben stammten, wurde diese Gruppe als Donauschwaben bezeichnet. Daher werden auch heute die Deutschen umgangssprachlich noch **„švabos"** genannt, ein Ausdruck, der weder positiv noch negativ behaftet ist.

Laut Volkszählung im Jahr 2011 leben in Kroatien **2965 Deutsche,** was 0,07 % der Bevölkerung entspricht. Im Jahr 1857 gab es 29.000 Deutsche in Kroatien, im Jahr 1910 waren es 120.000, die 3,4 % der Bevölkerung ausmachten. Die ersten Siedler kamen vor ca. 300 Jahren in das heutige Kroatien. Die Gründe waren teilweise wirtschaftlicher Art, aber auch durch die Militärgrenze bedingt: Offiziere besiedelten mit ihren Familien das Gebiet in Slawonien. Nachdem man die Osmanen aus dem Gebiet vertrieben hatte, musste diese Zone geschützt werden, um ein weiteres Eindringen zu verhindern. Die deutschen Offiziere stellten zur damaligen Zeit eine Elite dar, wie man heute sagen würde. Es kamen auch Verwalter, Händler und Handwerker nach Kroatien. Mit den Jahren erschufen sie neue Dörfer, deren Häuser denen in ihrer Heimat ähnelten. Später zogen viele in die Städte, besonders nach **Zagreb.**

Durch die **AVNOJ – Antifašističko vijeće narodnog oslobođenja Jugoslavije** (Antifaschistischer Rat der Volksbefreiung Jugoslawiens), von Tito im November 1942 gegründet, wurden die Deutschen ab 1944 enteignet. Diejenigen Deutschen, die nicht am Partisanenkampf beteiligt gewesen waren, mussten fliehen oder wurden in Arbeitslager gesteckt. Sie wurden mit Kollektivschuld beladen und passten mit ihrem vermeintlich faschistischen Gedankengut nicht in einen kommunistischen Staat. Viele Deutsche flohen nach Amerika und Australien.

Die meisten Einwohner mit deutschen Wurzeln leben heute in **Osijek-Baranja, Zagreb** sowie **Split** und Umgebung. In Osijek gibt es die „Deutsche Gemeinschaft – Landsmannschaft der Donauschwaben in Kroatien", die heute noch ihre deutsche Kultur pflegt, Veranstaltungen organisiert und die **Zeitschrift Njemačka rijeć** („Deutsches Wort", http://deutsche-gemeinschaft.eu/de, Deutsch und Kroatisch) herausgibt.

Weitere Minderheiten

Ferner gibt es in Kroatien noch **Ungarn** (0,3 % der Bevölkerung). **Slowenen** und **Tschechen** machen jeweils 0,2 % der Bevölkerung aus. **Montenegriner, Mazedonier** und **Slowaken** sind mit jeweils 0,1 % vertreten.

Seit 2009 engagieren sich junge Menschen für allgemeine Menschenrechte, also z. B. auch für Homosexuelle, darunter die **Inicijativa mladih za ljudska prava** (Initiative der Jugend für Menschenrechte). Die offizielle Gründung fand 2015 statt. Ihr Programm besteht aus drei Teilen: Programm des Rechts, der Versöhnung und des Mitwirkens. Der Sitz ist in Zagreb, doch finden die Programme auch in Bosnien-Herzegowina, Serbien, Montenegro und dem Kosovo statt.

Stadt- und Landmentalität

Die Städte sind so unterschiedlich wie ihre Bewohner

„Zadar has the most beautiful sunset in the world"
„Zadar hat den schönsten Sonnenuntergang der Welt"
   (Alfred Hitchcock, 1964)

Etwa 60 % der Kroaten leben in Städten. Ein Viertel der Kroaten ist in den vier größten Städten Zagreb (790.000, 18 % der Gesamtbevölkerung), Split (167.000), Rijeka (128.000) und Osijek (108.000) ansässig. Diese vier Städte haben als einzige über 100.000 Einwohner und gemessen an der Einwohnerzahl sind sie damit in Kroatien Großstädte. Zagreb wird häufig *metropola* genannt. Die fünftgrößte Stadt ist Zadar mit 75.000 Einwohnern. Dubrovnik, vom Bekanntheitsgrad her ganz vorne, liegt mit 42.000 Einwohnern weiter hinten. Flächenmäßig ist Gospić (in der Gespanschaft = Verwaltungseinheit Lika-Senj) mit 967 Quadratkilometern die größte Stadt, außerhalb Kroatiens kennt sie allerdings kaum jemand.

Die **teuerste Stadt** ist **Rijeka.** Allerdings gibt es Unterschiede bezüglich der Unkosten. In Rijeka sind die **Mieten** etwas niedriger als in Zagreb, wo sie landesweit am höchsten ausfallen. **Lebensmittel** sind in Rijeka am teuersten, **Restaurantbesuche** wiederum in Split.

Größere **Einwanderungswellen** in die Städte gab es im Zuge der Industrialisierung im Laufe des 20. Jahrhunderts. Die Menschen kamen aus nahen und fernen ländlichen Gebieten, darunter Kroaten und andere Bewohner aus dem damaligen Jugoslawien, hauptsächlich Bosnier und Serben. Durch die Industrialisierung musste **Wohnraum** geschaffen werden, weshalb Hochhäuser entstanden, die für die Arbeiter der jeweiligen Fabriken errichtet wurden. Ihre Bewohner arbeiteten in diesen Fabriken und lebten mit ihren Familien in günstigen Wohnungen.

Jede Stadt verfügt über ihre eigene **Kultur** und **Besonderheit,** ihre Geschichte und ihre Mythen. In den großen Städten haben sich immer wieder unterschiedliche Kulturen vermischt, dennoch sind die Städte auch stark durch die jeweilige Region geprägt. Es gibt Städter, die aufs Land ziehen wollen, um Lärm, Stress und Beton zu entfliehen, und die Alteingesessen, die seit Generationen in ihrer Stadt leben.

Landleben: Landwirte und Pendler aus der Idylle

Will man jemanden als Rohling beschimpfen, so nennt man ihn *seljak,* was dem deutschen „Bauer" am nächsten kommt, aber wörtlich übersetzt „Dörfling" bedeutet. Als der Begriff zum Schimpfwort wurde, verband man die Dörfler noch mit mangelnder Bildung und rohen Sitten.

⌂ Streetart in Zagreb

Einige Städter verfügen über die Möglichkeit, zurück aufs Land zu ziehen, z. B. durch das Erben von Grundbesitz, schrecken aber vor dem komplizierten und aufwendigen Pendeln zurück. Viele Kroaten entscheiden sich bewusst dagegen, auf dem Land zu leben bzw. zurück aufs Land zu ziehen. Einige Regionen verzeichnen einen drastischen **Bevölkerungsschwund,** z. B. das dalmatinische Hinterland, Gorski kotar, Lika-Senj und Slawonien. In der Lika leben mittlerweile nur noch 1 % aller Kroaten.

Um ca. 1900 lebte noch jeder fünfte Kroate auf dem Land. Heute sind 5 % der Arbeitnehmer auf dem Land ansässig. Das **Landleben ist teuer.** Die Einsparungen durch Obst und Gemüse aus dem eigenen Garten wiegen bei Weitem nicht die übrigen Kosten auf. *Kuća je rupa bez dna* („Ein Haus ist ein Loch ohne Boden") ist eine alte kroatische Redensart. Zu den Kosten für die Instandhaltung eines Hauses kommen noch weitere Faktoren: Viele ländliche Gegenden wurden während des Heimatkrieges zerstört und nicht wieder aufgebaut. Entweder, weil die Bewohner getötet wurden oder weil sie geflüchtet oder ausgewandert sind. Oder weil sich die Investition in den verminten Gebieten (noch) nicht wieder lohnt. Die Unkosten für das **Pendeln** sind extrem hoch. Da es in Kroatien keine S-Bahn gibt, bleiben nur das Auto oder der Bus. Benzin und Autoverschleiß sind ebensolche Geldfresser wie der Bus, denn je nach Gebiet und Zone kann die Monatskarte 500 bis 600 Kuna kosten, manchmal auch mehr.

⌃ Ein Ferienhäuschen im Waldgebiet

Außerdem kommen die Busfahrkarten für die Kinder hinzu. Sie kosten zwar nur ca. die Hälfte, aber bei einer vierköpfigen Familie summiert sich die Fahrerei zu einer horrenden Summe.

Die Dörfer sind nicht akkurat strukturiert: Es gibt buntgemischte Varianten: gelbe, pinkfarbene, kleine und große Häuser nebeneinander und solche aus Stein und Marmor neben einem Holzhäuschen. Das liegt daran, dass jeder nach Gutdünken baut und jeder nur sein eigenes Haus im Blick hat und nicht das Dorfbild.

Ein Zweifamilienhaus besteht fast immer aus zwei separaten Eingängen von außen. Eine gemeinsame Eingangstür mit einem gemeinsamen Hausflur ist äußerst selten anzutreffen, weil das als verschenkter Platz angesehen wird.

In Gegenden, wo die *Bura* (s. S. 14) tobt, wird um die Eingangstür herum eine *veranda* gebaut, die einem Wintergarten gleicht und die mit Blumentöpfen oder Rattanmöbeln verschönert wird. Die *veranda* dient auch als Schutz vor Regen oder Schmutz.

In Kroatien trifft man hin und wieder eine **„ljetna kuhinja" (Sommerküche)** an. Das große und schöne Eigenheim hält die Hausfrau nicht davon ab, im eigens dafür erbauten Nebenhäuschen zu kochen (oder im Souterrain des Hauses). Man kann es seltsam finden, dass die Kroatin aus einer bewussten Entscheidung heraus in einer bescheidenen Umgebung kocht oder mit der Nachbarin Kaffee trinkt. Diese Menschen haben meist schwer für ihr Haus gearbeitet und mussten auf Vieles verzichten. Nun verbringen sie freiwillig den halben Tag im Kellerraum oder in einer Holzhütte? Die Sicht ist hier aber eine andere. Gerade weil man schwer dafür gearbeitet hat, sollte man es schätzen und hüten. Der Hauptgrund aber ist: Warum sollte es im Haus nach Essen riechen, wenn sich das doch umgehen lässt?

Die kleinen **Lebensmittelläden,** die früher in jedem Dorf vorhanden waren, werden immer weniger. Seitdem die großen Handelsketten wie Pilze aus dem Boden geschossen sind, kaufen die Leute oft nur Brot und ein paar Kleinigkeiten in den Dorfläden. Das hat in den letzten Jahren zu Pleiten unter diesen Ladenbesitzern geführt.

Der **Agrotourismus** ist in Kroatien stark im Kommen. Wer das ländliche und bäuerliche Leben mit Tieren und in Weinbergen erleben will, wird besonders als Familie mit Kindern Gefallen daran finden.

> Im „Land der tausend Inseln" sind ca. 50 konstant bewohnt

Die zwei Welten des Insellebens: im Sommer und im Winter

Am einfachsten pendeln natürlich diejenigen Inselbewohner, deren Insel mit dem **Festland** durch eine **Brücke** verbunden ist (Krk, Pag, Vir). Allerdings haben sie dadurch ähnliche Kosten wie die Landbewohner. Durch die schlechte Verbindung zum Festland (durch Fähren) haben die Inselbewohner selten Jobs auf dem Festland – und wenn doch, investieren sie viel Zeit für die Hin- und Rückfahrten. Das **Leben** auf den Inseln ist im Durchschnitt **teurer als auf dem Festland.** Von dem Geld, das die Menschen in drei Monaten während der Tourismussaison einnehmen, müssen sie das ganze Jahr über leben. Deshalb kritisieren einige auch das Tourismusministerium dafür, dass es nicht verstärkt PR betreibt, um die Inseln nicht nur für den Sommerurlaub attraktiv zu machen, sondern auch als Erholungsorte für Herbst oder Frühjahr. Leider besteht in- und außerhalb Kroatiens das Vorurteil, dass die Küsten- und Inselbewohner sich in drei Monaten ihr Geld verdienen und deshalb nicht zum „normalen" Arbeiten zu motivieren seien. Solche Äußerungen sind für jeden in so einer Situation ein Schlag ins Gesicht. Es ist vielmehr umgekehrt: Zum Glück haben sie wenigstens diese drei Monate!

Die Inselbewohner leben zwischen zwei Extremen: Im **Sommer** herrscht Hochbetrieb und in den **Herbst- und Wintermonaten** sind die Inseln wie

04 kc-rh

ausgestorben. Das ist besonders für junge Menschen schwierig. Während der Urlauber im Sommer aufs Meer blickt und sich wie im Paradies fühlt, kann das für einen jungen Inselbewohner im Winter das Gegenteil des Paradieses sein: Langeweile und Perspektivlosigkeit. Deshalb schrumpft die Einwohnerzahl besonders derjenigen Inseln, die weit vom Festland entfernt liegen. Es bleiben fast nur die Alten, die zu großen Teilen aber ebenfalls weggehen, um bei ihren Kindern zu leben oder im Pflegeheim. Junge Menschen, alleinstehend oder mit Familie, zieht es auf der Suche nach regulärer Arbeit in die Städte.

Die **Inselbewohner** gelten als **misstrauischer** und **scheuer** gegenüber Fremden als die Festlandbewohner. Das betrifft in erster Linie die ältere Generation, die teilweise selten ihre Inseln verlassen hat. Der Ausdruck „bodul" für Bewohner der Kvarner-Inseln bezieht sich zwar hauptsächlich auf die Bewohner von Krk, wird aber auch auf die benachbarten Inseln ausgeweitet, wenn es um den **Geiz** geht. Wer sich um die Rechnung drückt, wird manchmal mit „bodule" („Du Bodul") geneckt. Man muss nicht unbedingt ein „bodul" sein, um als solcher bezeichnet zu werden, wenn man als knickrig angesehen wird. Es ist eine Stereotype, die sich hartnäckig hält. Die Inselbewohner waren früher sehr arm, hatten außer Fisch und Oliven nicht viel, was sie hätten teilen können. So entstand das Klischee um den Geiz der „boduli."

Kroatisch: Die erste Lektion ist die schwerste

Die Anfänge

Die *Bašćanska ploča* (Tafel von Baška) stammt aus der Zeit um ca. 1100 und ist das älteste Dokument in **„glagoljica"** (glagolitischer Schrift). Die *glagoljica* bildet das Fundament der heutigen kroatischen Schrift. Das Wort leitet sich vom altkroatischen Wort *glagoljati* ab, was „sprechen" bedeutet. So wie das Alphabet nach den ersten zwei Buchstaben benannt ist (Alpha und Beta), so entstand der Ausdruck *azbuka,* da in der *glagoljica* die ersten Buchstaben *az* und *buky* sind. Heute heißt das Alphabet in Kroatien *abeceda* (nach dem „ABC"). Die *glagoljica* entstand im 9. Jahrhundert, verbreitet von den Slawenaposteln **Kyrill** und **Method.** Die Brüder aus Thessaloniki, damals zu Byzanz gehörend, waren Priester und missionierten slawische Völker. Sie übersetzten Texte aus dem Griechischen in slawische Sprachen.

Doch zurück zur **Tafel von Baška:** In der Ortschaft auf der Insel **Krk** wurde sie 1851 vom Priester Petar Dorčić in der Kirche Sv. Lucija gefunden. Der Text ist in Kalkstein gemeißelt. Wie aus dem Text hervorgeht, schenkte König Dmitar Zvonimir dem Benediktinerkloster Sv. Lucija ein Grundstück. Außerdem werden Zeugen dieser Schenkung aufgeführt und jene verflucht, die dieses Dokument anfechten sollten. Heute ist in der Kirche Sv. Lucija auf Krk eine Nachbildung zu besichtigen. Das Original wurde 1934 in die Akademie der Wissenschaft und Künste nach Zagreb überführt. Dort ist sie noch heute zu besichtigen. Die ältesten Messbücher in glagolitischer Schrift stammen aus dem 15. Jahrhundert und sind in den Staatsbibliotheken von Zagreb und Dubrovnik aufbewahrt.

Bis Mitte des 19. Jahrhunderts war **Latein** die offizielle Amtssprache. Heute ist es Kroatisch. Es gibt **drei große Dialekte:** *štokavski*, *čakavski* und *kajkavski*. Das „Hochkroatisch", also der Dialekt, der in Schulen und Institutionen gesprochen und geschrieben wird, ist *štokavski*. Als grobe Richtlinie lässt sich sagen, dass *štokavski* von der Bevölkerung im Osten und im Zentrum Kroatiens gesprochen wird, *čakavski* im Küstengebiet und näheren Hinterland und *kajkavski* in Zagreb und im weiten Umland bis in den Norden Kroatiens. Die Bezeichnungen der Dialekte basieren auf dem Fragewort „Was?". Im Štokavischen heißt es *što?*, im Čakavischen heißt es *ča?* und im Kajkavischen *kaj?*.

Čakavski und *kajkavski* werden gepflegt und an folgende Generationen weitergegeben, wobei sie trotzdem langsam aussterben. Jede weitere Generation wendet sich immer mehr dem *štokavski* zu, was manche als bedauerlich empfinden. Jede Sprache, so gering die Anzahl ihrer Sprecher auch sein mag, ist es wert, gelernt und am Leben erhalten zu werden. Kleinere Regionalblätter gibt es nach wie vor noch in den Dialekten.

▷ Glagolitische Inschrift in der Zagreber Kathedrale

Sprichwörter und Redensarten

Die eigene Sprache findet man schön und absolut „logisch" und man gebraucht selbstverständlich die gängigen Sprichwörter. Manche Sprichwörter klingen komisch, wenn man sie übersetzt, aber sie haben ihren Sinn. So klänge es merkwürdig, wenn man „Da beißt die Maus keinen Faden ab" oder „auf Herz und Nieren prüfen" ins Kroatische übersetzen würde, aber für den Deutschen haben diese Redewendungen durchaus „Hand und Fuß." Für die Kroaten gilt das Gleiche: „Bez muke nema nauke" („Ohne Qual keine Lehre") heißt einfach, dass man sich anstrengen muss, um zu Weisheit zu gelangen. „Svi ljudi sve znaju" („Alle Menschen wissen alles") bedeutet, dass man alles Wissen beieinander hätte, wenn man das Wissen aller Menschen zusammenfügen würde. Wenn zwei Seiten zu einer Einigung kommen und man einen Kompromiss gefunden hat, sagt man „I vuci siti i ovce na broju" („Sowohl die Wölfe [sind] satt als auch die Schafe vollzählig"). Wie wertvoll die Gesundheit ist, weiß man oft erst, nachdem man sie verliert: „Zdrav čovjek ima 1000 želja, a bolestan samo jednu" („Ein gesunder Mensch hat 1000 Wünsche, ein kranker nur einen"), sagen die Kroaten. Wer im Deutschen „Dreck am Stecken hat", der hat in Kroatien „putra na glavi" („Butter auf dem Kopf"). Wenn man hört, dass jemand „plače kao godina" („weint wie ein Jahr"), dann bedeutet das nicht, dass jemand „weint wie zwölf Monate", sondern wie „Regen" – weil Regen, der heute *kiša* heißt, in früheren Zeiten *godina* hieß.

Dem **gesprochenen Wort misst man viel Bedeutung zu**, was aus „Što trijezan misli, pijan govori" („Was er nüchtern denkt, spricht er betrunken aus") hervorgeht. Dieses Sprichwort nimmt man hier relativ ernst, was so weit gehen kann, dass auch unwichtiges Gebrabbel mehr Bedeutung gewinnt als nötig.

Dann gibt es noch die eher flapsigen Redensarten wie „Martin u Zagreb, Martin iz Zagreba" („Martin nach Zagreb, Martin aus Zagreb zurück"), was einfach bedeutet, dass der Weg umsonst war. Wer dieser Martin war, weiß man nicht so genau. Bildhaft wird es bei „S konja na magarca" („Vom Pferd auf den Esel"). Hier will man verdeutlichen, dass jemand einen Rückschritt gemacht hat. Hier kann es sich um Pech handeln, der Ausdruck wird aber auch verwendet, um jemandes Übermut und dessen Konsequenzen darzustellen. Selten geschieht das aus reiner Schadenfreude, vielmehr im Sinne von „Das hat er jetzt davon."

Wer aus Armut oder wirtschaftlichen Gründen von zu Hause weggeht, der geht „Trbuhom za kruhom" („Mit dem Bauch dem Brot hinterher"). In diesem Sprichwort zeigt sich auch, wie dramatisch die Kroaten manchmal sein können. Es ist an Bildhaftigkeit kaum zu übertreffen.

Wichtig ist es, an sich zu glauben: „Uzdaj se u se i u svoje kljuse" („Vertraue auf dich selbst und auf deine Gäule"). Zusammenhalt und Vertrauen ist den Kroaten wichtig. Aber es kann nicht schaden, Vorkehrungen zu treffen ...

Eine gesunde Portion Egoismus hat nichts Verwerfliches: „Tko nije za sebe, nije ni za drugog" (frei übers.: „Wer nicht an sich denkt, denkt auch nicht an andere"). Dieses Sprichwort ist keine Rechtfertigung für Egoisten, sondern im Gegenteil – eine Mahnung, besser auf sich zu achten.

Ausgefuchste Leute sind imstande „žedna preko vode prevesti" („einen Durstigen über das Wasser zu führen"). Hier wird aber nicht das Opfer als naiv gebrandmarkt, sondern der Über-das-Wasser-Führer für skrupellos gehalten.

„Bolje da umre selo nego običaji" („Besser ein Dorf stirbt, als Bräuche") klingt heftig und wird von jüngeren Menschen kaum mehr verwendet. Früher wurde das Sprichwort angewendet, um durch den drastischen Vergleich die Wichtigkeit des Brauchtums herauszustellen.

Wird etwas aufgebauscht und endet in einer Nichtigkeit, heißt es „Tresla se brda, rodio se miš" („Die Berge erzitterten, eine Maus war geboren").

Wenn jemand einen anderen nicht ausstehen kann, hört man oft: „Organski ga ne podnosim" („Ich kann ihn organisch nicht ertragen"). Ob damit Herz, Lunge oder Niere gemeint ist, bleibt ein Rätsel. Damit soll gezeigt werden, dass es mit abwehrenden Gefühlen nicht getan ist, sondern dass sich die Aversion sogar körperlich bemerkbar macht.

Die Kroaten kreieren ihre Sprichwörter und **Redensarten** gerne **bildhaft und übersteigert.** Eine Portion Ironie gibt dem Ganzen noch etwas Humorvolles, ohne an Aussagekraft zu verlieren.

Es gibt Sprichwörter, die von Nationen für ihre eigenen Volksweisheiten gehalten werden, die aber ihre **Wurzeln im Alten Rom** haben. Die Redensart „Čovjek vrijedi koliko jezika govori" („Ein Mensch ist so viel wert, wie die Anzahl der Sprachen, die er spricht") stammt ab vom lateinischen „Quot linguas calles, tot homines vales" und würde bedeuten: „So viele Sprachen du sprichst, so viele Menschen bist du wert." In Kroatien ist das Sprichwort sehr bekannt. Und das oft zitierte „Nije zlato sve što sija" („Es ist nicht alles Gold was glänzt") kommt auch aus dem Latein – „Non est aurum omne quod radiat" – und wurde auch in Shakespeares „Der Kaufmann von Venedig" verwendet. Der römische Politiker Appius Claudius Caecus hat bereits ca. 300 Jahre v. Chr. das Sprichwort „Jeder ist seines Glückes Schmied" kreiert, auf Kroatisch heißt es „Svatko je kovač svoje sreće" und wird gerne und häufig verwendet.

Eigenheiten der kroatischen Sprache

Fremdwörter werden mitunter abweichend von der ursprünglichen Bedeutung verwendet. Wenn jemand sehr sauber und ordentlich ist, sagt man freundlich über ihn, er ist *pedantan.* Die Pedanterie wird in Kroatien gerne als Kompliment verwendet, wenn man jemandes Gründlichkeit loben will.

Ein Gourmet ist anderswo ein Feinschmecker, aber in Kroatien ist auch ein *gurman,* wer gerne und deftig isst.

Für Auto sagen die Kroaten immer noch *automobil.*

Das **Datum** wird anders geschrieben und anders ausgesprochen: So heißt es nicht „Am ersten ersten zweitausendzwanzig" sondern „Am ersten ersten zweitausendzwanzigste". Nicht nur nach Tag und Monat kommt ein Punkt, sondern auch nach der Jahreszahl: 01.01.2020.

Eine besondere Stellung nimmt das Wort *društvo* („Gesellschaft") ein. Wenn jemand nicht alleine war, sagt er „Imao sam društvo" („Ich hatte Gesellschaft") oder, wenn er jemanden nicht alleine lassen möchte, „Pravim ti društvo" („Ich mache dir Gesellschaft"). Hat sich jemand gut amüsiert, sagt er: „Imao sam dobro društvo." („Ich hatte gute Gesellschaft").

Das Wort *očevina* („Vaterland") wird in Kroatien kaum verwendet. Hier sagt man *domovina* („Heimat") und als Variante *majka domovina* („Mutter Heimat"). Auch häufig verwendet: *djedovina* („Großvaterland").

Im Kroatischen gibt es Wörter, die keinen Vokal enthalten, wie *smrt* (Tod), *vrt* (Garten), *prst* (Finger), *Krk* (eine Insel in der Kvarner Region), *rđa* (Rost) oder *grč* (Krampf), allerdings bestehen die meisten Wörter aus mindestens einem Vokal. Umgekehrt betrachten Kroaten Wörter oder Namen wie Ernst oder Horst als ebenso kompliziert. Kroaten, die Deutsch lernen, tun sich besonders schwer mit den Artikeln und Singular/Plural: „Warum heißt es der Tisch, aber die Tische?" und „Warum ist das Mädchen sächlich und wird erst im Plural weiblich?"

Wer Kroatisch hört, der hört erst einmal viele vermeintliche **Zungenbrecher.** Als Besucher ist man vielleicht auch verwirrt, dass es (besonders im Obst- und Gemüsebereich) für einen Gegenstand mehrere Wörter gibt. Tomate heißt *rajčica,* aber man nennt sie auch *paradajz* und *pomidor.*

In Kroatien hat man für **Wetter** und **Zeit** dasselbe Wort: *vrijeme.* Es gibt auch umgekehrte Beispiele: Im Falle von Glas unterscheidet man in Kroatien zwischen Trinkglas und Fensterglas. Das Trinkglas heißt *čaša* und das andere Glas heißt *staklo.* Das Schloss an der Tür heißt im Kroatischen *brava* und das Schloss als Gebäude *dvorac.*

Bei einem Wort mit zwei Silben wird die erste Silbe betont. So spricht man *torba* (Tasche) „torrba aus und nicht *torbaa*". Man sagt bei *pčela* (Biene) Ptschela und nicht Ptschelaa.

Die Kroaten verwenden seltener **Zusammensetzungen,** sie gebrauchen lieber zwei Wörter: Führerschein heißt *vozačka dozvola* und Meersalz *morska sol.*

Manchmal redet man Dinge schön, wobei das Wort *nema* eine tragende Rolle spielt. Bei *nema panike* (keine Panik), weiß jeder, dass die Sorge sehr berechtigt ist. Das häufig gebrauchte *nema problema* wurde schon bei Wirtschaftskrisen, staatlichen und privaten Zusammenbrüchen und in den problematischsten Situationen verwendet, um sich und anderen Optimismus vorzugaukeln. Ähnlich ist es mit *nema frke* (kein Stress/Zoff). Man sagt *nema problema,* klopft sich den Staub ab und macht weiter. Was auch sonst? Die Kroaten sind Stehaufmännchen und das vermitteln sie auch in ihrer Sprache.

Die kroatischen **Monatsnamen** sind alten Ursprungs und klingen für Ausländer ziemlich eigen. Hier heißt es nicht Januar und Februar, sondern:

Siječanj	(Januar)
Veljača	(Februar)
Ožujak	(März)
Travanj	(April)
Svibanj	(Mai)
Lipanj	(Juni)
Srpanj	(Juli)
Kolovoz	(August)
Rujan	(September)
Listopad	(Oktober)
Studeni	(November)
Prosinac	(Dezember)

Die Wörter beziehen sich auf die Besonderheit des jeweiligen Monats. Im Monat Juni erblüht die *lipa* (Linde), im August wird die Ernte eingefahren (*kolo* von „Rad" bzw. „Wagen" und *voz* von *voziti,* also „fahren"). Im Oktober fallen die Blätter (*list* heißt „Blatt" und *pad* heißt „Fall").

Ist Kroatisch schwer zu lernen?

Einfach ist Kroatisch nicht, aber es gibt europäische Sprachen, die um einiges schwieriger sind, z. B. Ungarisch, aber auch Deutsch. Kroatisch ist leichter zu lernen als z. B. Französisch, da jeder Buchstabe ausgesprochen wird, es werden weder Buchstaben hinzugefügt noch „ignoriert", so wie

bei Marko, der im Deutschen mehr nach Mako klingt, oder Damir, der im deutschsprachigen Raum zum Damia wird. Das R wird, wie alle anderen Konsonanten auch, im Kroatischen immer gesprochen. Es gibt **keine Artikel,** was manche Kroatisch-Lernenden als höchst angenehm empfinden.

Für das Wort „mögen" muss man eine Lösung finden, weil es das Wort nicht gibt. Möglichkeiten wären *dopasti* oder *sviđati* (gefallen). Wenn Sie sagen möchten, dass Sie Kroatien mögen, dann haben Sie folgende Möglichkeiten:

„Sviđa mi se Hrvatska" („Mir gefällt Kroatien").

„Dopada mi se Hrvatska" („Mir gefällt Kroatien").

„Volim Hrvatsku" („Ich liebe Kroatien").

Wenn Sie einer Person sagen möchten, dass Sie sie mögen, dann können Sie sagen: „Ti si mi drag." (männl. Anrede für „Du bist mir lieb") oder „Ti si mi draga." (weibl. Anrede für „Du bist mir lieb.")

Seltsamerweise werfen die Kroaten mit „Volim ..." („Ich liebe ...") in rauen Mengen um sich, wenn es um Essen, Städte, Künstler oder Sonstiges geht, aber **Liebesschwüre** gegenüber Personen sind nur Auserwählten vorbehalten. Es ist völlig normal zu sagen „Ich liebe Bohneneintopf" oder „Ich liebe die Farbe Blau", aber sich als Familienmitglieder in regelmäßigen Abständen gegenseitig zu beteuern, dass man sich liebt, empfänden die Kroaten als affig und unnütz – denn die Familie liebt man natürlich! Wozu darüber reden?

⌃ Straßenschild in Split: Die Adelsfamilie Papalić ließ sich Anfang des 14. Jahrhunderts hier nieder

Ist Kroatisch eine schöne Sprache? Wer keinen direkten Bezug zu einer Sprache hat, der orientiert sich nach persönlichen Vorlieben. Wenn Englisch, Französisch und Spanisch bei Abstimmungen über die schönste Sprache ganz vorne liegen, liegt das vermutlich auch daran, dass sie am meisten präsent sind.

Kroatisch klingt **temperamentvoll** und **klar,** ist **prägnant** und gleichzeitig **verspielt,** hat wunderbare **Zischlaute** und bringt die Dinge auf den Punkt.

Behauptungen und falsche Vorstellungen

„Man schreibt es, wie man es spricht"

Die Kroaten sind felsenfest davon überzeugt, dass man ihre Sprache schreibt wie man sie spricht. Grundsätzlich stimmt das, aber die **Betonungen** werden **nicht hervorgehoben,** was die Angelegenheit für Lernende erschwert. Kroaten finden es gut, dass sie **weder Doppelkonsonanten noch** so etwas wie ein **Dehnungs-H** haben. Aber dass gerade diese die Aussprache erleichtern, sehen sie nicht ein. „Drei Buchstaben für einen einzigen Buchstaben!" ist ihre Meinung zum deutschen Sch. In Kroatien wird Sch als **Š** geschrieben. Dagegen mag es befremdlich erscheinen, dass hier **LJ, DŽ** und **NJ** als jeweils ein Buchstabe gelten. Die Buchstaben **X, Y, W** und **Q** gibt es im kroatischen Alphabet nicht.

Stimmt es wirklich, dass man Kroatisch schreibt, wie man es spricht? – Das ist Interpretationssache. Grundsätzlich kann man sagen, dass es keine „Schnörkeleien" oder Verkomplizierungen gibt. So nennt man in Kroatien die Sängerin Rihanna nicht Rijäna, sondern – Rihaana. Manchmal macht man es jedoch unnötig kompliziert: Elvis Presley wird in Kroatien Prisli genannt, obwohl man das E eigentlich als solches sprechen sollte. Für die Einheimischen ist es einfach, einen Text richtig vorzulesen, weil sie natürlich wissen, wie Worte betont werden müssen. Für Nichtkroaten, die diese Sprache erlernen, kann dies zu einer interessanten Herausforderung werden. Hier ein Beispiel: „Ja sam sam" (männl. Form von „Ich bin alleine"): Wenn man es wirklich und grundsätzlich so schreiben würde, wie man es spricht, müsste das erste sam genauso klingen wie das zweite, was es aber nicht tut. Es wird ausgesprochen als „Ja sam saam." Der Vokal im zweiten *sam* wird langgesprochen, der im ersten nicht. Das langgesprochene „sam" wird bei Verwechslungsgefahr mit einem Zeichen über dem a versehen: sâm.

Der weibliche Vorname Jasna wird *Jassna* ausgesprochen, dahingegen wird bei *jasno* (klar) das a betont. Wer das Wort *kupiti* verwendet, sollte wissen, dass man den ersten Vokal betont („kuupiti"), wenn man „kaufen"

meint, das Wort aber schnell spricht („kuppiti"), wenn man „auflesen/auf-sammeln" sagen möchte.

Kroaten finden es übrigens schräg, wie lang manche Wörter im Deutschen sind, übersehen aber, dass es umgekehrt nicht anders ist. Das Wort Schiffswerft heißt „brodogradilište", ein Zungenbrecher für jeden Deutschen, so wie die Kroaten die Hände über den Kopf zusammenschlagen über Worte wie „Haftpflichtversicherung".

Ähnlich, aber nicht gleich: Kroatisch und Serbisch

Da die Sprache Jugoslawiens offiziell **Serbokroatisch** genannt wurde, meint man im Ausland, es würde sich bei Kroatisch und Serbisch um haargenau dieselbe Sprache handeln. Die Sprachen sind sich sehr ähnlich und „fast gleich", ungefähr so wie britisches und amerikanisches Englisch, man versteht sich problemlos. Manche Wörter sind anders und im Kroatischen treten die Laute „j" und „ij" häufiger auf. Man muss sich das Ganze so vorstellen: Im Kroatischen heißt das Wort für „schön" *lijepo,* im Serbischen *lepo.*

In der Vergangenheit erschien ein deutscher Artikel über den vermeintlich unnötigen Aufwand, der darin bestünde, dass es kroatische und serbische Wörterbücher gäbe und unterschieden würde zwischen „übersetzt aus dem Kroatischen" und „übersetzt aus dem Serbischen", es sei dieselbe Sprache. Wer Grundkenntnisse in Kroatisch und Serbisch hat, weiß, dass dies nicht zutrifft. Solange Bücher sowohl „aus dem Englischen" als auch „aus dem Amerikanischen" übersetzt werden, hat die Trennung zwischen Kroatisch und Serbisch ebenso ihre Berechtigung.

Mini-Sprachkurs auf einer Reklametafel

Ein paar Beispiele, um die kleinen Unterschiede zu verdeutlichen:

Kroatisch	Serbisch	Deutsch
mlijeko	*mleko*	Milch
dijete	*dete*	Kind
vrijeme	*vreme*	Zeit oder Wetter
povijest/historija	*povest/istorija*	Geschichte (hist.)
juha	*supa*	Suppe
tisuća	*hiljada*	tausend
kruh	*hleb*	Brot
škare	*makaze*	Schere
točka	*tačka*	Punkt
blagdan	*praznik*	Feiertag
kat	*sprat*	Stockwerk
kino	*bioskop*	Kino
marelica	*kajsija*	Aprikose

Die Liste ließe sich noch sehr lange weiterführen.

Wirbelsäule heißt auf Kroatisch *kralježnica,* aber eine Vielzahl von Kroaten verwendet immer noch das Wort *kičma* und ein paar andere Wörter, die Serbisch sind. Das Wort *zdravo* zur Begrüßung und Verabschiedung wurde völlig aus dem Sprachgebrauch gestrichen. *Zdravo* kommt von *zdravlje* (Gesundheit), gilt aber als Serbisch. Die Wörter *drug* und *drugarica* (Genosse und Genossin) sind sozusagen nicht mehr existent. In Kroatien erinnern sie zu stark an das kommunistische Regime und sind verpönt. Dann gibt es noch die Endungen bei Verben: Die Kroaten haben das *irati* und die Serben das *ovati,* Kroaten sagen für „registrieren" *registrirati* und die Serben *registrovati.*

Kroatisch und die Wörter der anderen

Viele Sprachen sind durch Einflüsse anderer Sprachen entstanden, durch Eroberungen, Fremdherrschaft, Aus- und Einwanderung bzw. Rückkehr und Schulbildung. Die **Österreicher** und **Ungarn** etablierten Wörter während der k.-u.-k.-Herrschaft und als die **Osmanen** im 15. und 16. Jahrhundert einfielen, prägten sie in der Folge die heutige Sprache der Kroaten und deren Nachbarvölker, hauptsächlich aber Bosniens. Auch die **Deutschen** brachten ihre Wörter mit, als sie sich im heutigen Kroatien niederließen. **Französische Wörter** flossen zwar auch durch Napoleons kurze Herrschaft ein, vor allem aber (wie englische Wörter) durch Bildung, Emigration und Medien. An der Küste verwendet man unzählige **italienische Wörter** im čakavischen Dialekt, manchmal leicht abgewandelt. Eingeflos-

sen sind diese Wörter sowohl durch die venezianische Herrschaft als auch über die italienischen Minderheiten. Auch wenn Kroatisch zu den slawischen Sprachen zählt, zeigen diese Beispiele, dass so manches im kroatischen Wortschatz oder in der Umgangssprache so gar nicht slawisch ist.

Ungarische Wörter

Kroatisch	Ungarisch	Deutsch
bitanga	*bitang*	Strolch/Lump
šogor	*sógor*	Schwager
šator	*sátor*	Zelt
cipela	*cipö*	Schuh
bunda	*bunda*	(Pelz-/Fell)Mantel
soba	*szoba*	Zimmer
sablja	*szablya*	Säbel
puška	*puska*	Gewehr
lopta	*labda*	Ball
kocka	*kocka*	Würfel
čipka	*csipka*	Spitze (Verzierung)
lopata	*lapát*	Schaufel

Einige dieser Wörter gibt es so oder so ähnlich auch in anderen slawischen Sprachen. Allerdings wurden sie im Fall von Kroatien auch durch die Ungarn und während der k.u.k.-Monarchie eingeführt.

⌃ K.-u.-k.-Straßenschild in Zagreb

Türkische Wörter

Kroatisch	Türkisch	Deutsch
čarapa	çorap	Socke
badem	badem	Mandel
kavez	kafes	Käfig
pamuk	pamuk	Baumwolle
top	top	Kanone
šećer	şeker	Zucker
tava	tava	Pfanne
majmun	maymun	Affe
duhan	duhan	Tabak
sanduk	sandik	Kiste
sat	saat	Uhr
alat	alet	Werkzeug
bakar	bakir	Kupfer
boja	boya	Farbe
kula	kule	Turm
dugme	düğme	Knopf
budala	budala	Idiot
bubreg	böbrek	Niere

Viele der Wörter stammen ursprünglich aus dem Arabischen bzw. Persischen, wurden aber durch die Osmanen in der kroatischen Sprache (auch über Umwege aus Bosnien) übernommen.

Französische Wörter

Kroatisch	Französisch	Deutsch
plafon	plafond	Zimmerdecke
klošar	clochard	Stadtstreicher
kreten	crétin	Trottel
ambalaža	emballage	Verpackung
tratoar	trottoir	Bürgersteig
ekipa	équipe	Team
kamion	camion	Lastwagen
plaža	plage	Strand
bonbonjera	bonbonnière	Pralinenschachtel
krevet	couette	Bett
volan	volant	Lenkrad
pejsaž	paysage	Landschaft

Italienische Wörter

Das Wort für Flasche ist überall in Kroatien *boca,* was dem italienischen *boccia* (Karaffe) entlehnt ist. Nudeln heißen offiziell *tjestenina,* inoffiziell auch *pašta.*

Italienische Wörter gibt es im čakavischen Dialekt (Küstengebiet) eine ganze Reihe. Meist weichen sie leicht vom Original ab und manchmal haben sie eine etwas andere Bedeutung. Als Beispiel: *padela* nennt man im Čakavischen den „Topf", aber die italienische *padella* ist eine Pfanne.

Čakavisch	Italienisch	Deutsch
šporko	*sporco*	schmutzig
fijok	*fiocco*	Schleife
marenda	*merenda*	Imbiss/Brotzeit
kušin	*cuscino*	Kissen
lancun	*lenzuolo*	Betttuch
šugaman	*asciugamano*	Handtuch
panceta	*pancetta*	Speck
borša	*borsa*	(Hand-)Tasche
vestid	*vestito*	Anzug
barka	*barca*	Boot

Deutsche Wörter

Sie sind zwar nicht in die Amtssprache eingeflossen, aber im alltäglichen Sprachgebrauch fest etabliert. Durch die **Habsburger Monarchie** und die **zugewanderten Österreicher** kamen die Kroaten in Berührung mit der deutschen Sprache. Später zogen immer mehr Österreicher und auch Deutsche in das Gebiet.

Zunächst einmal ist alles, was das **Auto** betrifft Deutsch. Es gibt für alle Begriffe auch ein kroatisches Wort, aber im Volksmund heißt es nun mal: *felga* (Felge), *kuplung* (Kupplung), *sic* (Sitz), *auspuh* (Auspuff), *getriba*

Worterklärungen 1881

Im Roman „Branka" von August Šenoa finden sich in den Fußzeilen Anmerkungen zu bestimmten Wörtern, die bei der Veröffentlichung im Jahre 1881 noch Erklärungen bedurften: „premisa" (Prämisse), „emancipacija" (Emanzipation), „pamflet" (Pamphlet), „epizoda" (Episode) „koneksija" („connection") und Spleen. Erstaunlicherweise wurde „Spleen" genauso geschrieben, nicht abgeändert und nicht erklärt.

(Getriebe), *hauba* (Motorhaube) usw. Auch haben es kroatische Wörter schwer, sich gegen umgangssprachliche Wörter durchzusetzen: *rikverc* (rückwärts), *vaservaga* (Wasserwaage), *kofer* (Koffer), *beštek* (Besteck) *šlape* (Schlappen), *vešmašina* (Waschmaschine) oder *štala* (Stall). Man sagt auch *štreber* (Streber), *šnicla* (Schnitzel), *šlag* (Schlagsahne), *maher* (Macher), *majstor* (Meister), *štimung* (Stimmung), *trač* (Tratsch), *fuš* (Pfusch – aber auch Schwarzarbeit) oder *peh* (Pech). In Slawonien wird *kirvaj* gefeiert, entsprechend dem deutschen „Kirchweih."

Beim Lesen kroatischer Klassiker stößt man auch auf Wörter wie *buterbrot* und *vunderkind*. Es gibt den Ausdruck *malo morgen,* mit dem man ironisch erwidert: „Aber sicher doch" oder: „Soll das ein Witz sein?" Woher das kommt, ist nicht ganz klar, denn im Deutschen gibt es den Ausdruck „Ein bisschen morgen" überhaupt nicht. Auch wird gerne *ziher* (sicher) gesagt, wenn etwas bekräftigt werden soll. Man verwendet die deutschen Wörter „Schal" und „Rucksack", nur werden sie anders geschrieben: *šal* und *ruksak*. Das gleiche gilt für Ziegel, Streik und Rampe: *cigla, štrajk* und *rampa*. Die deutsche Redewendung „Jemandem einen Korb geben" gibt es im Kroatischen ebenfalls, nur wird der Korb als Körbchen verniedlicht. „Dala mu je košaricu." – „Sie gab ihm ein Körbchen."

Die alteingesessenen Einwohner Zagrebs werden manchmal *purgeri* genannt, was aber nicht als Kompliment daherkommt. Es leitet sich vom deutschen Wort „Bürger" ab. Das kroatische Wort für König ist *kralj* und geht auf Karl den Großen zurück.

Da es in der kroatischen Sprache keine **Umlaute** gibt, werden sie in Namen als einfacher Vokal übernommen. So ist das Röntgen nach dem Erfinder Wilhelm Conrad Röntgen benannt, allerdings wurde aus dem T ein D: In Kroatien heißt Röntgen *rendgen*.

Übrigens werden einige deutsche **Marken** anders als bei uns ausgesprochen: *A-u-di* (Das A und das U werden besonders und separat betont) *PorschE* (Betonung auf E) und *Folzwaagen* (Volkswagen). Wenn deutschsprachige Besucher „Euro" sagen, dann hört der Kroate „Ojro." In Kroatien sagt man *E-u-ro,* also E und U und Ro.

Neue und alte kroatische Wörter

Nach dem Krieg wollte man sich auch sprachlich von dem ehemaligen Staatenbund distanzieren, erinnerte sich alter Wörter – und kreierte auch neue. Wenn ein Volk seit Jahrzehnten oder Jahrhunderten bestimmte Wörter gewohnt ist, sind die neuen per se gewöhnungsbedürftig. Aus *aerodrom* (Flughafen) wurde nun *zračna luka,* was übersetzt „Lufthafen" heißt. Die Kroaten sagen nun offiziell *zrakoplov* für Flugzeug, benutzen aber trotzdem noch häufig das französische Wort *avion*. *Zrakoplov* setzt sich zusammen aus dem Wort *zrak* (Luft) und aus dem Wort *ploviti* (navigieren/segeln).

Aus *helikopter* wollte man *zrakomlat* machen. Die Kroaten selbst (und deren Nachbarländer) machten sich über die neuen Kreationen teilweise lustig. Auch ausländische Medien griffen die neuen Wörter auf und berichteten darüber, nicht ohne Hohn. Aber weshalb sollte Kroatien nicht das Recht haben, ein eigenes Wort für Hubschrauber oder Flugzeug zu haben? Wie lächerlich waren die neuen Kreationen wirklich? In jeder Sprache gibt es von Zeit zu Zeit Änderungen oder Reformen. So hat man z. B. in Deutschland das Wort „Stewardess" durch „Flugbegleiterin" ersetzt und es hieß auch nie „Television", sondern seit jeher „Fernseher." Nun ist das Wort *zrakomlat* so blöd auch wieder nicht. In ausländischen Zeitungen wurde behauptet, es würde „Maschine, die die Luft schlägt" bedeuten. Doch heißt *zrakomlat* wörtlich übersetzt vielmehr „Luftdrescher", denn eine „Maschine" ist in diesem Wort nicht enthalten. Schwierig wird es immer dann, wenn jemand spöttisch übersetzt, ohne die Sprache zu kennen. Man kann sicher darüber diskutieren, ob manche Änderungen wirklich nötig waren, zumal es in jeder Sprache Fremdwörter gibt und es müßig wäre, alles aufzudröseln und zu ändern. Kritik scheint vielmehr an der Motivation und dem Zeitpunkt dieser Änderungen berechtigt, denn die damals neue Regierung wollte die kroatische Eigenständigkeit auch in sprachlicher Hinsicht demonstrieren, auf Biegen und Brechen. Wenn jedes Land anfangen würde, Fremdwörter zu verbannen und eigene Wörter zu kreieren, ginge viel vom sprachlichen Niveau verloren. Der Versuch das „Telefon" in *brzoglas* (Schnellstimme) umbenennen zu wollen, löste in Kroatien Kopfschütteln aus und schlug fehl.

Wie und wo Kroaten Deutsch und Englisch sprechen

Anglizismen haben auch in Kroatien Einzug gehalten. Ein Einkaufszentrum würde übersetzt *trgovački centar* heißen (ja sicher, „centar" ist nicht wirklich Kroatisch), aber tatsächlich heißt es überall *shopping centar*. Kaum jemand, der Kleidung einkaufen geht, sagt noch „Idem u kupovinu" („Ich gehe einkaufen"), er sagt: „Idem u shopping."

Für das Wort Wochenende gibt es im Kroatischen kein eigenes Wort. Es heißt *vikend* – vom englischen „weekend". Im Fußball heißt es für Ecke *korner* (corner) und für Tor *gol* (goal). Sollte man das ändern? Vielleicht in *vrata* (Tür/Tor) oder *pogodak* (Treffer)? Allerdings würden die fußballverrückten Kroaten dann schreien müssen: „Vraaataaa!" oder „Poogoodaak!", was nun wahrlich seltsam klänge. Hier sieht man: Manchmal ist es besser, die Dinge so zu belassen, wie sie sind.

Manchmal hört man, in Kroatien würden viele **Deutsch** sprechen, weil sie mal in Deutschland gelebt haben. Für manche trifft das auch zu, aber ein junger Kellner oder die Dame an der Rezeption haben mit größter Wahrscheinlichkeit nie einen Fuß nach Deutschland gesetzt. Die Sprachkenntnisse rühren vielmehr daher, dass schon in der Grundschule Englisch, Deutsch und Italienisch gelehrt werden. Deutsch wird seit den 1950er-Jahren unterrichtet. Wer eine Ausbildung in der Tourismusbranche absolviert, spricht natürlich umso besser die Fremdsprache. Dadurch, dass man es gewohnt ist, dass in Kroatien viele Menschen Deutsch, Englisch oder Italienisch sprechen, entsteht auch eine gewisse Bequemlichkeit. Aber wenn Sie vielleicht schon mehrere Jahre regelmäßig Ihre Urlaube dort verbringen oder ein bisschen länger bleiben wollen, könnten Sie vielleicht ein paar kroatische Floskeln lernen, was relativ unkompliziert ist. Das wird man Ihnen in Kroatien hoch anrechnen.

Kunst und Kultur

Die Kroaten sind **kulturell durchaus interessiert** und es wird in dieser Hinsicht viel geboten. Die Preise für Konzerte, Kino, Oper und Ballett sind für ausländische Besucher erschwinglich. Für die meisten Einheimischen ist ein Theater- oder Konzertbesuch ein gewisser Luxus, aber dennoch versucht man die Preise so zu gestalten, dass der durchschnittliche Bürger sich Kunst und Kultur leisten kann. Viele Ausstellungen sind kostenlos oder sehr günstig. Die Theater in Zagreb, Dubrovnik, Split, Rijeka, Zadar und anderen Städten haben ein interessantes und wechselndes Programm. Die Aufführungen finden in der Landessprache statt.

Kunst und Kultur sind in Kroatien ein fester Bestandteil vieler **Medien.** Fernsehreportagen über Kunst und auch das Feuilleton finden Beachtung und stoßen auf Interesse. Aber auch in Kroatien ist die Zielgruppe dafür natürlich begrenzt. Die klassischen Sparten des **Theaters** – Schauspiel und Ballett – werden überwiegend von Menschen in mittlerem bis höherem Alter besucht. Den Namen **Mia Čorak Slavenska** (1916–2002) kennen aber die meisten Kroaten. Die Primaballerina trat, außer in Kroatien, u.a. in Paris, Monte Carlo und in den USA auf.

Das Theaterstück **„Hrvatski Faust"** („Der kroatische Faust") von Slobodan Šnajder wurde international bekannt und auch auf deutschen Bühnen aufgeführt, allerdings feierte das Stück in Deutschland keine großen Erfolge, was an der Handlung von 1941 und den thematisierten damaligen Kriegswirren und Ideologien liegen mag.

In der sehr breit gefächerten **Musikwelt** gibt es Künstler, die die Massen erreichen und solche, die sich ausschließlich an das junge Publikum richten. Die **Musikfestivals** haben eine lange Tradition und Partyliebhaber kommen entlang der Küste voll auf ihre Kosten.

Das Grundwissen über die **Architektur** beschränkt sich meist auf die eigene Stadt oder Region. Die Kenntnisse über die bekanntesten einheimischen **Bildhauer** sind eher bei jenen vorhanden, die sich explizit dafür interessieren. Die Klassiker unter den kroatischen Literaten kennen die meisten Kroaten zwar, gelesen werden aber auch in Kroatien lieber zeitgenössische Autoren. Obwohl man auf **Miroslav Krleža** stolz ist, haben nicht viele Kroaten seine Werke im Bücherregal stehen.

Zwischen Schnulzen und Electro-Partys

„Gdje mi duša spava
nikad nećeš saznati
Pokrit će me, draga
žuto lišće ljubavi"

„Wo meine Seele schläft,
wirst du nie erfahren,
zugedeckt werde ich, Liebste,
von den gelben Blättern der Liebe"

(Aus dem Lied „Žuto lišće ljubavi" von Oliver Dragojević)

Für die Kroaten hat jede Musikrichtung ihre Daseinsberechtigung: **kroatische Schlager** und **Chansons, Volksmusik, Turbo-Folk, Jazz, Blues, Hardrock** und **Heavy Metal, Pop, Hip-Hop, Electro, House, Punk, Oldies** – und **Klassik.** Der Musikgeschmack bezüglich ausländischer Künstler unterscheidet sich nur bedingt von dem in anderen Ländern. Im Jahr 2016 führten David Bowie, Adele und Rihanna die Liste der meistverkauften Alben an. Auch Iron Maiden, Coldplay und Justin Bieber verkauften hier ihre Tonträger in großen Mengen.

Musik heißt hier *glazba,* aber man sagt auch gerne *muzika.*

▷ Das Kroatische Nationaltheater in Zagreb

Klassik

Der Komponist **Vatroslav Lisinski** (1819–1854) ist in Kroatien einer der bekanntesten Komponisten. Die erste kroatische Oper „Ljubav i zloba" („Liebe und Bosheit") stammt aus seiner Feder, aber seine bekannteste Oper ist „Porin". Er starb mit nur 35 Jahren, ansonsten hätte er sich wahrscheinlich noch wirkungsvoller entfalten können. Nach ihm ist die große Konzerthalle in Zagreb benannt.

Ivan Zajc (1832–1914), der tschechischer und deutscher Herkunft war (vermutlich hieß die Familie ursprünglich Seitz), wurde in Rijeka geboren. Er arbeitete als Musikpädagoge, Komponist und Dirigent. Zajc studierte in Italien und hatte als Operettenkomponist in Wien Erfolg. Seine Stücke schrieb er auch auf Kroatisch. Er war seiner kroatischen Heimat sehr zugetan, was aus seinen Opern ersichtlich wird. Insgesamt schrieb er ca. 1200 Werke. Das Nationaltheater in Rijeka trägt seinen Namen.

Franjo Krežma (1862–1881) begann als Violinist gerade eine vielversprechende Karriere und trat europaweit in renommierten Häusern auf, als er während einer Tournee mit 19 Jahren starb.

Die einst weltberühmte Opernsängerin **Milka Trnina** (1863–1941) trat, außer in deutschen und österreichischen Städten, auch in Moskau, London und in der New Yorker Metropolitan Opera auf. Als Interpretin der Isolde (aus Wagners „Tristan und Isolde") war sie zu jener Zeit ein Star. Leider gibt es keine Aufzeichnungen ihres Gesangs. Ein Wasserfall in Plitvice ist nach ihr benannt.

Vom kroatischen Volkslied zur deutschen Nationalhymne

Ende des 15. und im Laufe des 16. Jahrhunderts siedeln sich die „Gradišćanski Hrvati" im heutigen Burgenland an, deren Nachkommen heute noch als kroatische Minderheit (Burgenlandkroaten) dort leben. Die damaligen Kroaten waren vor den einfallenden Osmanen geflüchtet und dienen nun adligen Grundbesitzern. Noch heute leben im österreichischen Burgenland mindestens 35.000 Kroaten bzw. kroatischstämmige Burgenländer.

Der Komponist Joseph Haydn (1732–1809) lässt sich von verschiedenen Strömungen der Volksmusik inspirieren. Er steht im Dienste des Fürsten Esterházy und dieser verfügt über Residenzen, die sich in Siedlungsgebieten verschiedener Ethnien befinden. Haydn lauscht über viele Jahre deren Volksliedern, so auch den Kroaten im Burgenland, während sie auf dem Feld ihre Arbeit verrichten.

Franz Josef Graf Saurau beauftragt Franz Josef Haydn, ein Lied zu komponieren, das den Nationalstolz der Österreicher stärkt. Beeindruckt von der französischen „Marseillaise" und dem britischen Huldigungslied „God save the king" wünscht Graf Saurau sich etwas Ähnliches für Österreich und den Habsburger Monarchen Kaiser Franz II.

Im Jahre 1796 komponiert Haydn die Melodie zur Kaiserhymne „Gott erhalte Franz den Kaiser." Angeblich spielt Haydn die Melodie täglich, insbesondere, weil er darin Trost finden würde. Geschrieben wurde das Lied vom österreichischen Dichter Lorenz Leopold Haschka. Die Uraufführung findet anlässlich des 29. Geburtstages von Kaiser Franz II. in Wien statt.

Der Literaturprofessor August Heinrich Hoffmann von Fallersleben verfasst 1841 den Text „Das Lied der Deutschen", auch „Deutschlandlied" genannt. Es wird gerne gesungen, kann sich aber nicht als Hymne etablieren.

1922 wird das Lied von Reichspräsident Friedrich Ebert zur Nationalhymne erklärt.

Konrad Adenauer und Theodor Heuss einigen sich dann 1952, „Das Lied der Deutschen" (ab der 3. Strophe „Einigkeit und Recht und Freiheit") zur deutschen Nationalhymne zu machen.

Die ersten drei Takte der deutschen Nationalhymne entstammen dem alten kroatischen Volkslied „Stal se jesem v jutro rano" - oder moderner: „Jutro rano ja se stanem" („Früh am Morgen bin ich aufgestanden"). Ab dem 4. Takt entwickelt Haydn seine eigene Melodie.

Die Komponistin **Dora Pejačević** (1885–1923) wurde als großes, sensibles Talent bezeichnet und war europaweit bekannt. Sie starb mit nur 38 Jahren in München.

Die **Zagrebačka filharmonija** (Zagreber Philharmonie) gibt es seit 1871. Berühmte Dirigenten und Solisten sind dort schon aufgetreten, unter den zeitgenössischen Künstlern z. B. David Garrett.

Die Rock-Oper **„Gubec beg"** war 1975 – nach „Tommy" und „Jesus Christ Superstar", die dritte Rock-Oper – mit Aufführungen in Italien, Ungarn und Russland. Als Vorlage diente ein Roman des Autors August Šenoa, dessen Handlung der Bauernaufstand von 1573 ist. Matija Gubec war der Anführer dieses Bauernaufstandes.

047kr-rk

Ivo Pogorelich (geb. 1958), der in den 1980er-Jahren als junger Mann zu Ruhm gelangte, hat als Pianist mit seinem ganz eigenen Stil Erfolg.

Maksim Mrvica (geb. 1975) ist ebenfalls Pianist und wurde besonders mit seiner „Croatian Rhapsody" bekannt. Eine sehr große Fangemeinde hat er in China, wo er regelmäßig Konzerte gibt.

Von Schlager bis Heavy Metal: Musik ist Gefühl

In Deutschland war der Kroate **Ivo Robić** (1923–2000) ziemlich bekannt, wo er auf Deutsch sang. Sein bekanntestes Lied war 1959 „Morgen."

Arsen Dedić (1938–2015) war in Kroatien und den Nachbarländern ein sehr geschätzter Musiker, Generationen von Kroaten wurden mit seinen Chansons groß.

Josipa Lisac (geb. 1950) war jahrzehntelang ein Superstar, aber mittlerweile ist es um sie ruhiger geworden. Mit rockigen und gleichzeitig poetisch-gefühlvollen Liedern, wie z. B. 1987 „Gdje Dunav ljubi nebo" („Wo die Donau den Himmel küsst") hat sie Musikgeschichte geschrieben. Ihr

⌃ Statue für Ivan Zajc (s. S. 117) vor dem Zajc-Theater in Rijeka

049kr-mb

äußeres Erscheinungsbild war punkig, mal mit knallroten und mal mit orangefarbenen Haaren und schrägen Outfits.

In den 1970er- und 1980er-Jahren wurden Bob Dylan, Pink Floyd, Abba & Co. rauf- und runtergehört, nicht weniger als anderswo auch. Der Musikgeschmack bezüglich **ausländischer Sänger(innen) und Bands** unterschied sich nicht von dem in anderen Ländern. Parallel dazu gab es den sogenannten **YU-Rock,** der mit der Neuen Deutschen Welle vergleichbar ist, doch in Jugoslawien bereits Mitte der 1970er-Jahre aufkam. Es wurde nicht Englisch gesungen, sondern ausschließlich in der Landessprache. Noch heute wird er von Menschen gehört, die damals Teenager waren. Gerne sagen heute die Teenager von einst: „Das war noch Musik damals! So etwas gibt es heute nicht mehr!", so wie eben für jeden seine Jugendzeit und die damit verbundene Musik etwas Besonderes ist. Auch heute noch wird Musik der Nachbarländer gehört. Die Band „Dubioza kolektiv" aus Bosnien-Herzegowina ist in ganz Südosteuropa beliebt.

Bands aus allen jugoslawischen Teilrepubliken feierten große Erfolge. Aus Kroatien stammte z. B. die Band **Prljavo kazalište** („schmutziges Theater"), aber auch Gruppen wie **Crvena Jabuka** (Roter Apfel), **Haustor, Parni valjak** (Dampfwalze), **Time** oder **Film** waren sehr erfolgreich. Die Slowenen hatten **Buldožer** (Bulldozer) und **Lačni Franz** (Hungriger Franz), die Mazedonier feierten Erfolge mit **Leb i sol** (Brot und Salz), aus Bosnien-Herzegowina kam die legendäre Band **Bijelo dugme** (Weißer Knopf), die erfolgreich Rock 'n' Roll machte. Ihren Durchbruch feierten sie 1974 mit „Tako ti je malo moja kad ljubi Bosanac" („So ist das, mein Mädchen, wenn ein Bosnier küsst"). Damit stürmten sie die jugoslawischen Charts und ihre Alben verkauften sich wie „geschnitten Brot". Sie standen ganz oben auf der Erfolgstreppe, gemeinsam mit **Riblja čorba** (Fischsuppe), einer Rockband aus Serbien. Riblja čorba hatte in Kroatien eine riesige

⌂ Straßenmusikerin in Zagreb

Fangemeinde. Mit ihren Rockballaden „Ostani đubre do kraja" (Bleib ein Miststück bis zum Schluss), 1979, und „Dva dinara druže" (Zwei Dinar, Genosse), 1981, gelang ihnen auch in Kroatien ein Riesenerfolg. Als sich jedoch der Sänger Bora Đorđević während des Krieges zu nationalistischen Kommentaren gegenüber Kroatien hinreißen ließ, brach ihr Erfolg ein.

Die Band **Prljavo kazalište** ist seit Mitte der 1970er-Jahre konstant präsent.

Weniger rockig waren die **Schlager** aus dieser Zeit. **Novi fosili** und **Magazin** hatten großen Erfolg mit Liedern wie „Piši mi" (Schreib mir), „Oko moje sanjivo" (wörtl. „Mein verträumtes Auge" – verliert in der Übersetzung, bedeutet „mein Schatz") und besonders mit „put putujem" (am ehesten zu übersetzen mit: „Ich mache mich auf die Reise"). In diesem Lied geht es um eine junge Frau, die wegen ihrer Krankheit den morgigen Tag nicht mehr erleben wird und sich von ihrer großen Liebe nicht mehr verabschieden kann. Alles, was sie hat, ist sein Foto, das sie in den Tod begleitet.

Die **kroatischen Lieder** kann der Besucher **mitunter** als **kitschig** oder **pathetisch** empfinden. Die Kroaten tragen im Alltag ihr Herz nicht auf der Zunge, in der Musik allerdings schon. Egal ob jung oder alt, es wird gerne und oft über Herzschmerz gesungen, in Schlagern, Rock oder Folk. Es gibt unzählige Sänger, die über Gefühle und die Liebe singen. Seit Jahrzehnten populär ist **Oliver Dragojević.** Mit seiner markanten Stimme und seinen poetischen Texten singt er im dalmatinischen Dialekt. **Zlatan Stipišić** alias **Gibonni** (aus Split) und **Massimo Savić** (aus Istrien) sind ebenso geschätzte Sänger im Genre der gefühlvollen Musik. Gibonni schlägt heute sanfte Töne an, war jedoch in den 1980er-Jahren Sänger der Hardrockband „Osmi putnik" („Der achte Passagier"). Und nicht zu vergessen: **Severina.** In ihren Liedern geht es um Liebe, aber auch um Heimatliebe, mal fröhlich, mal soft. Die kleineren und größeren Skandälchen taten ihrem Erfolg keinen Abbruch. Sie ist schön, sexy, herzlich, nett, charismatisch – und man verzeiht ihr viel. Auch den Auftritt beim ESC 2006 mit „moja štikla" („mein Stöckelschuh"), den viele Kroaten als zu balkanisch empfanden.

Schöne **Lieder** gibt es auch **über die Fischer und Seefahrer,** z. B. erzählt das Lied „Ribari" („Fischer") vom Leben der Fischer, das im Morgengrauen anfängt. **Vinko Coce** sang dieses schöne Lied im čakavischen Dialekt. Das Lied „Sve bi seke ljubile mornare" („Alle Mädchen würden gerne Matrosen küssen") ist ein fröhliches Lied, obwohl die Seefahrt ein raues Gewerbe ist. Darin enthalten ist die Strophe: „Moj je dragi sad na oceanu. Tamo nema, nema nikog svog." (frei übersetzt: „Mein Liebling ist nun auf dem Ozean. Dort hat er keinen, der ihm nahesteht.").

Extrainfo 7 (s. S. 7): Maksim Mrvica mit seinem Lied „Kolibre". Der Klaviervirtuose ist besonders in Asien sehr beliebt.

Anfang der Neunzigerjahre des 20. Jahrhunderts gab es eine Reihe **heimatverbundener Liedertexte**. Zwei Beispiele sind „Ne dirajte mir ravnicu" (1992) von **Miroslav Škoro** und „Uzalud van trud svirači" (1993) von **Prljavo kazalište** (s. S. 120), bei denen es sich eigentlich um eine Rockband handelt, die aber mit diesem Lied volkstümlicher auftritt. Beide Lieder berührten das ganze Land. Es geht dabei um die Liebe zur Heimatregion. „Ne dirajte mi ravnicu" heißt so viel wie „Fasst mein Flachland nicht an", wobei mit *ravnica* das Flachland Slawoniens gemeint ist. „Uzalud vam trud svirači" bedeutet „Eure Mühe ist vergebens, Musiker." Solche Titel zu übersetzen ist schwierig, da gerade die Liedertitel, die Sehnsüchte widerspiegeln, emotional und spezifisch sind. In diesem Lied gibt es auch die schöne Zeile „Slavonijo, tko te nije volio, ne zna što je izgubio" („Slawonien, wer dich nicht geliebt hat, weiß nicht, was er versäumt hat").

Aus dieser Zeit ging auch der Rocksänger **Marko Perković** alias **Thompson** mit seiner gleichnamigen Band hervor. Sein Pseudonym Thompson leitet sich von der Maschinenpistole her, die ihm während des Heimatkrieges als Soldat zugeteilt worden war. Seinen Durchbruch hatte er mit „Čavoglave" (Dorf in der Gespanschaft Šibenik-Knin, aus dem der Sänger stammt). In dem Lied geht es um die Verteidigung dieses Ortes und den Schwur an die Adresse der Serben, dass sie nicht in dieses Dorf gelangen werden. Im Ausland werden seine Konzerte regelmäßig verboten, weil er seine Auftritte mit „Za dom spremni!" („Für die Heimat bereit!") beginnt, was einst der Ustaša-Gruß war. Thompson bestreitet, ein Nationalist zu sein, und bezeichnet sich als Patrioten.

In den 1990er-Jahren hat die feministisch-selbstbewusste **Alka Vuica** mit Hits wie „Laži me" („Lüg mich an") und „Odkad te nema" („Seit du nicht mehr da bist") ein großes Publikum erobert. Ihre Musik ist eigenwillig, eine Mischung aus Folk-Punkrock.

Hardrock und **Heavy Metal** sind seit Jahrzehnten ein fester Bestandteil der kroatischen Musikszene. **Krist Novoselić,** Mitgründer und Bassist der US-amerikanischen Rockband Nirvana, hat beim einjährigen Aufenthalt in Kroatien (der Heimat seiner Eltern) als Fünfzehnjähriger die hiesigen Bands gehört und sein Wissen um den Rock 'n' Roll erweitert.

Gustafi, die aus Istrien kommen und in ihrem Dialekt singen, haben ebenfalls einen eigenwilligen Stil, Folk-Rock mit Blues-Elementen. **Let 3** aus Rijeka machen verrückte Musik und haben ebenso verrückte Auftritte, mal in Unterhosen und mal mit nacktem Hintern singen sie Lieder wie „Dijete u vremenu" (Die Let-3-Version von „Child in Time"). Eine der populärsten Bands ist **Hladno pivo** (Kaltes Bier). Ihre Musikrichtung ist Punkrock und ihre Texte sind gesellschaftskritisch und satirisch. In ihrem Lied „Zimmer frei" gibt es eine Sequenz auf Deutsch: „Probieren Sie typisch kroatische Spezialitäten: Ćevapčići und Wiener Schnitzel!" Das Lied „Für immer Punk" wird von Mile Kekin durchgängig auf Deutsch gesungen. Der Sänger von Hladno pivo ist in Deutschland geboren und aufgewachsen.

Um gesellschafts- und politikkritische Texte zu transportieren, sind auch in Kroatien der **Hip-Hop und Rap** beliebte Genres. Das gelingt den Bands **Bolesna braća** („Kranke Geschwister") und der Band **Elemental,** deren Sängerin Mirela Priselac-Remi auch emanzipatorische Themen verarbeitet. In ihrem Lied „Po mojoj mjeri" („nach meinen Maßstäben") geht es um Ungerechtigkeit und Gewalt gegen Frauen. Der Text und das Video sind bewusst beklemmend und aufwühlend. Der Künstler Shorty (wegen seiner Größe von 1,68 m) alias Dalibor Bartulović vereint in seinem Lied „Dođi u Vinkovce (Komm nach Vinkovci) Rap und slawonische Töne in einem regionalpatriotischen Lied. Das Lied war auch außerhalb Slawoniens erfolgreich.

Mia Dimšić startet schon mit ihrem ersten Album „Život nije siv" (Das Leben ist nicht grau) voll durch. Ihre Lieder schreibt sie selbst und ihr Stil ist eine Mischung aus Pop und Country. Die Country-und-Western-Färbung sticht besonders in ihrem Lied „Bezimeni" (Namenlose) hervor.

Die sympathische **Mia Negovetić** (geb. 2002) nahm 2015 an einer Kindertalentshow im kroatischen Fernsehen teil und begeisterte Jury und Publikum. Weltweite Aufmerksamkeit erlangte sie im Internet durch die Veröffentlichung eines Beyoncé-Songs, woraufhin sie in den USA in der Sendung „Little Big Shots" auftrat und Standing Ovations bekam. Die Voraussetzungen für eine große Karriere sind jedenfalls geschaffen.

Das Angebot an **Musikfestivals** und **Events,** gerade in den Sommermonaten, ist groß. Immer wieder kommen neue hinzu. In nahezu jeder Stadt und auf fast jeder Insel gibt es Festivals oder Partys. Dabei spielt manchmal auch die historische Kulisse eine Rolle: Im **Amphitheater in Pula** finden im Sommer regelmäßig Musikveranstaltungen und Konzerte statt, in **Dubrovnik** und auf dem **Kastell in Rijeka** ebenfalls.

Der **Karneval in Rijeka** ist einer der größten und spektakulärsten in Europa. Hier nennt man ihn „maškare" oder „mesopust".

Auch die **Silvesterfeiern** in Kroatien sind laut, bunt und ausgelassen. Jede Stadt bietet im Zentrum Konzertbühnen und in den Häfen kann man auf Schiffen feiern und übernachten. Das Ganze immer mit viel Musik. Dann gibt es noch jede Menge **Dorf-, Volks- und Kirchenfeste** – eigentlich kann man in Kroatien einer Party oder einem Fest gar nicht entgehen.

Volksmusik ist nach wie vor beliebt, manchmal auch als Folk-Rock aufgepeppt und flott inszeniert. Volks- und große Familienfeste werden nicht ohne Tanz gefeiert. Der **Volkstanz** schlechthin ist **Kolo,** bei dem man ei-

Extrainfo 8 (s. S. 7): Interview mit Mile Kekin, Sänger der Punkband „Hladno Pivo", der über die kroatische Gesellschaft berichtet

nen Kreis bildet und sich an den Händen hält oder an der Taille umfasst. Das bekannteste Ensemble des kroatischen Volkstanzes ist **LADO.** Wer bei Folklore-Veranstaltungen o. Ä. mittanzen möchte, muss keine Sorge haben, sich zu blamieren. Der gute Wille zählt. Außerdem sind die wenigsten Einheimischen Meister im Volkstanz. Unbeholfenheit fällt daher kaum auf (siehe auch das Kapitel „Traditionen und Bräuche" ab Seite 73).

Eine „natürliche" Art der Musik findet man in Zadar: Seit 2005 gibt es dort eine **Meeresorgel.** Deren Klänge werden durch das Meer sowie Größe und Lage der Steinplatten erzeugt.

Medien: bewusstes und unbewusstes Konsumieren

Die **erste Zeitung** in Kroatien erschien **1771** auf Latein und **hieß Ephemerides Zagrabienses.** Der Verleger Antun Jandera war tschechischer Herkunft. Leider ist kein einziges Exemplar dieser Zeitung erhalten geblieben. Die **erste Zeitung in kroatischer Sprache** erschien **1806** und hieß **Kraljski Dalmatin.** Die Zeitung aus Zadar erschien wöchentlich (immer samstags) auf Kroatisch und Italienisch.

Im Jahr 1835 erschien die Zeitung **Narodne novine** (Volkszeitung), die zunächst **Novine horvatzke** hieß und auf Kajkavisch (s. S. 101) erschien, kurz darauf aber auf Štokavisch. Redakteur der Zeitung war **Ljudevit Gaj,** der auch als Reformator der kroatischen Sprache gilt. Anfang des 19. Jahrhunderts wurden weitere Zeitungen verlegt und die Zahl der Zeitungsleser stieg. Die Zeitung wurde mehrmals umbenannt, heißt seit 1990 aber wieder **Narodne novine** und besteht bis heute. Als die Zeitung gegründet wurde, gab es die Zeitschriftenbeilage **Danica Horvatzka, Slavonska i Dalmatinska,** die später in **Danica Ilirska** umbenannt wurde (Danica bedeutet Morgenstern). Auf Bestreben Wiens wurde die Bezeichnung „illyrisch" im Titel verboten, weshalb die Zeitung 1843 auf die ursprüngliche Bezeichnung zurückgriff. Die politische Tageszeitung **Obzor** (Rundschau/ Horizont), die zunächst **Pozor** (Vorsicht) hieß, wurde 1860 gegründet. Sie richtete sich gegen den Zentralismus Wiens. Mäzene waren der Zagreber Erzbischof Strossmayer (s. S. 83) und die bis heute bekannte Autorin Marija Jurić Zagorka. Im Jahr 1867 wurde die Zeitung verboten, nach Wien verlegt und in **Novi Pozor** (Neue Vorsicht) umbenannt. Zwei Jahre später erschien sie in Sisak unter dem Titel **Zatočnik** (Inhaftierter), danach hieß die Zeitung **Branik** (Verteidiger). In den folgenden Jahren und Jahrzehnten wurde sie mehrmals umbenannt und regelmäßig konfisziert. Trotz hoher Auflagen und treuen Lesern wurde sie 1941 eingestellt.

Mitte des 19. Jahrhunderts erschienen in Zagreb (von Österreichern und Deutschen damals „Agram" genannt) mehrere **Zeitungen auf**

Extrainfo 9 (s. S. 7): Website der kroatischen Nachrichtenagentur mit News auf Englisch

Deutsch: **Agramer Tagblatt, Agramer Presse, Agramer politische Zeitung** u. a.

Gegenwärtig sind die meistgelesenen Zeitungen **Večernji list, Jutarnji list, Slobodna Dalmacija, Novi list, Glas Slavonije, Glas Istre** und das Boulevardblatt **24sata.**

Durch das **Internet** sind seit Ende der 1990er-Jahre die **Verkäufe der Zeitungen merklich zurückgegangen,** allerdings sind die alten Menschen dem Medium Zeitung treu geblieben. Dass aber auch unter ihnen die Leser weniger werden, liegt an ihrer niedrigen Rente.

Frauenzeitschriften wie **Gloria** sind recht beliebt. In ihnen steht Klatsch und Tratsch über inländische und ausländische Promis. **Politische Zeitschriften** haben ebenfalls ihre treuen Leser, z. B. **Globus** und **Nacional.** Internationale Blätter wie **Cosmopolitan** oder **National Geographic** gibt es auch auf Kroatisch.

HRT – Hrvatska radiotelevizija (Kroatisches Radio und Fernsehen) besteht seit 1926, als erstmals eine Radiosendung ausgestrahlt wurde. Die damals 25-jährige Schauspielerin, Schriftstellerin und Übersetzerin **Božena Begović** sprach am 15. Mai jenes Jahres die ersten Worte, die in Kroatien über den Äther gingen: „Halo, halo, ovdje radio Zagreb" („Hallo, hallo, hier Radio Zagreb"). Die **Radiosender** boten und bieten durchaus ein **vielseitiges und interessantes Programm.** Eine der markantesten Sendungen der Vergangenheit war **„25.sat"** („Die 25. Stunde") mit Pjer Vukelić. Dort ging es um unterschiedlichste Themen und Probleme. Die beruhigende und gleichzeitig nüchterne Stimme des Moderators sorgte dafür, dass die Sendung zwar etwas von einer therapeutischen Sitzung hatte, aber nie melodramatisch wurde. Die Sendung **„Pomorska večer"** („Matrosen-Abend") läuft seit 1952. Schwerpunkt sind Grüße an die Väter, Ehemänner und Söhne auf hoher See. Die Sendung hatte immer dann etwas Herzzerreißendes, wenn eine Kinderstimme den Vater bat, bald nach Hause zu kommen und ihm am Ende „mirno more" („eine ruhige See") wünschte. Man stellte sich dabei immer den traurigen Vater in seiner kleinen Kabine vor. Allerdings hat die Sendung nicht mehr den riesigen Zuhörerkreis von damals, bedingt durch Handy und Digitalisierung.

Eine Art **Vertrauensbruch zwischen Lesern und Journalisten** gab es während des Krieges und in der Nachkriegszeit, weil einige Journalisten den Politikern nach dem Mund schrieben und opportunistisch waren. Manche Journalisten taten es aus Überzeugung, andere aus Angst, ihren Job zu verlieren. Das Misstrauen ist noch nicht ganz überwunden. Es herrscht **Pressefreiheit,** trotzdem sickert immer wieder durch, dass in manchen Redaktionen Kreativität und allzu Kritisches nicht erwünscht sind. Allerdings wird das an die Öffentlichkeit gebracht und verurteilt. Alles in allem sind die Medien frei, scheuen sich nicht, auch heikle Themen aufzugreifen und die Mächtigen „auseinanderzunehmen."

Die **Satirezeitschrift Feral Tribune** wurde so oft verklagt, dass sie wegen finanzieller Einbußen 2008 ihr Erscheinen einstellen musste, obwohl sie zu den besten Satirezeitschriften weltweit zählte. Sie wurde mehrfach ausgezeichnet, Journalisten im Ausland zeigten sich solidarisch und engagierten sich für ihren Erhalt. Trotzdem konnte sie sich nicht mehr halten.

Kroatien hat viele **gute Journalisten** und eine **lange Zeitungstradition.** Aber es besteht auch hier das Bedürfnis nach Boulevard: Die **RTL-Formate** werden entsprechend übersetzt und „kroatientauglich" gemacht, so heißt die Sendung „Frauentausch" dort „Mjenjam ženu" („Ich tausche meine Frau").

Manche **Abendnachrichten** enthalten Themen wie Nachbarschaftsstreitigkeiten oder Berichte über die kleinen Erfolge des kleinen Mannes. In den Sommermonaten kommen allabendlich die Touristen zu Wort: „Wie finden Sie es hier?", fragt der Reporter und hält ihnen das Mikrofon hin. Und die Touristen sind immer vollauf begeistert und schwärmen von diesem großartigen Land. Welchen Informationswert das für den Zuschauer haben soll, weiß wohl niemand so recht. Natürlich freut man sich, dass es den Touristen hier gefällt, aber der Durchschnittszuschauer fragt sich unterschwellig, ob wohl manchmal auch kritische Töne unter den Äußerungen sind, die dann herausgeschnitten werden. Außerdem neigt der nette US-Amerikaner doch ohnehin dazu, alles „gorgeous" und „great" zu finden ...

Kroaten sind nicht weniger **Serienfans** als andere. Der größte Serienhit wurde 1970–1971 gedreht und hieß „Naše malo misto" (dalmat. Dialekt für „Unser kleiner Ort"). In der charmanten Serie ging es um einfache Leu-

2 in 1: Fernseher und Kamin

Es wird auch unbewusst konsumiert, denn der Fernseher läuft bei vielen Familien von früh bis spät, einfach so nebenbei. Wenn das Telefon klingelt oder Besuch kommt, wird er leiser gedreht, aber selten ausgeschaltet. Eine Bekannte der Autorin, die in Kroatien geboren, aber in Deutschland aufgewachsen ist, sagte: „Ich glaube, die Kroaten halten sich das Ding wie einen Kamin. Hauptsache, es flimmert."

Natürlich ist es nicht unhöflich gemeint und auch kein großes Problem, aber irgendjemandes Blick ist immer auf den Bildschirm gerichtet.

te zwischen den 1930er- und 1960er-Jahren. Über die Hälfte der Bevölkerung verfolgte die Serie.

Die Rentner (aber nicht nur sie) sehen gerne **Telenovelas,** die seit einigen Jahren aus der Türkei eingekauft werden. Davor waren es häufig süd- und mittelamerikanische, aber auch einige italienische. Heute gibt es eigene Telenovelas, allen voran **„Kud puklo da puklo"** (wörtl.: „Wohin es platzt, platzt es", sinngemäß: „Wo auch immer das hinführt") wurde 2014 erstmals ausgestrahlt. Mittlerweile wurde sie in über 30 Länder verkauft. Diese Telenovela bietet dramatische Entwicklungen und Verwicklungen, kombiniert mit humorvollen Dialogen und Situationskomik.

Manche **Verhaltensweisen und Bräuche** wurden aus US-amerikanischen Filmen **und Serien übernommen.** Die Gesellschaft nimmt sie aber nicht unbedingt als solche wahr. Immer primitivere Formen nahm dadurch zum Beispiel der **Junggesellenabschied** an. Wie in US-amerikanischen Filmen glich er immer mehr Besäufnissen als Feiern. Mittlerweile ist das aus der „Mode" und es wird wieder normal gefeiert. Auch der Junggesellinnenabschied hat sich etabliert. Es gibt jetzt auch Babypartys ganz nach amerikanischem Vorbild. Die *maturalna večer* (Abitur-Abend), die es seit Jahrzehnten gibt, hat den amerikanischen Abschlussball als Vorbild und ist ein ebenso großes Ereignis. Durch den **inflationären Konsum amerikanischer Sitcoms & Co.** hört man zur Begrüßung auch in Kroatien manchmal ein „Hi".

Literatur und Film: mal Mainstream, mal schwere Kost

„Narod bez bajke, dijete bez majke"
„Ein Volk ohne Märchen ist wie ein Kind ohne Mutter"
  (kroatisches Sprichwort)

Literatur

Ab dem 15. Jahrhundert entwickelte sich die kroatische **Literatur im dalmatinischen Raum.** Aus dieser Zeit stammen die Werke von **Marko Marulić** aus Split, der zwar überwiegend auf Latein schrieb, aber auch Werke Dante Alighieris ins Kroatische übersetzte. Marulić war im Jahr 1509 der erste Schriftsteller, der das Wort „Psychologie" verwendete. In einer Veröffentlichung schrieb er von der „Psychologia".

Der **erste Roman in kroatischer Sprache** trägt den Titel **„Planine"** („Gebirge"). Geschrieben wurde er 1536, veröffentlicht 1569. Autor des Werkes ist **Petar Zoranić** (geb. 1508 in Zadar), ein Jurist, der aus einer Adelsfamilie in Nin stammte. Sein Todesjahr ist nicht bekannt.

Bekannt wurde auch **Ivan Gundulić** (1589–1638) aus Dubrovnik, der heute fast jedem in Kroatien ein Begriff ist.

Im Lauf der Zeit brachten auch **andere Teile des heutigen Kroatiens** bedeutende Dichter hervor. Der aus Slawonien stammende **Antun Mihanović** verfasste den Text der **kroatischen Nationalhymne,** der 1835 veröffentlicht wurde.

Im 19. Jahrhundert wirkte **August Šenoa** (1838–1881). Er schrieb Romane, Novellen und Gedichte und übersetzte aus dem Französischen, Tschechischen, Englischen und Deutschen. Als Journalist schlug er kritische Töne an, schrieb generell über politische und gesellschaftliche Themen und ebnete das Fundament für kroatische Feuilleton. Seinen Stil als Romanautor sollen danach einige seiner Kollegen übernommen haben. Er gilt als **einer der größten kroatischen Literaten,** weshalb die Zeit um seinen Tod als **Šenoina doba** (Šenoa-Zeit/Šenoa-Epoche) bezeichnet wird.

Ljudevit Gaj (1809–1872) war Schriftsteller, Journalist und Zeitungsherausgeber. Er studierte in Wien, Graz, Budapest und Leipzig. Seine Texte verfasste er in seinen Anfangsjahren als Schriftsteller auch in deutscher Sprache. In seinem Gedicht „Horvatov sloga i zjedinjenje" besteht die erste Textzeile aus „Još Horvatska ni propala" („Noch ist Kroatien nicht untergegangen"). Diese Textzeile ist in Kroatien heute noch bekannt. Ljudevit

Gaj arbeitete an der Reformierung der kroatischen Schriftsprache und Rechtschreibung. Durch seine Stellung und sein Engagement gelang es ihm 1847, Kroatisch zur offiziellen Landessprache zu machen und das Latein in dieser Funktion abzulösen.

Ivan Mažuranić (1814–1890) gehört ebenfalls zur Riege der bedeutendsten Schriftsteller des 19. Jahrhunderts. Mažuranić war außerdem der erste Ban (s. S. 32), der keinem Adelsgeschlecht entstammte.

◁ Skandinavien-Krimis verkaufen sich auch in Kroatien gut

„Die rote Zora"

Der Kinderbuchklassiker „Die rote Zora" von Kurt Held wird von vielen deutschsprachigen Kindern seit Jahrzehnten geliebt. Der Schauplatz ist Senj an der kroatischen Küste in den 1930er-Jahren und die Protagonisten sind das Mädchen Zora und ihre Bande. Das Buch wurde in mehrere Sprachen übersetzt - aber nie ins Kroatische. Hier ist die rote Zora so gut wie unbekannt.

In den 1970er- und 80er-Jahren gab es in Deutschland eine radikalfeministische Gruppe, die sich „Rote Zora" nannte. Vorbild war die Protagonistin von Kurt Held, vermutlich wegen ihres Selbstbewusstseins und ihres Status als Anführerin.

In den 1970er-Jahren gab es eine gleichnamige Fernsehserie und im Jahre 2008 wurde „Die rote Zora" in deutsch-schwedischer Produktion verfilmt.

Die Kinderbuchautorin **Ivana Brlić Mažuranić** (1874–1938), Enkelin des Schriftstellers Ivan Mažuranić, war zweimal für den Nobelpreis nominiert, ihre Bücher wurden in viele Sprachen übersetzt. Häufig wird sie als „kroatische Andersen" bezeichnet.

Der Dalmatier **Vladimir Nazor** (1876–1949), als Partisan auch politisch engagiert, wird auch heute noch geschätzt.

Janko Matko (1898–1979) schrieb in seinen Romanen über historische Ereignisse, das kroatische Volk und die Klassenunterschiede. Auch von realen Personen und deren Schicksalen ließ er sich inspirieren. Die damaligen Literaturkritiker beachteten seine Romane nicht, obwohl diese Auflagenhöhen von über einer halben Million erreichten. Seine Bücher galten als Trivialliteratur, weshalb diese zwar von Lesern verschlungen, aber von den Kritikern bewusst ignoriert wurden. Den Vorwurf der Trivialität musste auch **Marija Jurić Zagorka** über sich ergehen lassen (s. S. 220).

Der Dichter **Dobriša Cesarić** (1902–1980) veröffentlichte sein erstes Gedicht im Alter von 14 Jahren. Außer als Dichter arbeitete er auch als Übersetzer aus mehreren Sprachen. Schon mit seinem ersten, preisgekrönten Gedichtband „Lirika", der 1931 erschien, wurde er einem breiten Publikum bekannt. Trotz Alkoholproblemen und mehrerer Selbstmordversuche arbeitete Cesarić als Übersetzer und veröffentlichte viele Gedichtbände. Er gilt als sensibler Künstler. Gerade wegen seiner labilen Persönlichkeit werden seine Gedichte als sehr berührend empfunden.

Anfang bis Mitte des 20. Jahrhunderts profilierte sich eine Reihe von Autor(inn)en, deren Bücher eine breite Masse erreichten. Die Menschen waren wissens- und unterhaltungshungrig. Es wurde auch viel geschrieben, so entstand im Jahre 1900 die **Društvo hrvatskih književnika** (Gesellschaft kroatischer Schriftsteller).

Die Literatur des 20. Jahrhunderts ist eng mit **Miroslav Krleža** (1893–1981) verknüpft. Er ist **einer der bedeutendsten kroatischen Schriftsteller** überhaupt, war alles andere als ein Opportunist und setzte sich für die künstlerische Freiheit ein. Krleža war ein positiver Patriot, weil er Gutes für die Kroaten und Kroatien im Sinn hatte. Er schrieb Antikriegsbücher, verurteilte die Großmächte, die die Kroaten unterwarfen und missbrauchten. Wenn man so will, ist er **eine Art kroatischer Goethe: Dramatiker,** Dichter, Essayist u. v. m. Sein bedeutendstes Werk ist „Hrvatski bog mars" („Der kroatische Gott Mars").

Um die Jahrtausendwende und einige Jahre danach war die Literatur geprägt von der Aufarbeitung des Krieges. Im Zusammenhang mit diesem Thema fallen zwei Autorinnen besonders auf: **Dubravka Ugrešić** und **Slavenka Drakulić.** Beide leben überwiegend im Ausland. Drakulić lebt in Kroatien, Schweden, Österreich und Deutschland. Ugrešić lebt in den Niederlanden und den USA. Slavenka Drakulić schlug regelmäßig kritische Töne an und wurde in den 1990er-Jahren deshalb hart angegriffen und als Landesverräterin beschimpft.

Das **derzeitige Literaturangebot** des Landes ist vielfältig und bunt. Krimis und Frauenromane, freche Texte im Kolumnenstil und heitere biografisch gefärbte Romane werden ebenso gelesen wie anspruchsvoll-literarische Bücher. In der Unterhaltungsliteratur sind Krimi und Thriller sehr beliebt, weshalb Karin Slaughter, Jo Nesbo & Co. auch hier gerne gelesen werden. Die Skandinavien-Krimis haben auch die kroatischen Leser erobert.

Immer häufiger greifen Leser zu Büchern, die **aus anderen Sprachen übersetzt** wurden. Waren es 2013 noch 33 %, wächst die Zahl kontinuierlich weiter. Immer beliebter werden auch elektronische Medien: 97 % der Leser zwischen 15 und 24 besitzen ein Gerät, auf dem das Lesen von E-Books möglich ist.

Deutsche Autoren, die Weltbestseller geschrieben haben, liest man natürlich auch in Kroatien, etwa Sebastian Fitzek, Kerstin Gier, Bernhard Schlink oder Cornelia Funke.

▷ Alan Ford hat immer noch treue Fans

Viele Kroaten sind leidenschaftliche Leser und es gäbe noch sehr viele mehr von ihnen, wenn das **Lesen** nicht ein so **teures Vergnügen** wäre. Ein Taschenbuch kostet im Durchschnitt 100 Kuna. Gemessen am Durchschnittseinkommen ergäbe sich daraus im Vergleich für einen Deutschen ein Taschenbuchpreis von ca. 60 Euro. In Kroatien liest jeder Zweite keine Bücher. Für einige Nichtleser dürfte der Grund generelles Desinteresse an Literatur sein, aber für viele von ihnen ist es der Kostenfaktor. Generell sind die Kroaten am Lesen interessiert, lesen immer noch Zeitung und kaufen oder leihen sich Bücher aus. Die Analphabetenrate ist mit 0,8 % relativ gering. In einer Umfrage gab die Hälfte der Leser an, ihre Bücher in Bibliotheken auszuleihen, über 40 % tauschen untereinander mit Freunden, 27 % bekommen Bücher geschenkt und etwa ein Drittel kauft sie in der Buchhandlung. Übers Internet kaufen 6 % ihre Bücher. Die am häufigsten ausgeliehenen Autoren in Bibliotheken waren 2014: Pavao Pavličić, Goran Tribuson, Hrvoje Šalković, Miljenko Jergović und Ivana Bodrožić. Kroatische Autoren oder kroatische Originalausgaben haben immer noch einen hohen Stellenwert. **Pavličić** ist seit den 1970er-Jahren im Geschäft und ein vielseitiger Autor. Er schreibt Romane, Novellen, Essays, Drehbücher und Kriminalromane.

Die Hälfte aller Befragten sagt, sie lese regelmäßig. Mindestens ein Buch in den letzten 12 Monaten lasen 47 %. Am meisten wird in Zagreb und im Küstengebiet gelesen. Wie überall, sind es auch hier die Frauen, die mehr lesen als die Männer, nämlich 57 %.

050kr-mb

Im Sachbuchbereich verkaufen sich **Kochbücher** konstant sehr gut. Jedes vierte verkaufte Buch ist ein Sach- oder Fachbuch. Bei der Zielgruppe **der jungen Erwachsenen** haben die Verlage gute Verkaufszahlen vorzuweisen. Hier geht es oft um Fragen der Identität und den eigenen Platz in der Welt.

„Harry Potter" hat auch in Kroatien wie eine Bombe eingeschlagen. Fantasy verkauft sich gut, wobei es ausländische Autoren wie Rachel Hawkings und Anne Plichota sind, die gelesen werden.

Von den einheimischen Autoren ist **Sanja Pilić** im Kinder- und Jugendbuchbereich seit vielen Jahren sehr erfolgreich. Sie ist die Tochter von **Sunčana Škrinjarić,** die ebenfalls Kinderbücher geschrieben hat und deren Werke ausgezeichnet wurden und in mehreren Sprachen erschienen sind. Sachbücher für Kinder mit den Themen Tier oder Mensch sind ebenso gefragt wie *Strip* (Comic). **Comics** haben eine lange Tradition und seit Jahrzehnten ihre Anhänger. Der beliebteste war der italienische Comic **„Alan Ford".** Das Setting ist New York und Alan Ford, ein Agent in geheimer Mission, agiert auf humorvoll-satirische Weise. In Kroatien erschien die Reihe erstmals 1972, drei Jahre nach dem Start in Italien. Grund für die große Beliebtheit war der schwarze Humor, die starken Nebenfiguren und die herausragende Zeichnung. „Alan Ford" wird heute noch verlegt, aber es liegt wohl am Zeitgeist, dass er an Popularität verloren hat.

In **Pula** findet jedes Jahr Anfang Dezember eine **Buchmesse** statt.

Film

Die **Winnetou-Filme** wurden in Zusammenarbeit mit den Zagreber Filmstudios Jadran Film in Kroatien gedreht. Als Drehorte dienten die Nationalparks Krka, Paklenica und Plitvice sowie Dalmatien und das Hinterland von Rijeka (Grobnik), wo der Großvater der Autorin eine Statistenrolle für „Der Schatz am Silbersee" bekam. Die Filmcrew war ins Dorf gekommen und hatte gefragt, wer Lust hätte mitzumachen. Dieser Job dauerte ein paar Wochen und war so gut bezahlt, dass der Großvater seinen Sohn ein wenig beim Hausbau unterstützen konnte. Der Cousin der Autorin und sie selbst standen später im Dachgeschoss des Onkels und der Cousin zeigte auf die Deckenbalken: „Alles noch wie neu, hat Winnetou finanziert."

Heute gibt es ein **Winnetou-Museum in Starigrad-Paklenica** in Dalmatien.

Als erster nicht US-amerikanischer Zeichentrickfilm bekam der Film **„Surogat"** 1962 einen Oscar. In Deutschland erschien er unter dem Titel „Der Ersatz".

Der bekannteste kroatische Import in Hollywood dürfte derzeit Goran Višnjić (geb.1972) sein, der u. a. mit der Krankenhaus-Serie „Emergency Room" berühmt wurde. Auch wenn schon „Die rote Zora" in Kroatien gedreht wurde, haben gerade in den letzten Jahren ausländische Filmstudios Kroatien entdeckt, z. B. für „Game of Thrones" oder „Star Wars VIII".

Verwunderlich ist die Tatsache, dass in Filmen, die in Kroatien spielen, **kaum kroatische Schauspieler** engagiert werden – obwohl es eine Reihe talentierter kroatischer Schauspieler gibt. Die Sprache sollte kein Problem darstellen, denn es gibt auch kroatische Schauspieler die zweisprachig aufgewachsen sind und Deutsch können, auch könnten sie deutsch synchronisiert werden. So werden Kroaten von Schauspielern unterschiedlicher Herkunft verkörpert, die nicht einmal ihren Film-Vornamen korrekt aussprechen können.

Was früher als angestaubt galt, hat heute Kultstatus. **Filme** werden **nicht synchronisiert.** Für ausländische Besucher mit einigermaßen guten Englischkenntnissen steht einem Kinobesuch nichts im Wege. Erstaunlich ist in diesem Zusammenhang, wie sich die Ansichten ändern. Als die Autorin vor Jahrzehnten den Leuten erzählt hatte, dass die Filme in Kroatien nicht synchronisiert würden, meinten sie, das sei furchtbar und Filme mit Untertiteln würden sie sich gar nicht erst ansehen. Heute findet man das „cool" und manche meinen sogar, dass das überall so sein sollte. Die Kroaten waren übrigens früher der Ansicht, es sei blöd, wenn John Wayne Kroatisch spräche – heute sagen sie, dass sie mit Englisch aufgewachsen seien und es deshalb ganz gut beherrschen.

Jüdisch-kroatischer Oscarpreisträger

Branko Lustig wird 1932 in einer jüdischen Familie in Osijek geboren und muss als Zehnjähriger vor dem Ustaša-Regime fliehen. Er überlebt Auschwitz und Bergen-Belsen, kehrt später in seine Heimat zurück und beginnt 1955 als Regieassistent bei Jadran Film in Zagreb. In den 1970er-Jahren geht er in die USA und trifft dort auf Steven Spielberg. Nach 26 Jahren in den Vereinigten Staaten kehrt er mit Ehefrau und Tochter 2013 nach Kroatien zurück. Er lebt heute in Zagreb und hält an Schulen Vorträge über den Holocaust. Als Produzent von „Schindlers Liste" und Gladiator" erhielt Lustig jeweils einen Oscar und einen Golden Globe. Als Vorsitzender des „festival tolerancije" („Toleranzfestival"), das regelmäßig in Zagreb stattfindet, vermisst er in Zagreb ein Mahnmal für die Opfer des Holocaust.

Bekannte und unbekannte kroatische Künstler

Bildhauer und Maler

Es gibt eine ansehnliche Liste kroatischer Bildhauer, die bis in die Antike zurückreicht. Der bekannteste ist **Ivan Meštrović.** 1883 in einfache Verhältnisse hineingeboren, machte er mit 17 Jahren eine Lehre bei einem Steinmetz, der sich seiner annahm, genauso wie dessen Ehefrau, die um Meštrovićs Bildung bemüht war. Später studierte er in Wien Bildhauerei, wurde ein anerkannter Künstler und blieb es zeit seines Lebens, mit weltweit angesehenen Ausstellungen und Preisen. Nach Aufenthalten in Rom und der Schweiz emigrierte er 1947 in die USA, nahm eine Professur in New York und die amerikanische Staatsbürgerschaft an. Er verstarb 1962 in Indiana, USA. Sein Leichnam wurde nach Otavice (Dalmatien) überführt. Seine wohl bekanntesten Werke sind die Statue „Grgur Ninski" in Split und die Skulptur „Povijest Hrvata" (Die Geschichte der Kroaten). Diese wurde vom serbischen König Aleksandar I. gekauft und befindet sich im Schloss Beli dvor in Belgrad.

Die bekanntesten Maler sind **Zvonimir Mihanović** und **Ivan Generalić.** Es gibt tatsächlich eine lange Liste von bekannten und erfolgreichen kroatischen Malern, z. B. **Vlaho Bukovac** (1855–1922); **Miroslav Kraljević** (1885–1913), der in München studierte und mit nur 27 Jahren starb; den großartigen Naivmaler **Ivan Rabuzin** (1921–2008), **Franjo Mraz** (1910–1981) oder **Ivan Lacković** (1932–2004), der überwiegend mit Ölfarben auf Glas malte. **Ivan Generalić** (1914–1992) malte naive, überwiegend farbenfroh-kraftvolle Landschaftsbilder. Selbst Menschen, die sich nicht

sonderlich für Malerei interessieren, verweilen vor seinen Kunstwerken. Seinen Durchbruch hatte er 1953 bei einer Ausstellung in Paris. Diese hatte er selbst vorbereitet und organisiert. Es folgten weitere Ausstellungen in Brüssel, New York, Paris, Madrid, Shanghai, Peking und Tokio. Im Jahr 1980 schenkte er zwanzig seiner Bilder einer Galerie in Kroatien, der Galerija naivne umjetnosti Hlebine (Galerie für naive Kunst **Hlebine** – was mehr einem Museum entspricht). Es befindet sich in der Ortschaft Hlebine im Nordosten des Landes, ca. 40 km von Bjelovar entfernt. Auch wenn in Zagreb ein bedeutendes Hrvatski muzej naivne umjetnosti (Kroatisches Museum für Naive Kunst) steht, gilt Hlebine als der Ursprung und das Zentrum der kroatischen **Naiven Malerei.**

Im Jahre 1930 wollte der Maler **Krsto Hegedušić** dem einfachen Volk die Kunst näherbringen (Hegedušić besuchte die Kunstschule in Zagreb und ging später nach Paris. Er wurde während des Zweiten Weltkriegs für die Fresken der Basilika im Wallfahrtsort Marija Bistrica beauftragt. Die Fresken stellte er nicht fertig, was den Umständen der kommunistischen Staatsform geschuldet war.) Die „Hlebinska slikarska škola" (Schule der Malerei Hlebine) wurde von ihm gegründet. Nach seiner Meinung sollte die Malerei nicht gebildeten oder wohlhabenden Menschen vorbehalten sein, sondern als Ausdrucksmittel für jeden Menschen möglich sein. Während dieser Zeit wurde er auf Ivan Generalić und Franjo Mraz aufmerksam, die sich später als große Talente herausstellen sollten. Ausgehend von dieser Schule wurde 1968 die Galerie gegründet.

Der Maler **Zvonimir Mihanović** (geb. 1946 in der Nähe von Split) verkauft seine Bilder weltweit für bis zu 280.000 US-Dollar. Seine künstlerische Ausbildung absolvierte er in Paris, wo er zehn Jahre lebte. Die größten Erfolge feiert er in den USA, wo ihn die Amerikaner „Croatian artist" nennen, weil sie seinen Namen nicht aussprechen können. Bei einer Ausstellung in Aspen waren seine Bilder innerhalb einer Stunde vergriffen. Ein Multimilliardär flog mit seinem Privatflugzeug nach Split, um ein Bild von ihm zu kaufen, und sogar im Weißen Haus in Washington hängen seine Werke, u. a. auch in Museen in Chicago, Miami, Los Angeles und Philadelphia. Ausgestellt wurden seine Bilder z. B. in Tokio, Paris und Monte Carlo. In Kroatien genießt er zwar Starstatus, aber wegen der hohen Preise haben bislang nur eine Handvoll Kroaten seine Werke gekauft. Einer davon ist Ivica Todorić, der bis zum Agrokor-Skandal 2017 Kroatiens Einzelhandelskönig war.

◁ Markuslöwe aus der Zeit der venezianischen Herrschaft

Begabte Maler müssen ins **Ausland** gehen, um Erfolg zu haben. Nicht das mangelnde Interesse der Landsleute ist der Grund, sondern die fehlende Zahlungskraft und der Mangel an Galeristen, die sich für die Künstler engagieren. Hiesige Künstler müssen sich weitestgehend selbst um alles kümmern. Sie müssen ihre Ausstellungen selbst vorbereiten, Broschüren erstellen und das Marketing für die Ankündigung der Ausstellung betreiben. Das ist zeitraubend und kräftezehrend, weshalb auch immer wieder Maler unter den Auswanderern sind. Der Erste dürfte der Miniaturmaler **Juraj Klović** (1498–1578) gewesen sein, der wegen seines Wirkens in Italien auch unter dem Namen Giulio Clovio bekannt wurde. Geboren wurde Klović wahrscheinlich in Grižane bei Crikvenica (ca. 30 km südlich von Rijeka). Im Jahre 1516 kam er nach Venedig. Seine künstlerische Ausbildung absolvierte er, neben Rom, auch in Perugia, Padua und in Ungarn, im Schloss des ungarisch-kroatischen Königs Ludovik II.

In Rom lernte Klović u. a. Michelangelo (1475–1564) und El Greco (1541–1614) kennen. Mit Letzterem war er trotz des großen Altersunterschieds befreundet. Klović starb in Rom. Sein Werk war umfangreich, doch ging Vieles davon verloren oder kam in Besitz anderer Personen. Heute wird er als „Michelangelo minijature" bzw. „Michelangelo of miniature" bezeichnet.

⌂ In Hinterhöfen oder Wohngebieten trifft man auf Streetart und Graffiti

In welche Kategorie will man **Vladimir Dodig Trokut** einordnen? (*Trokut* bedeutet Dreieck). Er wurde 1949 in Slowenien geboren, lebt und arbeitet jedoch in Kroatien. Er sammelt Kunst und ist Gründer des „Anti-Museums" – ein Projekt, das auf seiner Kunstsammlung basiert. Außerdem ist er Bildhauer, Schamane, Okkultist, Kräuterkenner und Heilkundiger, Ethnologe, Publizist und Maler. Auch wenn er von der Kunstszene ignoriert wird, genießt er in der Bevölkerung viel Sympathie und hat durchaus seine Fangemeinde. International ist er allenfalls unter Insidern bekannt. Im Jahr 2013 wurde er für sein Lebenswerk ausgezeichnet. Sein Anti-Museum steht unter der Beobachtung der UNESCO.

Architekten

Bedeutende Spuren haben die **Römer** hinterlassen. Außerhalb Italiens lassen sich die meisten römischen Bauten in Kroatien besichtigen, u. a. der Diokletianpalast in Split und das Amphitheater in Pula. Einiges wurde zerstört oder geplündert.

Der **Diokletianpalast** wurde um 300 n. Chr. innerhalb weniger Jahre erbaut. Mit dem Bau des **Amphitheaters in Pula** wurde vermutlich bereits während der Regentschaft des Kaisers Augustus begonnen. Augustus war von 31 v. Chr. bis zu seinem Tod Herrscher über das Römische Reich. Beim Bau des Amphitheaters in Pula gab es Unterbrechungen und Ergänzungen, sodass auch deshalb eine genaue zeitliche Bestimmung über die Dauer der Errichtung kaum möglich ist. Beide Bauten gehören zum UNESCO-Weltkulturerbe.

Die **kleinste Kathedrale der Welt,** errichtet im 9. Jahrhundert, ist **Sv. Križ** (hl. Kreuz) in **Nin,** einer ehemaligen Adelsresidenz. Der Bau dieser kleinen Kathedrale folgte einem Konzept, das die Tages- und Jahreszeiten einschloss, sodass sie zusätzlich als Kalender und Uhr dienen konnte. Aufgrund der Größe, Stellung und des Winkels von Wänden, Fenstern und Türen, lässt sich durch das einfallende Sonnenlicht die Uhrzeit bestimmen. Ebenfalls aus der Zeit des Mittelalters ist die Kathedrale in Zagreb. Sie stammt aus dem 10. Jahrhundert und ist eine der schönsten in Kroatien.

Durch die Herrschaft der **Venezianer** sind im Küstenland Gotik und Renaissance anzutreffen. Ein Beispiel für die Architektur der Gotik ist das **Dominikanerkloster in Dubrovnik.** Der geflügelte Löwe (Markuslöwe), auf den man im Küstengebiet als Statue oder in Steintafeln trifft, stammt ebenfalls aus der venezianischen Epoche. Der im 15. Jahrhundert in Zadar geborene **Juraj Dalmatinac** war einer der bedeutendsten Bildhauer und Architekten in der **Übergangszeit von der Gotik zur Renaissance.** Eines seiner bekanntesten Werke ist die **Katedrala sv. Jakova** (Kathedrale des hl. Jakob) in Šibenik. Der Einfluss der **Renaissance** zieht sich durch das gesamte Küstengebiet und findet sich auch in privaten Villen wieder. Der **Barock** hielt Einzug, nachdem die Osmanen sich im 17. Jahrhundert zurückgezogen hatten.

Die **Moderne** im 19. Jahrhundert stand unter dem Einfluss Wiens, was besonders in Zagreb sichtbar ist.

Einen großen Teil der bedeutendsten Architektur in Zagreb schuf **Hermann Bollé** (1845–1926). Geboren wurde er in Köln. Nach seiner Schullaufbahn und ersten praktischen Erfahrungen bei einem Architekten ging er 1872 nach Wien, studierte Architektur und arbeitete bei einem renommierten Architekten. Während eines Aufenthalts in Italien 1875–1876 lernte er den Bischof Josip Juraj Strossmayer (s. S. 83) und den Historiker und Künstler Isidor Kršnjavi kennen. Aufgrund von Strossmayers Initiative und Unterstützung konnte Bollé sein Talent schon bald in Kroatien unter Beweis stellen. Im Jahre 1878 beschloss er deshalb, nach Zagreb zu ziehen. Bollés kleine und große Werke in Zagreb sind zahlreich. Er hat der Stadt seinen Stil verliehen, und das soll er stets mit viel Hingabe und Freude getan haben. Dass der **Friedhof Mirogoj** der größte und schönste des Landes ist (und einer der schönsten in Europa), ist ihm zuzuschreiben. Der Friedhof ist Bollés Meister- und Lebenswerk. Ferner

restaurierte und baute er Kirchen, Schulen, Museen und einiges mehr. Zu seiner Arbeit an der Zagreber Kathedrale gab es auch kritische Stimmen. Bollé habe das alte Mauerwerk und die Türme vor der Kathedrale zerstört. Nach dem Erdbeben 1880 erneuerte er die Kathedrale, die von nun an kein barockes Kunstwerk mehr war, aber durch Bollés Arbeit nun ein imposantes Kunstwerk der Neugotik darstellt. Bollé verbrachte 47 Jahre in Zagreb, bis er 1926 verstarb.

Erfinder und Entdecker

Die kroatischen Erfinder sind in Kroatien vielleicht deshalb von großer Bedeutung, weil sie nur selten als „kroatische Erfinder" bekannt wurden. Viele mussten auswandern, wurden einzig unter dem Exil-Namen bekannt, standen im Schatten der k.u.k.-Monarchie ... weshalb sie nur marginal als Erfinder/Entdecker aus Kroatien wahrgenommen wurden.

Faust Vrančić (1551–1617) hat den **Fallschirm** nicht von Grund auf erfunden, Leonardo da Vinci hatte bereits vor ihm konkrete Pläne für seinen Bau. Aber Vrančićs Konzept war etwas ausgereifter, vermutlich unter Einbeziehung von Holz und Leinen.

Der Theologe **Stanislav Pavao Skalić** verwendete im Jahr 1559 als Erster den Begriff **„Encyclopaedia"** (Enzyklopädie).

Den Siegeszug trat die **Krawatte** an, als mehrere Tausend Söldner 1635 nach Paris kamen, die in den Dienst von König Louis XIII. traten. Unter ihnen war auch eine große Anzahl Kroaten, die durch die gebundenen Bänder, die sie um den Hals trugen, die Aufmerksamkeit auf sich zogen. Die Bezeichnung Krawatte leitet sich von *à la croate* ab: nach kroatischer Art.

Ruđer Josip Bošković wurde 1711 in Dubrovnik (damals Ragusa) geboren. Er war Mathematiker, Astronom, Physiker, Geodät und Schriftsteller. Sein Leistungsspektrum ist groß. Seine Vermessungen und Gerätekonstruktionen ermöglichten ihm Entdeckungen, Berechnungen und Reparaturen. So behob er die Schäden der Kuppeln des Petersdoms in Rom und der Kathedrale in Mailand, um diese vor dem Einsturz zu retten. Als Astronom entdeckte er, dass es auf dem Mond keine Atmosphäre gab. Seine Entdeckungen hielt er in vielen Veröffentlichungen fest. Bošković starb 1787 in Mailand und ist in Italien unter dem Namen Ruggero Guiseppe Boskovich bekannt.

◁ Die kleinste Kathedrale der Welt steht in Nin bei Zadar

Antun Lučić wurde 1855 in Split geboren, studierte in Graz an der Technischen Universität und wanderte 1879 in die USA aus. Dass er ausgerechnet in Texas **Erdöl** vermutete, löste dort großes Erstaunen aus. Seiner Hartnäckigkeit und seinem Sachverstand ist es zu verdanken, dass man in Beaumont (135 km von Houston) auf eine erste große Ölquelle stieß und die USA bei der Förderung von Öl bald Russland überholten. Lučić war ein fähiger Ingenieur, aber kein cleverer Geschäftsmann, denn reich wurde er damit nicht. Er starb 1921 als Anthony Lucas in Washington D.C. Heute hat Beaumont etwa zwölfmal mehr Einwohner als zu jener Zeit und deren Haupteinnahmequelle ist die Erdölindustrie.

Andrija Mohorovičić (1857–1936) war Geophysiker. Die **Technik zur Ortung von Epizentren** bei Erdbeben geht auf seine Forschungsarbeit zurück. Seine Erfindung machte er im Jahr 1892.

Nikola Tesla (1856–1943) stammte aus einem serbischem Elternhaus. Geboren und aufgewachsen in Kroatien, wanderte er später in die USA aus. Er war ein außergewöhnliches Genie mit einem bescheidenen Charakter, längst nicht so geschäftstüchtig wie Edison, mit dem er zunächst zusammenarbeitete und von dem er sich menschlich enttäuscht abwandte. Dank Tesla wurde im kroatischen Nationalpark Krka das zweitälteste **Wasserkraftwerk** errichtet. Auf Basis seines Patents entstand dieses

Kraftwerk nur wenige Tage nach dem ersten weltweit (an den Niagarafällen). Tesla legte den **Grundstein** für das **Radio** und das **Telefon.** Seine wichtigsten Erfindungen sind u. a. der **Wechselstrommotor,** die **Tesla-Turbine** und die **Tesla-Spule.** Außerdem gibt es eine Menge Erfindungen, die er nicht zu Ende brachte. Kroaten, Serben und US-Amerikaner reklamieren ihn jeweils für sich. Zu Lebzeiten haben ihn weder Kroaten noch Serben gefördert und sein Talent erkannt, weshalb er gezwungen war, in die USA auszuwandern.

In einem Telegramm schrieb er an Vladko Maček (Politiker der Kroatischen Bauernpartei – HSS), er sei stolz auf seine serbische Herkunft und seine kroatische Heimat. Tesla kann allen drei „gehören", den Serben wegen seiner Herkunft, den Kroaten aufgrund seiner Geburt und Kindheit und den US-Amerikanern, weil sie ihm die Verwirklichung seines Potenzials ermöglichten. Das Schöne ist, dass alle drei Länder ihn würdigen, ob mit Straßen, Schulen, Statuen, Denkmälern, Briefmarken oder Geldscheinen. In seinem Roman „Mond über Manhattan" (Rowohlt, 2000) räumt Paul Auster dem Genie Nikola Tesla und dessen Leben eine lange Passage ein.

Begründer der **Waldorfpädagogik** war **Rudolf Steiner** (1861–1925), gebürtiger Kroate aus österreichischer Familie. Er wurde in der Gespanschaft Međimurje geboren.

Slavoljub Eduard Penkala (1871–1922) erfand den mechanischen Bleistift und den Füllfederhalter und meldete zunächst für den mechanischen Bleistift 1906 ein Patent an, ein Jahr später auch für den Füllfederhalter. Gemeinsam mit Edmund Moster und dessen Bruder gründete er eine Fabrik zur Herstellung des Schreibgeräts und seine Erfindung fand weltweit begeisterte Käufer. Die Fabrik besteht bis heute und nennt sich TOZ-Penkala. Das englische Wort „Pen" leitet sich von Penkalas Nachnamen ab.

Ivan Blaž Lupis war Marineoffizier und erfand 1861 den **Torpedo.** In Rijeka wurde später mit der Produktion begonnen.

Ivan Vučetić emigrierte 1884 nach Argentinien und arbeitete bei der Polizei. Er fand heraus, dass **Fingerabdrücke** individuell sind und entwickelte die sogenannte **Daktyloskopie.** Schon kurz danach wurde seine Methode der Täterüberführung in Buenos Aires anerkannt und es konnten Verbrechen durch den Nachweis von Fingerabdrücken aufgeklärt werden.

Zlata Bartl (1920–2008) war eine Chemikerin, durch deren Erfindung 1958 die **Vegeta** auf den Markt kam. Vegeta ist ein Gewürzpulver, das es manchmal auch in deutschen Supermarktregalen gibt.

◁ Nikola Tesla liest im Buch von Ruđer Josip Bošković

Die kroatische Gesellschaft

◁ Die kroatische Flagge sieht man an fast jeder Ecke (057kr-mb)

„Možete misliti, kako je meni voziti Ferrari po tim rupama. Puno gore nego vama!"

„Sie können sich vorstellen, wie es erst für mich ist, mit meinem Ferrari auf diesen Löchern zu fahren. Viel schlimmer als für Sie!"

(Željko Kerum, von 2009 bis 2013 Bürgermeister von Split, auf die Frage, welche Pläne er zur Straßenverbesserung in Split habe)

Einkommen und damit auskommen

„Ne može vlada živjeti kao da je u Njemačkoj, a narod kao da je u Zanzibaru. Vlada mora dijeliti sudbinu svog naroda, inače nema vjerodostojnosti ni politike ni političara."

„Die Regierung kann nicht so leben, als sei sie in Deutschland, und das Volk, als sei es in Sansibar. Die Regierung muss das Schicksal seines Volkes teilen. Ansonsten fehlt es an Glaubwürdigkeit der Politik und der Politiker."

(Vlado Gotovac (1930-2000), Schriftsteller und Politiker)

Mit der **Wirtschaftslage** steht es nicht zum Besten. Nach der Freude über die Unabhängigkeit folgte der Krieg – und die Ernüchterung und die Ohnmacht der Bürger über die Gier ihrer Politiker. Banken, Telekommunikationsunternehmen und (teilweise) der Einzelhandel sind in ausländischer Hand. Über das **Bankwesen** wachen die Österreicher und Italiener, die deutsche Telekom heißt in Kroatien eben Hrvatski Telekom. Der **deutsche Einzelhandel** bietet attraktive (weil besser bezahlte) Arbeitsplätze. Deshalb sind Firmen wie Lidl, dm, Deichmann, Müller oder s.Oliver in Kroatien sehr willkommen.

Das Portal **mojPosao** („meine Arbeit") veröffentlichte im Mai 2016 eine Umfrage zu den **attraktivsten Arbeitgebern.** Mehr als 15.000 Kroaten hatten daran teilgenommen. Auf Platz drei rangierte der Drogeriemarkt Müller (2,3 %), auf Platz zwei fand sich Lidl (4,2 %) – und auf Platz eins thront dm mit einem gigantischen Prozentsatz von 12,4 %. Diese drei Unternehmen erfreuen sich in Kroatien einer guten Reputation. Das dürfte nicht nur an den besseren Gehältern liegen, sondern auch grundsätzlich an der Tatsache, dass es sich hier um **deutsche Unternehmen** handelt. In den Köpfen der Kroaten sind deutsche Firmen grundsätzlich **korrekt, anständig** und **zahlen gute Gehälter.** Bei Lidl und dm verdient man in Kroatien etwa doppelt so viel wie bei kroatischen Supermarktketten. Deshalb nehmen manchmal Leute einen Job bei einer kroatischen Supermarktkette an und betrachten ihn als Durchgangsstation, bis sie etwas Besseres

gefunden haben. Sie verschicken Bewerbungen an deutsche Unternehmen – und hoffen auf eine positive Antwort. Allerdings weiß jeder Bewerber, dass die Chancen nicht allzu groß sind, denn die Wenigsten räumen den begehrten Platz, wenn sie ihn schon mal haben. Der Vorteil für die deutschen Firmen sind die loyalen Mitarbeiter, die Spaß an der Arbeit haben und stolz auf ihren Arbeitsplatz sind.

Trotzdem: **Nicht alle deutschen Unternehmen** in Kroatien haben einen **guten Ruf.** Die Mundpropaganda und die Erfahrungswerte zeigen, dass sich unter ihnen auch weniger begehrte Arbeitgeber tummeln. Die Gründe sind **Ausbeutung** (unbezahlte Überstunden, Ausbeutung der Mitarbeiter als Mädchen für alles) und eine **hierarchische Personalpolitik.**

Auf die Frage, welche Faktoren ihnen bei der Arbeitsplatzsuche am wichtigsten sind, antworteten nur 12 % mit „Höhe des Gehalts und Vergünstigungen". „Harmonische Arbeitsatmosphäre" steht bei 18 % der Befragten an erster Stelle, und für 20 % ist es der „gesicherte Arbeitsplatz".

Die **Wirtschaftslage** und der **Lebensstandard** werden seit den 1980er-Jahren als **„kriza"** (Krise) beschrieben. Eine Krise ist normalerweise eine Phase, die vorübergeht oder zumindest abflacht. Damals war es die *kriza*

◸ Die kroatische Währung: Kuna und Lipa

des zusammenbrechenden Kommunismus und des drohenden Staatsbankrotts. Dann kam die *kriza* der Kriegsjahre und danach die *kriza* wegen Korruption und politischer Fehlbesetzungen. Nun muss das Land Fuß fassen, und das geht nicht über Nacht.

Das größte Privatunternehmen Kroatiens – und eines der größten Südosteuropas – heißt **Agrokor,** der Jahresumsatz liegt bei ca. 7 Milliarden

Hauptberuf, Nebenjob, Wirtschaftsfaktor: Tourismusbranche

Obwohl die Inselbewohner der 1930er-Jahre getrost als altmodisch (aber offenbar nicht prüde) bezeichnet werden dürfen, fing das Nacktbaden in Kroatien, also FKK, offiziell 1936 auf Rab an. Der englische König Edward VIII. hielt sich mit seiner Freundin Wallis Simpson im August auf der Insel auf. Er bat um die Erlaubnis, nackt zu baden. Diese wurde erteilt – und heute gibt es in der Bucht „Kandarola" einen FKK-Strand.

Ende der 1980er-Jahre lautete der Vorwurf der ausländischen Presse, man würde nur „Sonne und Meer verkaufen". Das nahm man sich hier sehr zu Herzen und dieser Satz wurde auch noch Jahre später immer wieder zitiert. Aber die Kroaten wussten auch, dass der Vorwurf berechtigt war. Sie gaben es selbst zu und ärgerten sich darüber, dass man aus all den Schätzen, die das Land zu bieten hat, einfach nichts machte. Unter Tito führten Natur und Kultur ein Schattendasein. Es lief alles auf den einfachen – und ja: anspruchslosen und billigen – Badeurlaub hinaus. Dann kam der Krieg, und erst Ende der 1990er-Jahre ging es langsam, aber stetig bergauf.

Kroatien ist auf den Tourismus angewiesen, und hat viel in die Infrastruktur investiert, z. B. in Autobahnen und Umgehungsstraßen. Aber ohne Schulden war das nicht möglich. Der Tourismus und die damit verbundenen Dienstleistungen stellen eine große Einnahmequelle dar. Für viele Kroaten steht und fällt ihre Existenzgrundlage mit dem Tourismus. Manche kommen aus dem Binnenland über die Sommermonate zum Arbeiten an die Küste, Studenten verdienen sich ihr Geld in den Semesterferien in der Hotellerie oder Gastronomie.

▷ Infrastrukturprojekte wie der Bau von Autobahnen wurden auch wegen der vielen Touristen in Angriff genommen

Euro. Agrokor entwickelte sich im ersten Halbjahr 2017 immer mehr zum Krisenunternehmen. **Ivica Todorić** (der in den 1970er-Jahren mit Blumenzucht anfing und nach dem Zusammenbruch Jugoslawiens die Gunst der Stunde nutzte) galt als reichster Mann Kroatiens. Seit den 1990er-Jahren wuchs Agrokor ständig. Todorić kaufte kleinere und große Unternehmen. Der wichtigste Arbeitgeber innerhalb des Agrokor-Konzerns ist die Super-

Der Massenansturm auf Dubrovnik sieht ertragreicher aus, als er ist: Viele Tausend Ausflügler kommen täglich - und die Kreuzfahrtschiffe erreichen und verlassen täglich den Hafen. Diese Tagesausflügler bringen keinen wirtschaftlichen Nutzen, da viele von ihnen nur durch die Gassen schlendern, fotografieren und einen Kaffee trinken. Es stellt sich die Frage, ob das Land seine Ressourcen tatsächlich ausschöpft und sich nicht unter Wert präsentiert.

Die Löhne der Dienstleister in der Tourismusbranche sind alles andere als rosig. Ein Zimmermädchen verdient ca. 3500 bis 4000 Kuna brutto (480–550 €), ein Kellner (je nach Rang und Region) zwischen 3500 und 6500 (900 €). Besser sind die Köche dran. Ein Küchenchef kann über 8000 Kuna (1100 €) verdienen, auch hier je nach Region und Betrieb.

Die Gastwirte und Appartementvermieter machen nur selten den großen Reibach, da am 1. Januar 2017 die Mehrwertsteuer (in Kroatien: PDV) von 13 auf 25 % erhöht wurde! Deshalb sind viele Gastronomen gezwungen, die Preise zu erhöhen. Das Ganze ist nicht ohne Risiko, weil die Gäste zum günstigeren Konkurrenten wechseln könnten, also zu demjenigen, der sich mit geringeren Margen zufriedengibt und eine kleinere Gewinnspanne erreicht.

Bereits 2013 wurde die „fiskalna blagajna" (Staatskasse) eingeführt. Auf elektronischem Weg geht die Meldung direkt an die „porezna uprava" (Finanzamt/Steuerverwaltung).

marktkette „Konzum", zu Agrokor gehören u. a. Ledo (Tiefkühllebensmittel), Zvijezda (Öl, Margarine), Jamnica (Mineralwasser), PIK Vrbovec (Fleisch, Wurst), Belje (Wein) und vieles mehr. Todorić wohnt mit seiner Familie in einem Schloss, beschäftigt 40.000 Mitarbeiter in Kroatien und weitere 20.000 in den Nachbarländern. Mit dem Kauf der slowenischen Supermarktkette „Mercator" 2013 hat er sich weit aus dem Fenster gelehnt (Kosten: 500 Mio. Euro).

Plötzlich hieß es Anfang 2017: Schulden. Seine Lieferanten „bezahlte" Todorić mit Schuldscheinen. Die Buchhaltung soll sehr undurchschaubar geführt worden sein. Agrokor soll den russischen Banken VTB und Sberbank 1,3 Milliarden Euro schulden, weitere Schulden hat er bei Anleihekäufern und Lieferanten. Die Gesamtverschuldung beläuft sich angeblich auf ca. 6 Milliarden Euro.

Die Russen wollen eine Lösung finden, sagen sie. Dass sie so bei eventuellen weiteren Finanzspritzen bei Agrokor das Ruder übernehmen möchten, ist zu erwarten und nachvollziehbar. Bei Teilen der Bevölkerung jedoch löst das Ganze Wut aus, denn es bedeutet eine weitere Fremdbestimmung im Land. Und zu den Russen hatte Kroatien historisch und politisch gesehen noch nie eine innige Verbindung. Aber andere Banken sind zu so hohen Krediten nicht bereit und sowohl für den Staat als auch für die Bevölkerung ist es von Interesse, Agrokor zu retten. So sind es auch in Kroatien die Steuerzahler, die den Karren (Großkonzern) aus dem Dreck ziehen sollen.

Kindergeld und teure Lebensmittel

Ein zweites oder gar drittes **Kind** muss sich eine Familie erst mal leisten können, denn auch mit dem *dječji doplatak* (Kindergeld) kommt man nicht weit, sofern man es überhaupt bekommt. Allerdings wird im Sabor (Parlament) darüber beraten, ob demnächst für jedes Kind das Kindergeld bezahlt werden soll. Die Berechnung des Kindergelds ist kompliziert, mit einem bürokratischen Aufwand verbunden und abhängig vom Einkommen der Eltern. Die Beträge bewegen sich momentan bei umgerechnet ca. 30–40 Euro pro Kind und Monat.

Das **Durchschnittseinkommen** liegt bei ca. 5800 Kuna, also knapp 800 Euro. Damit ist man in Kroatien derzeit „zu reich" fürs Kindergeld.

Für Lebensmittel müssen die Kroaten viel Geld hinlegen, in Relation zum Gehalt gerechnet. Einiges ist hier zwar günstiger als bei uns (Brot und manche Obst- und Gemüsesorten). Doch es gibt viele **Lebensmittel,** die in Kroatien **teurer** sind: Milchprodukte, Fleisch, Mehl, Mineralwasser etc.

Lebenshaltungskosten und Verschuldung

Ab Mitte der 1950er-Jahre verzeichnete Kroatien bzw. Jugoslawien über einen Zeitraum von etwa zehn Jahren ein **Wirtschaftswachstum.** In den **1970er-Jahren** war die **wirtschaftliche Situation rückläufig** und ab den **1980er-Jahren** kamen die extreme **Inflation** und die *kriza* (s. S. 145) auf, die von der Bevölkerung als Dauerzustand wahrgenommen wird. Die *kriza* heute ist aber eine andere als damals. Der **Heimatkrieg** hat das Land erheblich zurückgeworfen. Die Kriegsschäden sollen sich auf 27 Milliarden US-Dollar belaufen. Der **Tourismus stagnierte** und die Hotels wurden für die Flüchtlinge zur Verfügung gestellt.

Die **unlauteren Transformationsprozesse** bestehender Firmen und Fabriken kamen erschwerend hinzu. Inmitten des Krieges wurde das sozialistisch-gesellschaftliche Eigentum privatisiert. Die sogenannten Eliten in Wirtschaft, Politik und Bankwesen schadeten Kroatien. Es wurde mit **Krediten manipuliert** und ehemals **stabile Firmen brachen zusammen.** Das Resultat war die **wachsende Anzahl der Arbeitslosen** und daran gekoppelt auch die **wachsende Anzahl verarmter Familien.**

Kroatien erhielt **Kredite für den Wiederaufbau** und **Investitionen** in die wirtschaftliche Entwicklung. Die **neuen Kredite** erachteten viele Kroaten zwar als besorgniserregend, aber ohne sie wäre man nicht in der Lage gewesen, das Land wieder aufzubauen und in die Infrastruktur zu investieren. Tatsächlich verzeichnete Kroatien **ab der Jahrtausendwende einen wirtschaftlichen Aufschwung** bis zum Jahr 2008, der globalen Rezession. Laut einer Umfrage des Eurobarometers von 2015 machten die Kroaten sich über die Arbeitslosigkeit und die Wirtschaftslage die größten Sorgen.

Kroatien erwirtschaftete 2016 ein **Bruttoinlandsprodukt von 51,4 Milliarden Euro.** Im Jahr 2015 war das Bruttoinlandsprodukt erstmals seit der Wirtschaftskrise 2008 um 1,6 % gestiegen. 2016 veröffentlichte die Zeitung Večernji list auf ihrer Website eine Umfrage, die im vorangegangenen Jahr von einem Institut durchgeführt worden war. Befragt worden waren 1000 Menschen zwischen 18 und 88 Jahren. Unter anderem wurde gefragt, wie sie die Lebensqualität in Kroatien beurteilen. „Als schlecht", antworteten 76 % der Befragten. Im Artikel hieß es, dass nur Rumänen und Bulgaren die eigene Lebensqualität noch schlechter bewertet hätten.

Die **Beurteilung des Lebensstandards** ist natürlich immer auch eine subjektive, aber die Unzufriedenheit ist vorhanden und nicht unbegründet.

In der **Arbeitswelt** herrscht **Ambivalenz: Überfluss und Mangel** – Mitarbeiter, deren Funktion überflüssig oder ineffizient ist auf der einen Seite, ein Mangel an Arbeitsplätzen auf der anderen und eine hohe Arbeitslosenquote von 16 %, fast die Hälfte davon junge Menschen.

Von den 16 % sind allerdings nicht alle arbeitslos, denn einige arbeiten schwarz. Die **Schwarzarbeit** entspringt nicht nur dem Geiz, keine Steuern zahlen zu wollen, damit würde man sich ins eigene Fleisch schneiden, da die Rente so noch magerer ausfallen wird, als ohnehin schon. Ein Grund ist das **Hangeln von Job zu Job,** weil es heutzutage fast nur noch befristete Arbeitsverträge gibt. Befristet sind diese bestenfalls auf ein Jahr, manchmal auch auf sechs oder gar drei Monate. Deshalb gibt es Menschen, die mal hier und mal dort jobben, weil die Aussicht auf einen Langzeitvertrag so gut wie aussichtslos ist. Also nehmen die Leute lieber einen Dreimonatsjob oder schlimmstenfalls Schwarzarbeit an, als gar keinen Job zu haben.

Problematisch ist auch die Unsitte, die Angestellten mit einem **offiziellen Niedriglohn** zu führen und ihnen den **Rest** (ca. 30 %) **bar** auszuhändigen, um die Abgaben für Kranken- und Rentenversicherung niedrig zu halten. Dieses unmoralische Gebaren gibt es zwar nicht nur in Kroatien, sondern auch in wirtschaftsstarken Ländern z. B. in der Gastronomie und im Umgang mit Reinigungskräften. In Kroatien gehört es aber beinahe schon zum Arbeitsalltag.

Das Problem der **Fehlbesetzung** ist alt und war schon zu Titos Zeiten Normalität: „Meine Nichte hat die Uni beendet und findet jetzt keine Arbeit. Kannst du sie nicht irgendwie in der Firma unterbringen?" So werden Arbeitsplätze quasi erfunden. Die einzelnen Fälle sind durchaus nachvollziehbar. Wer will nicht Familie und Freunde in einem gesicherten Arbeitsverhältnis wissen? Aber auf Landesebene ist es problematisch. Ein weiteres Problem ist das **Verhältnis von Erwerbstätigen und Rentnern.** Auf 100 Erwerbstätige kommen 85 Rentner. Wenn man bedenkt, dass die Auswanderung junger Menschen ansteigt, wird sich das Verhältnis in den nächsten Jahren wahrscheinlich noch weiter verschlechtern.

Ressourcen und Industrie

Kroatien verfügt über verschiedene **Ressourcen:** Kalkstein, Sand, Kies, Erdöl und Erdgas, Mergel, natürlicher Asphalt, Meersalz, Gips, Bauxit, Wind-, Wasser- und Solarenergie sowie Wasser und Holz.

Nicht zuletzt bietet der Osten **fruchtbaren Boden für die Landwirtschaft** und den Anbau von Weizen, Wein, Kartoffeln, Soja, Zuckerrüben, Mais, Oliven, Zitrus- und Beerenfrüchten – außerdem **Weideland** für die Tiere zwecks Gewinnung von Molkereiprodukten und Fleisch.

Das **Meer** ist ein wichtiger **Wirtschaftsfaktor** für **Fischfang, Schiffbau und Salz(-verarbeitung).** Neben dem Tourismus sind auch die Druck- und Lebensmittelindustrie große Wirtschaftszweige sowie die Verarbeitung von Mineralien.

Die **Industrie** in Kroatien umfasst die Lebensmittel- und Getränkeproduktion, die Textilverarbeitung, chemische Industrie, Kunststoffindustrie, den Schiffbau, die Metallverarbeitung, Eisen- und Stahlproduktion sowie Verarbeitung von Aluminium, Stahl und Holz, von Elektronik und Baumaterialien.

Kroatien importiert mehr, als es exportiert (Warenwert: 16,2 Milliarden Euro im Verhältnis zu 9,6 Milliarden Euro). Es **exportiert** am meisten **Fisch, Mais und Schokolade** und importiert am meisten **Schweinefleisch, Schokolade sowie Brot- und Backwaren.** Interessant in diesem Zusammenhang ist die Schokolade. So wie das Gras auf der anderen Seite des Flusses grüner erscheint, so schmeckt vielleicht auch die importierte Schokolade des anderen besser.

◁ Olivenernte: für die Erwachsenen viel Arbeit, aber den Kindern macht es Spaß

Made in Croatia?

Kroatien hat einiges an **Potenzial, das es nicht nutzt.** Das hat mehrere Gründe. Manche Experten bemängeln die **fehlende PR des Landes** im Ausland. Ein anderer Grund ist, dass es schwer ist, als „Neuling" einen Fuß in die Tür der etablierten Märkte zu bekommen und neben den Großen zu bestehen. Nehmen wir als Beispiel das **Olivenöl aus Istrien.** Bereits die Römer schwärmten von der Qualität dieses Öls. Es ist hochwertig und ein absolutes Bio-Produkt. In den europäischen Supermärkten (und Köpfen der Verbraucher) dominieren italienische und griechische Olivenöle den Markt. Die Konkurrenz ist groß. Trotzdem könnte man vielleicht mit viel Enthusiasmus und Idealismus zunächst die Bioläden für sich gewinnen. Das gleiche gilt für **Weine,** also Bioweine, aus Kroatien. Die riesige Zielgruppe im **Naturkosmetikbereich** wäre mit naturbelassenem **Honig,** Olivenöl und qualitativ hochwertigem **Quellwasser** zu erreichen. Nach Island und Norwegen ist Kroatien das wasserreichste Land Europas.

Man könnte noch viele andere Beispiele nennen, wie den **Käse aus Pag,** die **Spitze von der Insel Pag** oder **Non-Food-Produkte wie Lavendel.**

Die Landwirtschaft auszubauen und in sie zu investieren, würde bedeuten, ein Plus im Export zu erreichen, z. B. bei Mais, Weizen und Soja. Ein riesiger Teil der fruchtbaren Agrarfläche ist schlicht ungenutzt. Die **Landwirtschaft** macht **nur 5 % des Bruttoinlandsprodukts** aus, der Dienstleistungssektor dagegen 70 und die Industrie 25 %.

In der **Kunst** bräuchte es vielleicht ein wenig „Mainstream-Enthemmung", einen Film oder ein Buch, das ganz Europa erobert. Kroatien böte eine großartige Kulisse für ein Roadmovie, den trockenen Humor für eine Komödie, Biografieverfilmungen oder wahre Geschichten über ungewöhnliche Menschen. So wunderbar und notwendig die Kriegs-, Nachkriegs- und Bewältigungsliteratur auch ist, Kinderbücher, Unterhaltungsromane oder Sachbücher werden kaum aus dem Kroatischen übersetzt. Und etwas à la „Der Filmhit aus Kroatien" fehlt bislang ganz. Einige anspruchsvolle Filme und Bücher sind zu Recht in viele Sprachen übersetzt oder von kroatischstämmigen Autoren in der Sprache ihrer Wahlheimat geschrieben worden. Parallel dazu bräuchte es leichte und unterhaltsame Stoffe ohne jene Protagonisten, die sich „am Rande der Gesellschaft" befinden oder die „verlorene Generation" widerspiegeln, denn allmählich bekommen Filme und Romane aus Kroatien das Image der Schwermut.

▷ Der Ausbau der Infrastruktur bringt so manche Herausforderung mit sich

Nicht *statt* der anspruchsvollen Werke sollte man auch Mainstream anbieten, sondern *zusätzlich* zu ihnen. Ansonsten wird es noch lange dauern, bis man das Stigma des „Kriegslandes" wird hinter sich lassen können. Für Besucher Kroatiens und für Leser und das Filmpublikum im Ausland sind auch die Atmosphäre und die Stimmung im Land entscheidend. Weshalb europäische Leser der Unterhaltungsliteratur sich gar nicht erst mit kroatischer Literatur befassen.

Staatsverschuldung und Lebenshaltungskosten

Eine **durchschnittliche Familie** in Kroatien **gibt mehr Geld aus, als sie verdient.** Überzogene Konten und Kredite sind keine Ausnahmeerscheinung. Die **Lebenshaltungskosten** steigen kontinuierlich und man greift auf die tückisch-praktische Kreditkarte zurück. Viele betrachten die Kreditkarte als einen der Hauptgründe für die persönliche Verschuldung. Im Jahr 2011 gab eine Familie im Durchschnitt knapp 75.000 Kuna aus, im Jahr 2014 waren es 81.000 Kuna. Die Löhne sind allerdings nicht gestiegen. Gut ein Drittel ihres Gehalts geben die Kroaten für **Lebensmittel** aus, ein weiteres Drittel für **Miete** und **Nebenkosten.** Zigaretten sind den Kroaten 500 Kuna im Monat wert und für Kultur und Unterhaltung geben sie 300 Kuna monatlich aus. Die Ausgaben für Alkohol sind in den letzten Jahren leicht rückläufig. Die Schulbücher für die Kinder müssen die Eltern kaufen. Allerdings sind sozial schwache Familien von dieser Pflicht befreit.

Der typische verschuldete Kroate ist männlich, 43 Jahre alt und mit 4300 Kuna privat in der Kreide. Große Sorgen machen sich die Kroaten wegen der **Staatsverschuldung,** das ist immer wieder Thema in privaten und öffentlichen Diskussionen. Die Pro-Kopf-Verschuldung beträgt 67.000 Kuna (ca. 9000 Euro). Zum Vergleich: Die Pro-Kopf-Verschuldung in Deutschland beträgt ca. 27.000 Euro. Aber das ist nur Mathematik, denn die Wahrscheinlichkeit, seinen Job zu verlieren und dann keinen mehr zu finden, ist in Kroatien sehr viel höher. Ob Klein- oder Großunternehmer: Mit **pünktlicher Lohnzahlung** nehmen es viele Arbeitgeber nicht so genau. Deshalb lautet eine der ersten Fragen, die ein Jobneuling von seinem Umfeld gestellt bekommt: „Bekommst du pünktlich deinen Lohn?" Eine Apothekenhelferin berichtete der Autorin 2008, dass sie seit fünf Monaten keinen Lohn erhalten habe. Und das war nicht das erste Mal. Dieser werde zwar rückwirkend immer gezahlt, aber sie wisse nicht wann. Wenn ihr Mann nicht ein regelmäßiges Gehalt bekäme und sie nicht ihre Eltern im Rücken hätte, wüsste sie nicht, wie sie die Kinder durchbringen sollte. So drastische Fälle haben abgenommen, aber Verspätungen von 1 bis 2 Monaten sind immer noch häufig, besonders in Kleinbetrieben.

Wenn man sich über den Weg läuft oder besucht, kommt bald das „Radiš?" („Arbeitest du?"). Als Nichtkroate wird man sich fragen, warum man denn plötzlich nicht arbeiten sollte, das Umfeld wüsste ja, wenn man arbeitslos wäre. Mit dieser Frage ist aber eher gemeint, ob man gerade krank ist oder Urlaub hat – und da der Arbeitsplatz in Kroatien immer irgendwie am seidenen Faden hängt, könnte es sein, dass man seinen Job seit Kurzem nicht mehr hat.

Wer als Ausländer die **Preise** vergleicht, stellt fest, dass einiges erschwinglicher ist als im Heimatland. Auch die **Mietpreise** sind mit denen in München, Wien oder Zürich nicht vergleichbar. Trotzdem sind absurderweise die Nebenkosten für eine 85-m²-Wohnung in Zagreb höher als in Paris, London oder Amsterdam. Und auch wenn die ausländischen **Lebensmittelketten** für den Arbeitnehmer attraktiv sind, für den Käufer sind sie das nur bedingt. Einige Produkte kosten das Doppelte oder Dreifache als im Ursprungsland. Erschwerend kommt hinzu, dass die Qualität manchmal eine andere ist, was die Kroaten als diskriminierend empfinden. Die ausländischen Großkonzerne argumentieren, dass sie die veränderte Zusammensetzung dem „Geschmack der jeweiligen Bevölkerung anpassen".

„Fleißig" und „wertvoll" bedeuten das Gleiche

Eine ausländische Kroatien-Besucherin schrieb in ihrem Blog, dass die **Kroaten** so **wenig lächelten.** Ein Einheimischer habe ihr gesagt, dass die Kroaten generell unzufrieden mit der Arbeitslage und deshalb stetig besorgt seien. Das verstand die Bloggerin aber nicht, denn sie war auch schon in Thailand gewesen und dort würden die Menschen immer lächeln, obwohl es ihnen viel schlechter gehe. – Nun ist Kroatien nicht Thailand und Asien lässt sich schwerlich mit Europa vergleichen. Die Europäer im Allgemeinen haben das Jammern jedenfalls mehr „intus" als die Asiaten. Die **Kroaten** im Speziellen sind **willens, hart zu arbeiten,** wenn es sich lohnt. Aber sie **arbeiten oft nur für das Nötigste und am Ende bleibt nichts übrig.** Das Dauerlächeln im Alltag ist begrenzt, dafür sind die Kroaten nicht der Typ. Das Lächeln ist grundsätzlich ehrlich gemeint. Alles andere empfinden sie als Show.

◁ Am Freitag wird kein Fleisch gegessen: Fischmarkthalle am Freitagmorgen

Wer schlecht bezahlt wird, macht einfach seine Arbeit. Hochmotiviert ist er verständlicherweise nicht an so einem Arbeitsplatz. Der **Fleiß** richtet sich dann eher auf den **privaten Bereich.** Da repariert, schraubt und baut der Kroate eben am Haus herum. Die Kroaten sind im Ausland wegen ihres Fleißes und ihrer Zuverlässigkeit geschätzt. Ausnahmen mag es natürlich geben, aber **kroatische Arbeitnehmer** werden im Allgemeinen gerne eingestellt, weil sie „zupacken" können. Wenn sie dafür einigermaßen anständig bezahlt werden, scheuen sie keine harte Arbeit. Sie arbeiten im Ausland auf Baustellen und im Straßenbau genauso wie in der Gastronomie oder in Pflegeberufen, alles Berufe, die man als anstrengend und fordernd bezeichnen kann. Wegen einer Erkältung lassen sie sich nicht krankschreiben und wer nach Jahren im Ausland kein Häuschen im Heimatland vorzuweisen hat, gilt irgendwie als Versager.

„**On je vrijedan**" („Er ist fleißig") bedeutet zwar ein großes Kompliment, wird aber – besonders bei einem Mann – als Charaktereigenschaft vorausgesetzt. Wenn man sagen möchte, dass etwas einen hohen Wert besitzt, so sagt man **„To je vrijedno"** („Das ist wertvoll"). Es ist ziemlich unwahrscheinlich, dass es irgendjemandes Willkür entsprungen ist, wertvoll und fleißig mit demselben Wort zu bezeichnen. Fleiß ist eine Tugend, die seltsamerweise erwartet wird und keiner besonderen Hervorhebung bedarf, aber es ist eine kleine Tragödie, wenn man einen Schwiegersohn bekommt, der *lijen* (faul) ist. Dann noch lieber ein Besserwisser oder Geizhals sein als ein fauler Mensch. Als die Autorin einmal im Sommerurlaub nach Kroatien kam und eine Verwandte in der Zwischenzeit geheiratet hatte, fragte die Autorin die anderen: „Und wie ist ihr Mann denn so?", wobei sie eher daran dachte, ob er sympathisch und gesellig sei. Die Antwort war ein zufriedenes Nicken: „vrijedan" (fleißig).

„Und sonst?", erkundigte sie sich weiter.

– „Jeden Tag nach der Arbeit macht er für die Schwiegermutter den Garten." – Aha. Der Mann scheint in Ordnung zu sein.

Die **Tugend des Fleißes** ist besonders auf dem Land von Anerkennung gekrönt. Wer auf dem Land aufgewachsen ist, kann „nicht verstehen, was die Leute in der Stadt den ganzen Tag machen." Oder: „Ich würde durchdrehen, den ganzen Tag in der Stadt im Sessel zu sitzen." So bekommt man es von den Landmenschen oft zu hören. Auf dem Land muss man Holz hacken, sich um die Hühner oder andere Tiere kümmern, das Haus instandhalten, Rasen mähen ... Dass man auch als Stadtmensch fleißig sein kann, nimmt man zur Kenntnis, aber der wirkliche und redliche Fleiß zeigt sich in körperlicher Arbeit. Ein Akademiker, der für seine Eltern oder auch sich selbst „anpacken" kann und seine körperliche Hilfe auch Freunden und Nachbarn anbietet, ist ein *pravi čovjek* (wahrer Mensch).

Faule Leute können ihrer Persönlichkeit wegen natürlich trotzdem gemocht werden, aber die Faulheit ist ein großer Makel und wirkliche Wertschätzung kommt ihnen nur dann entgegen, wenn sie sich durch andere Charaktereigenschaften groß hervortun.

Die Definition von „Bestechung"

Kleine oder größere Geschenke sind ein Ausdruck der Wertschätzung und Anerkennung. Wer zu Besuch kommt, bringt kleine **Geschenke** mit. Als Dankesgeste genügt ein kräftiger Händedruck nicht, man zeigt sich durch Geschenke erkenntlich. Dieses Wohlwollen als Zeichen der Dankbarkeit hat dann irgendwann in eine ungute Richtung ausgeschlagen. Das *mito* (Schmiergeld), auch bekannt als *koverta* (Kuvert), hatte sich schon dermaßen eingebürgert, dass man nicht nur den **Arzt,** sondern auch die **Krankenschwestern schmieren** musste, um eine angemessene Behandlung als Patient zu bekommen. Und immer mehr wollten ebenfalls ein Stück vom Kuchen. Dasselbe galt bei der **Arbeitsplatzbeschaffung** oder im Umgang mit der **Verwaltung** („Kann das mit der Baugenehmigung nicht ein bisschen schneller vorangehen?"). Angefangen hat alles als nette Geste der Dankbarkeit und hatte zunächst einmal mit Bestechung nichts zu tun. Mit den Jahren entwickelte sich das Ganze zur Selbstverständlichkeit und erzeugte eine generelle Erwartungshaltung – vom Kann-Zustand zum Muss-Zustand, ohne moralische Skrupel. Ein der Autorin bekannter Fall ereignete sich Ende der 1980er-Jahre: Ein Vater konnte nie seine Tochter im Krankenhaus besuchen – das Kind hatte keine Mutter mehr und er schob als Hafenarbeiter zusätzlich Nachtschichten, damit er den Arzt schmieren konnte. Somit blieb kaum Zeit, um sein Kind zu besuchen.

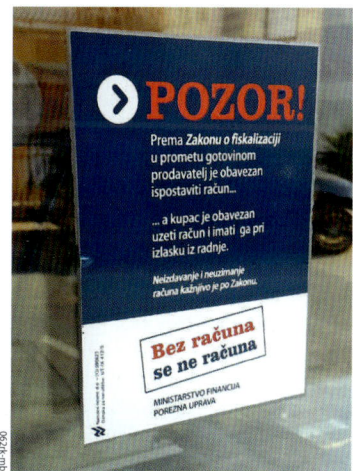

> Eine Warnung: Immer darauf achten, sich die Rechnung aushändigen zu lassen

Mittlerweile hat man den **Kampf gegen das „mito"** recht gut in den Griff bekommen, dank mutiger Bürger, die Anzeige erstatteten, und Journalisten, die über Fälle von Bestechung berichteten. Noch immer agieren **unmoralische Raffgeier im Verborgenen,** aber auch das ist immerhin ein Fortschritt: im Verborgenen.

Die **Tendenz zu Bezahlung und pompösen Geschenken** hat **drastisch abgenommen.** Was als Höflichkeitsgeste begann, endete in der Ausbeutung. Die Kroaten wurden sich bewusst, dass die Bestechung Teil der Alltagskultur geworden war. Sie haben einen Zorn gegen die Bestechung entwickelt und sind nicht mehr willens, diese zu unterstützen.

Kriminalität

Wie im Statistikbericht des MUP – Ministarstvo unutarnjih poslova („Ministerium für innere Angelegenheiten") nachzulesen ist, wurden im Jahr 2016 55.824 **kriminelle Delikte** registriert – 5,8 % weniger als im Vorjahr. Bei der Aufklärungsrate gab es einen Anstieg von 2,5 %. Es wurden 43 **Morde** erfasst, die alle aufgeklärt wurden. Die 81 **Vergewaltigungen** konnten zu 91,4 % aufgeklärt werden. Allerdings beträgt die **Aufklärungsrate** bei schwerem **Diebstahl** nur 22,1 %. In Sachen **Wirtschaftskriminalität** wurden 7111 Fälle registriert, wovon 97,6 % aufgeklärt wurden. Es gab 905 Fälle von **Korruption** (Annehmen und Aushändigen von Bestechungsgeld, Amtsmissbrauch, ungesetzliche Geschäftsführung). Davon wurden 99,7 % aufgeklärt. Die **Drogendelikte** sind mit 2838 registrierten Fällen um nur 1,4 % zurückgegangen bei einer Aufklärungsrate von 99,7 %.

Auch wenn man die **Bestechung** offenbar immer mehr in den Griff bekommt: Die kroatische Bevölkerung nimmt allgemein eine sehr viel stärkere Kriminalitätsrate wahr als früher, besonders unter Jugendlichen. Das Phänomen der „Jugend heutzutage" zieht sich seit Jahrtausenden durch die Köpfe der Erwachsenen. Diese Wahrnehmung gibt es auch in vielen anderen Ländern, was auch daran liegen mag, dass die Medien bestimmte Ereignisse heute anders vermitteln. Tatsächlich zeichnet der DZS – Državni zavod za Statistiku Republike Hrvatske (Staatliches Büro für Statistik der Republik Kroatien) ein anderes Bild, als die Bevölkerung vermuten würde: Wurden im Jahr 1970 1927 Straftaten von Minderjährigen begangen, waren es 2016 weit weniger, nämlich 420. Seit 2001 gibt es die Einrichtung **USKOK – Ured za suzbijanje korupcije i organiziranog kriminaliteta** (Amt zur Bekämpfung der Korruption und organisierten Kriminalität). USKOK wurde von der damaligen Regierung ins Leben ge-

Kriminelle Elite

Tragisch ist die Tatsache, dass viele Menschen, die für Freiheit und Demokratie gekämpft, ihr Leben dafür gelassen oder zumindest riskiert hatten, zu Tausenden körperlich und psychisch geschunden von der Front zurückkehrten und erleben mussten, dass Unternehmen für eine Kuna verkauft wurden. Das waren die Neunzigerjahre in Kroatien: Korruption und Misswirtschaft; und die Erkenntnis, dass nach der Fremdherrschaft durch Griechen, Römer, Österreicher, Ungarn, Osmanen, Deutsche, Franzosen, Venezianer und Kommunisten die eigenen Leute sowohl nicht mit Macht umgehen konnten als auch diese Macht maximal missbrauchten. Diesen Leuten war die Heimat egal. Sie stopften sich ihre Taschen voll, während gleichzeitig die Zukunft ihres Landes auf dem Spiel stand.

Eine unbegreifliche Absurdität liegt im Begriff „elita" (Elite), der zwar häufig ironisch verwendet wird, aber nicht aus dem Sprachgebrauch gestrichen wurde.

Hochgebildeten Menschen begegnet man in Kroatien grundsätzlich nicht mit Ehrfurcht. Hohes Ansehen genießt man, wenn man sich den Respekt verdient hat. Das Volk sieht auch keinen Anlass, bewundernd zur „elita" aufzublicken. Zu viele hochgebildete Leute mit Doktortitel haben in der Vergangenheit Amtsmissbrauch betrieben, im Gesundheitswesen, in der Justiz und in der Politik. Sie sind wegen Korruption verurteilt worden oder werden dieser verdächtigt. So hatte beispielsweise der Ministerpräsident Ivo Sanader einen guten Kurs für Kroatien eingeschlagen und das Land Richtung EU geführt. Ivo Sanader, ein souveräner und erfolgreicher Mann von Welt und mit zukunftsorientierter Haltung, spricht fließend Deutsch, Englisch, Französisch und Italienisch. Er studierte Philosophie und Literaturwissenschaften, war Theaterintendant, Schriftsteller, Redakteur und Unternehmer – dann ging er in die Politik. Er hatte ein gutes Verhältnis zu den großen europäischen Politikern. Doch dann erfolgte die Erschütterung in Form eines Korruptionsskandals. Im Jahr 2011 wurde er festgenommen, 2012 wurde ihm wegen Korruption und Amtsmissbrauch der Prozess gemacht. Dabei ging es um mehrere Straftaten, die sich in den Anklagepunkten glichen, weshalb sie in einem Prozess zusammengefasst wurden. Sanader wurde zu zehn Jahren Haft verurteilt, die später auf achteinhalb reduziert wurden. So wurden vier Jahre Untersuchungshaft daraus. Sanader wurde nach vier Jahren entlassen, weil nochmal neu verhandelt wurde. Das Verfahren soll nicht gerecht gewesen sein, so Sanader. Er beteuert bis heute seine Unschuld.

rufen, Ivica Račan war Premier und Stjepan Mesić Präsident, beide waren Sozialdemokraten.

USKOK hat es sich zur Aufgabe gemacht, sich für „Sicherheit, Freiheit und Gerechtigkeit" einzusetzen. In den letzten Jahren wurden die Befugnisse des Amtes immer mehr ausgeweitet, dadurch wuchsen die Möglichkeiten einzugreifen. Das Amt ist in mehrere Zuständigkeitsbereiche aufgeteilt: eine Abteilung für Kläger, für Amtsmissbrauch, Geldwäsche, Unterbindung von Korruption, für Öffentlichkeitsarbeit, internationale Zusammenarbeit und gemeinsame Ermittlung, für Ermittlungen in Fällen persönlicher Bereicherung durch strafbare Handlungen etc.

Die Bürger werden ausdrücklich ermutigt, sich an das Amt zu wenden, wenn sie zur Ermittlung beitragen können. USKOK ermittelte und ermittelt in Fällen bekannter Staatsaffären wie z. B. der **Hypo Alpe Adria.** Im Jahr 2013 gab es 1849 Fälle von organisierter Kriminalität und 6315 Fälle von Wirtschaftskriminalität, davon 1940 in Sachen Korruption. Das Amt sitzt in Zagreb, sein Zuständigkeitsbereich erstreckt sich aber über das gesamte Land.

Der 1997 gegründete Verein **GONG – Građani organizirano nadziru glasanje** („Bürger organisieren sich und überwachen die Wahlen") ermuntert die Bürger, sich aktiv am politischen Geschehen zu beteiligen, klärt über Bürgerrechte auf und überwacht die Wahlen. Weitere Themen von GONG sind u. a. Korruption, Kroatien und die EU, Transparenz und die Verantwortung der Öffentlichkeit.

„Ein Studium kann jedenfalls nicht schaden": Bildung

Auf **Bildung** wird großer Wert gelegt. Die Eltern wünschen sich eine gute Ausbildung für ihre Kinder, damit sie es mal besser haben, auch wenn viele junge Leute nach der guten Ausbildung oder dem Studium erst mal vor dem Nichts stehen und für den Job, den sie dann finden, **überqualifiziert** sind. Trotzdem peilen viele junge Leute ein **Studium** an. Die Wahrscheinlichkeit, später am Arbeitsplatz überqualifiziert zu sein, ist größer, als unterqualifiziert zu sein, und einen guten Arbeitsplatz, der der akademischen Ausbildung entspricht, bekommt man nicht selten nur durch hochdosiertes Vitamin B, also **gute Beziehungen.** Dennoch: Die Hoffnung stirbt zuletzt, denken die Menschen. Vielleicht ändert oder ergibt sich etwas, man kann nie wissen. Mit einer guten Ausbildung in der Tasche hat man allemal bessere Chancen. Meistens ergibt sich jedoch nichts, weshalb zahlreiche junge Menschen **auswandern** – entweder für eine begrenzte Zeit oder eben auf unbestimmte Zeit. Ein junger Mann drückte es der Autorin gegenüber so aus: „Heimatgefühle hin oder her, aber wenn ich am Monatsende regelmäßig meine Eltern anpumpen muss, die selbst kaum über die Runden kommen, dann muss ich eben wegziehen." (siehe Kap. Auswanderer und Rückkehrer: „gastarbajter" und Seefahrer auf Seite 164)

Mitte der 1970er-Jahre schlossen 3,6 % der jungen Menschen ihren Ausbildungsweg mit einem **Hochschulabschluss** ab. Zu jener Zeit galt die *srednja škola* (**Mittelschule**) als sicherer Weg mit guten Perspektiven. Heute schreiben sich neun von zehn Jugendlichen für ein Studium ein. Etwa 40 % brechen das Studium wieder ab. Durch die steigende Zahl der Studenten ist natürlich auch die Konkurrenz größer geworden und der „Wert" des Studiums gesunken.

Übrigens gibt es in Zagreb eine **Deutsche Internationale Schule,** die über Kindergarten, Vorschule, Grundschule und Gymnasium verfügt.

Trotz fairen Schulsystems: Der Kellner ist eigentlich Philosoph

Kindergarten

Der *dječji vrtić* (wörtl. das Kindergärtchen) ist freiwillig und es gibt mittlerweile auch Öko- und internationale Kindertagesstätten. In Istrien finden sich auch italienische Kitas für die italienische Minderheit. Für den **Kindergartenplatz** müssen Eltern tief in die Tasche greifen. Auch hier dürfen sie wieder den Taschenrechner zücken, denn es wird das Nettogehalt als Richtlinie herangezogen. Wer mehr als 50 % über dem Durchschnitt liegt, bezahlt für den Kindergarten ca. 500 bis 1700 Kuna. Das ist eine weite Spanne, sie unterliegt der Region und der Art des Kindergartens. Wer mehr verdient bzw. eine private Einrichtung wählt, bezahlt entsprechend mehr.

Achtjährige Grundschule

Ende des 19. Jahrhunderts wurde die **Schuluniform** eingeführt. Während der nächsten Jahrzehnte veränderten sich Stil und Farbe der Uniform. Seit 1990 tragen Schulkinder keine Schuluniform mehr, was manche Eltern bedauern, da sie den Klassenkampf und das Ringen um Prestige als Belastung empfinden. Eine Aufteilung wie in anderen Ländern derart, dass Mädchen im Fach Handarbeiten und Jungen im Fach Werken unterrichtet wurden, hat in Kroatien nie existiert.

Die **Noten** an kroatischen Schulen reichen von 5 bis 1, wobei 5 die beste und 1 die schlechteste Note ist. Der Unterricht findet in wöchentlichem Wechsel vormittags und nachmittags statt. Für die Eltern ist das organisatorisch nicht selten ein Problem. Sie müssen dafür sorgen, dass ihre kleineren Kinder pünktlich hingebracht und abgeholt werden. Für die Kinder ist der **Nachmittagsunterricht** unbeliebt, weil sie vormittags mit Hausaufgaben und Lernen beschäftigt sind und danach in die Schule müssen – von der Leistungskurve, die sich nachmittags nachweislich nach unten bewegt, ganz zu schweigen. Als Grund für die wechselnden Schichten, wird die **mangelnde Anzahl an Schulräumen** genannt. Es werden keine nennenswerten Anstrengungen unternommen, mehr Schulen zu bauen, um das Problem zu lösen. Das liegt auch daran, dass das in Kroatien nicht wirklich ein großes Thema ist. An den **Schichtunterricht** haben sich alle längst gewöhnt, Kinder, Eltern und Lehrer.

Auch wenn die Ursprünge der Universität in Zadar bis ins 14. Jahrhundert zurückreichen und das erste Gymnasium 1607 in Zagreb errichtet wurde: Der **regelmäßige Schulbesuch ist erst seit dem 18. Jahrhundert eine Selbstverständlichkeit.** Den Grundstein legte Maria Theresia (Erzherzogin von Österreich und Königin u. a. von Kroatien), als sie das Land reformierte. Besonders in ländlichen Gegenden gingen die Kinder kaum oder sehr unregelmäßig zur Schule. Es war wichtiger, dass die Kinder auf dem Feld mithalfen oder das Vieh hüteten. Sie gingen zur Schule, wenn sie eben Zeit hatten.

In der Regel gibt es in Kroatien keine „schlechteren" oder „besseren" Schulen, also „verrufene" und „begehrte". Wer möchte, kann seine Kinder auf eine **Montessori- oder Waldorfschule** schicken, von denen es mehrere gibt.

Die **Schulpflicht** besteht vom 6. (Stichtag 1. April) bis zum 14. Lebensjahr und beinhaltet acht Jahre. Die **osnovna škola** (Grundschule/Hauptschule) dauert acht Jahre, wobei in den ersten vier Jahren die Schüler von nur einer Lehrkraft unterrichtet werden, die weiteren vier Jahre unterrichtet in jedem Fach ein anderer Lehrer.

Unter den älteren Erwachsenen gibt es eine ungute Angewohnheit: Vor oder kurz nach der Einschulung pflegen die Leute zu sagen: **„Gotovo je",** was so viel bedeutet wie „Es ist vorbei" im Sinne von „Die unbeschwerte Kindheit hat ein Ende". Das geschieht oft vor dem Kind oder noch schlimmer: Es wird dem Kind direkt gesagt. Diese Phrase hat sich irgendwie eingebürgert, obwohl sie nicht unbedingt zutrifft und die Kinder unnötigerweise erschreckt.

Das **Schulsystem** ist grundsätzlich **fair** und lässt Kindern **Zeit zu Entfaltung.** Die Schüler haben acht Jahre, in denen sie sich orientieren können, und sind deshalb auch keinem Druck ausgesetzt. Trotzdem bestehen auch Bedenken und Einwände. **Hochbegabte Kinder** würden gelangweilt ihre Zeit absitzen und **zu wenig gefördert.**

Nach Abschluss der achtjährigen Grundschule hat man noch **keinerlei Perspektiven.** Sowohl Arbeitgeber als auch die Gesellschaft sind der Auffassung, dass man nur Lesen und Schreiben gelernt und sonst nichts „in der Tasche" habe, um einen guten Arbeitsplatz zu finden.

Mittlere und höhere Bildung

Nach der achtjährigen *osnovna škola* (Grundschule/Hauptschule) verteilen sich die Schüler auf die dreijährige Mittelschule, auf die vierjährige Mittelschule und aufs Gymnasium. Die **dreijährige Mittelschule** ist berufsorientiert. Pro Woche gehen die Schüler drei Tage zur Schule und absolvieren an zwei Tagen ein Praktikum; als Koch, Kellner, Verkäufer, Schlosser, Mechaniker usw. Die **vierjährige Mittelschule** ist eine Berufsfachschule. Hier wird man zum Mechatroniker, Elektrotechniker oder in einem kaufmännischen Beruf ausgebildet. Das **Gymnasium** dauert vier Jahre. Es ist aufgeteilt in sprachliche, mathematisch-naturwissenschaftliche, allgemeinbildend-klassische Zweige und Gymnasien mit dem Schwerpunkt Kunst. Darauf folgt die *matura* (Abitur). Die *matura* können Gymnasiasten und Schüler nach Abschluss der vierjährigen Mittelschule ablegen.

Eine **Universität** heißt in Kroatien *sveučilište.* Vermutlich leitet sich das Wort von „Universität" ab, was sich zwar mit „Gesamtheit" übersetzen lässt, doch heißt im Kroatischen *sve* „alles" und *učilište* bezeichnet ein Institut, an dem gelernt wird.

Lehrer und Lehrpläne

In Kroatien heißt eine Person, die lehrt, *nastavnik* (weibl. *nastavnica*) oder *učitelj* (weibl. *učiteljica*). Die Lehrer an Mittelschulen, Gymnasien und Hochschulen werden *profesor* (weibl. *profesorica*) genannt. Das mag verwirren, da doch anderswo viele Jahre intensiver Forschungs- und Lehrtätigkeit gefordert sind, bis man es zum Professor bringen kann. Hier bezeichnet es keinen akademischen Grad, sondern eine „Profession", es ist gemeint, dass der Lehrende in seinem Fachgebiet Experte ist und sein Wissen weitergibt.

Kroatische Lehrer riefen im Mai 2016 die Eltern auf: „Wenn Sie Ihre Kinder lieben und möchten, dass sie zu normalen Menschen des 21. Jahrhunderts heranwachsen, retten Sie sie. Wenn Sie können, gehen Sie. Gehen Sie und drehen Sie sich nicht mehr um." Das war als Aufruf zur Auswanderung gemeint.

Weiter hieß es, die Kinder würden zu fantasielosen Wesen ohne Kreativität. Idealistische Lehrer gäbe es immer weniger und Enthusiasmus bei

Lehrern werde mit Füßen getreten. Die Lehrpläne zu modernisieren, sei dringend nötig, denn sie seien überfrachtet und altbacken.

Der **Lehrplan** steht immer wieder in der Kritik. Über eine Reformierung wird diskutiert und Pläne werden gemacht, aber Konservative und Kirche bremsen deren Umsetzung aus. Die Kirche zeigte sich 2012 erbost über den Sexualkundeunterricht. Wie könne man an Schulen „Pornografie" lehren?! Dieses Thema war für den Sexualkundeunterricht vorgesehen, was aus dem Zusammenhang gerissen und fehlinterpretiert wurde.

Auswanderer und Rückkehrer: „gastarbajter" und Seefahrer

„Bože čuvaj Hrvatsku, odoh ja u Njemačku"
„Gott, schütze Kroatien, ich verschwinde nach Deutschland"
  (kroatische Redewendung)

Kroatien blickt auf eine **lange Emigrationsgeschichte** zurück. Das Land hat knapp 4,3 Millionen Einwohner. Im Jahr 2006 waren es noch 4,4 Millionen. Ungefähr ebenso viele Kroaten gibt es außerhalb Kroatiens, die noch kroatische Pässe oder zumindest kroatische Wurzeln, wenn auch ausländische Pässe haben. Die meisten sind nach ihrem Aufbruch in ein besseres Leben nicht zurückgekehrt. Es ist eine Art „kroatisches Drama", dass das Land trotz seiner Vielfalt und Schönheit, seinem fruchtbaren Boden und der tüchtigen Menschen nicht das Glück hatte, konstant von Persönlichkeiten geführt zu werden, die das Land hätten wirtschaftlich stärken und ihm Stabilität verleihen können; Patrioten, die aufrichtig um das Ansehen und das Image ihres Landes bemüht gewesen wären, und nicht Patriotismus als Vorwand nutzen, um eine patriotische Stimmung zum Stimmenfang zu nutzen.

Stattdessen gab es immer wieder **gierige und unfähige Leute in hohen Positionen,** für die Heimatliebe nur ein Lippenbekenntnis war. Die Biografien sämtlicher großer Künstler und Wissenschaftler zeigen immer wieder, dass diese gezwungen waren auszuwandern. Im Jahr 2013 kehrten 11.000 Kroaten nach Kroatien zurück und die Tendenz ist steigend. Dabei handelt es sich nicht nur um Menschen im Ruhestand, sondern auch um junge Alleinstehende und Familien. Es kommen sogar einige, die in vierter Generation in Südamerika geboren wurden. Deshalb bewegt sich die Einwohnerzahl trotzdem nicht nach oben, weil die **Zahl der Auswanderer immer noch größer ist als die der Einwanderer.**

Im österreichischen **Burgenland** lebt heute noch eine Minderheit von grob geschätzt 35.000 bis 50.000 Kroaten, die bereits im 15. und 16. Jahrhundert aus Furcht vor den Osmanen geflohen waren. In **Bosnien-Herzegowina** leben heute ca. 500.000 Kroaten, sie machen ca. 15 % der Bevölkerung aus. So wie Bosniaken und Serben gehören Kroaten dort zu den drei größten Bevölkerungsgruppen. In **Serbien** leben ca. 58.000 Kroaten, davon ca. 47.000 in der Vojvodina. Die Kroaten machen dort 0,8 % der Bevölkerung aus. In **Slowenien** sind es 1,8 %, in Zahlen 54.000, und in **Ungarn** nicht viel weniger – 50.000. Kleinere Minderheiten von ein paar Tausend Personen gibt es in **Italien, Rumänien, Tschechien** und der **Slowakei.**

Anfang des 20. Jahrhunderts brachen viele Kroaten nach **Übersee** auf, drei Monate auf Schiffen unterwegs nach Amerika. Auf der Titanic befanden sich 29 Kroaten, in der dritten Klasse auf dem Weg ins Land der unbegrenzten Möglichkeiten. Drei von ihnen überlebten das Unglück. In den **USA** leben weit **über eine Million Kroaten** bzw. Amerikaner kroatischer Herkunft. Bis in die 1970er-Jahre emigrierten die Menschen nach Deutschland, Österreich, Schweiz, Schweden, Dänemark, Norwegen, Frankreich, die USA, Kanada, Australien, Neuseeland, Argentinien, Chile usw. In Deutschland leben ca. 330.000 Kroaten aus Kroatien und Kroaten aus Bosnien-Herzegowina (Stand: Ende 2016).

Gastarbeiter

Früher hießen sie in Deutschland „Gastarbeiter", danach „ausländische Mitbürger" und jetzt eben „Menschen mit Migrationshintergrund" – was für die Kroaten gleichgültig ist, denn das Wort „Migrationshintergrund" ist in Kroatien nicht geläufig. Hier hießen und heißen sie nun mal *gastarbajter,* die Kroaten, die sich nach Deutschland aufgemacht haben.

Die kroatischen *gastarbajter* verdienten einst ihre „Deutschmark" in Fabriken, im Gastgewerbe oder auf der Baustelle – wer auf Baustellen arbeitete, wurde in Kroatien *bauštelac* genannt. Nicht viele Kroaten verließen ihr Land aus bitterer Armut oder weil sie wirklich Hunger litten, obwohl es sicher auch sehr arme Menschen unter den Auswanderern gab, besonders auf den Inseln oder fernab der Industriestädte.

Die **Situation in der Heimat war oft schwierig.** Man lebte als junges Ehepaar mit den Kindern bei den Eltern oder in einer kleinen Wohnung. Es war klar, dass man mit dem Gehalt niemals ein eigenes Haus besitzen würde. Also beschloss man, ein paar Jahre in ein fremdes Land zu gehen und zu arbeiten. Mit zwei Gehältern konnte man im Ausland eine bescheidene Unterkunft bewohnen und einiges ansparen. Im Fokus stand

für fast alle der Hausbau. Es gab kaum einen *gastarbajter,* der im Ausland
arbeitete und kein Haus baute oder es nicht zumindest vorhatte. Manche
Geschichten gingen gut aus. Die Leute kehrten irgendwann in die Heimat zurück und lebten in ihren wunderbaren Häusern, die einen mit ihren
Kindern, andere kehrten alleine zurück, weil die Kinder bereits erwachsen
waren und lieber in der Wahlheimat blieben. Es gab aber auch diejenigen
Gastarbeiter, die Frau und Kinder zurückgelassen hatten, in Deutschland
schwer schufteten und ihr Geld regelmäßig nach Hause schickten. Die
Jahre vergingen, sie wurden alt und müde. Das Haus war fertig, aber jetzt
hatte man nur noch ein paar Jahre bis zur Rente und in der Heimat würde man keine Anstellung finden ... Ein Bekannter der Eltern der Autorin
erhängte sich in seinem kleinen Zimmer und hinterließ einen Abschieds-
brief. Er fühlte sich in seinem Haus verloren. Die Frau hätte nun jemand
anderen und er hätte gespürt, wie sie es kaum erwarten könnte, dass er
wieder abreiste. Die Kinder wären so schnell erwachsen geworden und
liefen ihm längst nicht mehr freudig entgegen, wenn er mit den Koffern
aus Deutschland käme. Es wäre jedes Jahr ein bisschen weniger geworden. Er war zu einem Fremden geworden in seiner eigenen Familie und in
seinem eigenen Haus, für das er schwer geschuftet hatte.

Seefahrer

Viele Männer von der Küste entscheiden sich für die Seefahrt, im čakavischen Dialekt *navigat* (zur See fahren) genannt. Mit einem Traumberuf im klassischen Sinne hat das jedoch nicht viel zu tun. Derzeit fahren weit über 28.000 Kroaten zur See (vom Koch über den Deckoffizier bis zum Kapitän), überwiegend auf ausländischen Schiffen. Diese Zahl scheint nicht allzu hoch zu sein, doch gerechnet auf Einwohnerzahl/Küstengebiet/Geschlecht und Alter ist dies ein beträchtlicher Anteil.

Das Gehalt als Seefahrer war und ist um ein Vielfaches höher als an Land. Manche Jungs planen schon als junge Teenager, später zur See zu fahren, oder sie treten in die Fußstapfen des Vaters.

Das Leben eines *pomorac* (Seefahrer/Matrose) ist hart – unabhängig davon, ob er in nahen europäischen Gewässern Lebensmittel transportiert oder auf einem Riesentanker nach Asien unterwegs ist. Während der Zeit zu Hause und bis sie wieder an Bord gehen, sind sie als Arbeitslose registriert.

Zwei Redewendungen werden speziell auf den Seefahrer angewendet: Seine Arbeit sei „Kruh sa sedam kora" („Brot mit sieben Krusten") und „tuče more" (frei übers. „Er kämpft gegen das Meer").

Einst war die Seefahrt unter jungen und noch unverheirateten Männern **ein begehrter Job,** weil sie auf diese Weise trotz harter Arbeit **die Welt sehen** konnten, bevor sie eine Familie gründeten. Ein paar Tage Malaysia, danach ein paar Tage New York usw. Heute wird die Abwicklung an den Häfen schnell vorangetrieben und die tagelangen Stopps gehören längst der Vergangenheit an. Die **Bezahlung** ist durch die Konkurrenz (billige Arbeitskräfte aus armen Ländern) ebenfalls **nicht mehr so attraktiv** wie früher. Die asiatischen Kollegen bekommen ca. ein Drittel weniger Lohn als die Europäer. Außerdem muss heute weniger Personal dieselbe Arbeit verrichten, was eine größere physische und psychische Belastung zur Folge hat. Hinzu kommt die Sorge der Daheimgebliebenen um den Sohn, Vater und Ehemann. Die Seefahrer könnten in lebensgefährliche Situationen kommen, bedingt durch Wetterverhältnisse oder menschliches Versagen. Jeder Seefahrer, der über viele Jahre zur See fährt, kann mindestens eine Geschichte dieser Art erzählen. Die zwei folgenden tragischen Unglücke werden in Kroatien sicher nie vergessen werden:

◁ Wer direkt am Meer lebt, besitzt meist eine „barka" (ein Boot)

Ljubica und Stjepan: an Land und auf See

Stjepan, ein Cousin der Autorin, ist seit den 1970er-Jahren Seefahrer. Als junger Mann ist er zu jener Zeit ungebunden und frei. Sein Ziel ist ein neues Auto. Nachdem er das in seinem Sommerurlaub 1977 gekauft hat, lernt er kurz darauf Ljubica kennen. Sie werden ein Paar und Ljubica wartet auf ihn, während er auf See ist. Als die beiden Ende 1979 heiraten, beendet Stjepan die Seefahrt und findet Arbeit als Mechaniker. Sie leben im Haus seiner Mutter, die Witwe ist. Im Haus lebt auch Stjepans Bruder. Stjepan und Ljubica bekommen zwei Söhne. Obwohl die beiden ihre eigenen Wohnräume haben, wird der Platz eng. Ljubica und Stjepan wollen selbst ein Haus bauen. Er entschließt sich, wieder zur See zu fahren. Der Abschied von Frau und Kindern ist schwer. Als er sich ins Auto seines Freundes setzt, um zum Flughafen zu fahren, läuft der vierjährige Sohn ihm weinend nach und ruft: „Tata, geh nicht! Wir brauchen kein Haus! Wir haben doch schon eins!"

In den nächsten Jahren zieht Ljubica die Kinder groß, und kümmert sich um deren Ausbildung. Sie überwacht den Hausbau und verhandelt mit Handwerkern. Stjepan ist manchmal acht Monate auf See, dann zwei Monate zu Hause. Die Jahre vergehen. Durch die stabile Ehe der beiden und den familiären Zusammenhalt entfremden sich die Kinder zu keinem Zeitpunkt von ihm. Wenn er zu Hause ist, verbringt er liebevoll Zeit mit ihnen, er ist immer bemüht, dass es seiner Familie gut geht.

Heute ist das Haus längst fertig. Ljubica ist aus schwerwiegenden gesundheitlichen Gründen in Frührente gegangen. Der ältere Sohn studierte Nautik, weil er ebenfalls zur See fahren wollte. Aber es kam anders. Heute führt er mit seiner Frau ein eigenes Kleinunternehmen. Der jüngere Sohn arbeitete als Elektriker, aber die Firma brach zusammen. Nun fährt er zur See. Und Stjepan hat noch ein bisschen Zeit bis zur Rente.

Der **kroatische Tanker Petar Zoranić** war ein Jahr alt und befand sich am 14. Dezember 1960 im Hafen von Istanbul. Er war voll beladen mit Benzin und Dieselöl. Um zwei Uhr morgens krachte der **griechische Tanker World Harmony** in den Tanker Petar Zoranić. Es gab eine Explosion, die ganz Istanbul erschütterte. Auf dem kroatischen Tanker kamen 21 Menschen ums Leben, der jüngste war 18 Jahre alt. Auf dem griechischen ließen 29 Menschen ihr Leben. Literaturnobelpreisträger Orhan Pamuk lebte damals als Achtjähriger in Istanbul. Er veröffentlichte später einen Essay darüber.

Das **Schiff Dunav** (Donau) war von Hamilton (Kanada) auf dem Weg ins chinesische Qingdao. Die Dunav war sieben Jahre alt und hatte u. a. 12.000 Tonnen Stahl und 11.000 Tonnen Papier an Bord. Am 27. Dezember 1980 erhielt das damalige Unternehmen Jugolinija die Nachricht, das Schiff sei in einen Hurrikan geraten und die Besatzung kämpfe mit extrem hohen Wellen. Es wird vermutet, dass die Dunav mitsamt der Besatzung im Verlauf der darauf folgenden Stunden sank, also am 28. Dezember. Die Küstenwache suchte in den nächsten Tagen nach Überlebenden, aber weder die Suchtrupps noch die später vorbeifahrenden Schiffe stießen auf ein Überbleibsel von Schiff oder Menschen. Das Wrack soll in 6000 Metern Tiefe liegen. Alle 32 Seefahrer gelten als vermisst. Das jüngste Opfer war 20 Jahre alt.

Angepasste Einwanderer und unangepasste Auswanderer

Beinahe jede Nation stellt dieselbe paradoxe Forderung: Die **Einwanderer** sollen sich **anpassen und integrieren** und die **Auswanderer** des eigenen Volkes sollen in der neuen Heimat **die eigene Kultur bewahren** und weiter im Herzen tragen. Die Kroaten bilden hier keine Ausnahme. Die **Minderheitenrechte** in Kroatien sind zwar gut geregelt und werden auch durchgesetzt, aber es ist gern gesehen, wenn die Minderheiten sich mit Kroatien identifizieren und dieses Land auch ihr Land wird. Für die Daheimgebliebenen versteht es sich von selbst, dass Kroaten in der Diaspora stets Kroaten bleiben, ihre Kultur beibehalten, ihre Heimat nie vergessen und schon gar nicht ihre Sprache vernachlässigen. Jedes Land befürwortet bei seinen Auswanderern die Heimatliebe, aber bei den Einwanderern findet man diese umgekehrt nicht so gut.

Die **Kroaten im Ausland** sind relativ **unkompliziert.** Sie sind **gewillt, sich einzugliedern,** wollen nicht – in irgendeiner Form – unangenehm auffallen im Sinne von: „Das ist doch dieser merkwürdige Kroate mit seinem ..." Sie halten regen Kontakt zur Heimat, schließen Freundschaften in der Wahlheimat mit den dort beheimateten Menschen, machen ihre Arbeit und versuchen, anständig durchs Leben zu gehen. In der neuen

Gisela und Martin: ausgewandert nach Krk

Anfang der 1990er-Jahre machten Gisela und Martin Kronseder Urlaub in Istrien. Es folgten mehrere Urlaube in dieser Region und irgendwann spielten sie mit der Idee, dort ein Haus zu kaufen. Das gestaltete sich allerdings schwierig: Kroatien befand sich mitten im Heimatkrieg und Ausländer durften zu diesem Zeitpunkt noch keine Immobilien besitzen. Durch einen kroatischen Bekannten, der dort lebte, kamen sie nach Krk und verbrachten bei ihm auf der Insel im Folgenden mehrere Urlaube mit Sohn und Tochter. „Dort fühlten wir uns gleich heimisch", sagt Gisela. Sie halfen dem Bekannten beim Renovieren seines alten Hauses. Mit angepackt hat auch der Postbote, der bald zu einem guten Freund wurde.

Das Ehepaar beschloss, dort ein Haus zu kaufen. Es war 1995 und nun durfte man als Ausländer in Kroatien Grundstücke besitzen. Der Postbote bot sein altes Haus zum Verkauf an, das aber mehr eine Bruchbude als ein Haus war. „Da würde zu viel Arbeit drinstecken, wenn man das auf Vordermann bringen wollte", sagten sich die beiden. Martin brachte es nicht fertig, dem Postboten eine Absage zu erteilen, und Gisela wurde beim Weinen des Mannes weich. Der Vater von zwei kleinen Kindern war verzweifelt, weil er das Geld brauchte, um ein neues Haus fertigzustellen. Die Kronseders kauften das alte Haus dann doch, aus Mitleid mit dem Freund - obwohl es nicht die Wunschimmobilie war, denn das Haus war von beiden Seiten mit zwei anderen Häusern verbunden und nicht freistehend.

So investierten sie also jeden Urlaubstag und jedes lange Wochenende in das Haus. Da in den 1990er-Jahren Mangel herrschte und es noch keine Baumärkte gab, fuhr Martin den Fertigputz mit dem Anhänger von Deutschland nach Kroatien. Als gelernter Maurer wusste er, was zu tun war, und auch Gisela scheute weder Arbeit noch Mühen. Am 4. April 1996 konnten sie das erste Mal darin wohnen und sie fuhren weiterhin so oft es ging nach Krk, um ihr Haus fertigzustellen.

Eine alte Nachbarin lebte zurückgezogen und galt als eigenbrötlerisch. Der Sohn der Kronseders fand Zugang zu der alten Frau und diese schloss ihn ins Herz. Sie wurde die „kroatische Oma" für den Jungen.

In Deutschland erkundigte sich Gisela nach einem Kroatisch-Kurs an der Volkshochschule. „Kroatisch? Wird nicht verlangt", hieß es dort. Da müssten noch ein paar Interessenten kommen, damit dieser ins Leben gerufen würde. Gisela schaffte es, Interessenten zu finden und schließlich fand der Kurs statt. Später besuchte auch Martin einen Sprachkurs, denn „es sprechen zwar manche Einwohner auch Deutsch, aber um sich richtig zu integrieren, muss man die Sprache können", sagt Martin. Für Kroatien besitzen sie eine „boravišna iskaznica", eine kroatische Aufenthaltsgenehmigung.

Extrainfo 10 (s. S. 7): Umfangreiche Informationen des Bundesverwaltungsamtes über Auswanderung und das Leben in Kroatien

Später kauften sie ein weiteres Grundstück in der Nachbargemeinde, wo sie ein neues, freistehendes Haus und ein Vier-Appartement-Haus für Touristen bauten. Gisela und Martin, die in Deutschland kaum in die Kirche gingen, besuchen diese in Kroatien jeden Sonntag. Im Zweiwochentakt gehen sie abwechselnd in die Kirche ihrer ehemaligen und ihrer jetzigen Gemeinde. Das sorgte zunächst für Irritationen, weil sich die Pfarrer fragten, weshalb sie alle zwei Wochen die Messe besuchten. Gisela und Martin fühlten sich jedoch beiden Gemeinden verbunden. Zur Kirche zu gehen sei überhaupt ganz anders hier, meint Martin. „Alle sind da, Kinder, Junge und Alte, Männer und Frauen. Und wenn wir mal nicht in der Kirche sind, erkundigt man sich nach uns. "

Etwa zwei Monate im Jahr verbringen die Kronseders in Deutschland, meistens im Dezember und Januar. Einen angenehmen Nebeneffekt hatte die Auswanderung auch in gesundheitlicher Hinsicht: In Kroatien benötigt Martin keinerlei Medikamente mehr gegen sein Asthma.

Das Inselleben kann extrem sein: Im Frühjahr und Sommer laut und lebendig, im Herbst und Winter ist man mit den Nachbarn unter sich. Wenn die Abende mal zu lang werden, fährt das Ehepaar ins nahe gelegene Rijeka. So etwas wie Heimweh haben Gisela und Martin nur nach Kroatien, wenn sie in Deutschland sind.

Heimat grenzen sie sich nicht aus und leben in der Regel auch nicht in ihrer kleinen kroatischen Welt. Nur einen Bruchteil von ihnen, kann man als „ewig Gestrige" bezeichnen. Sie sind vor Jahrzehnten (oft auf andere Kontinente) ausgewandert und haben immer noch das Bild ihres Landes so im Kopf, wie es war, als sie das Land verließen.

Auswandern nach Kroatien

In den letzten Jahren informieren sich immer mehr Leute über **Kroatien als Einwanderungsland.** Das will gut überlegt sein. Paradiesische Zustände genießt man als Urlauber, aber weniger als Bewohner. Die Sprache zu lernen, erfordert intensive und mehrjährige Übung. Einen Job zu finden, der gut bezahlt ist und ein sorgenfreies Leben ermöglicht, ist ein schwieriges Unterfangen. Auch wer mit einem finanziellen Polster einwandert, muss bedenken, dass die **Lebenshaltungskosten** relativ hoch sind. Wer eine Auswanderung nach Kroatien ernsthaft vorhat, sollte vielleicht lieber mit einer Probezeit von drei Monaten starten, bevor er sich endgültig entscheidet und alle Brücken abbricht. Aber für diejenigen, die finanziell unabhängig sind, **kann Kroatien das Paradies auf Erden sein.** Dann lebt es sich wie „bubreg u loju", wie man hier sagt – wie „die Niere im Talg".

čuvati

Die kroatische **Kuna** wurde wiedereingeführt, nachdem Kroatien unabhängig geworden war. Es gab sie als Währung allerdings schon im Mittelalter. Bereits im 11. Jahrhundert wurde auf der Insel Cres erstmals die Kuna erwähnt. Die *kuna* (Marder) entstand damals im Zusammenhang mit dem Handel mit Marderfellen, als man das Zahlungsmittel nach dieser Handelsware benannte. Nach dem Jugoslawischen Dinar wurde die Kuna 1994 als Zahlungsmittel wiedereingeführt.

Das **Geld** – es **reicht eben nie.** Die meisten besitzen zu wenig davon. Familien, Rentner und die Arbeiterschicht sowieso.

Es ist für die meisten schier **unmöglich, etwas anzusparen.** Ein Kroate ohne ein einigermaßen gutes Auto gilt entweder als exzentrisch oder arm. Eine Kroatin, die sich keine schöne Kleidung leisten kann, wird persönlich darunter leiden, obwohl das sicher keine gesellschaftliche Ächtung bedeutet. Auf das *mobitel* (Handy) möchte man heutzutage natürlich auch nicht verzichten. Das schicke Leasing-Auto, die Markenkleidung oder das allerneueste Handymodell besitzen entweder die Besserverdienenden oder die Verschuldeten. Von Ausnahmen abgesehen ist das für die Menschen weniger eine Frage des „Sich-wichtig-Machens" als des „Sich-gut-Fühlens".

Die Kroaten legen **Wert auf Ästhetik und Stil** und sind gleichzeitig auch Meister darin, etwas zu bewahren und zu pflegen. Das Wort *čuvati* (schützen/aufbewahren/bewachen) bezieht sich nicht nur auf geliebte Menschen und teure Dinge, sondern oft auch auf ideelle Werte. In der Vitrine kann zwanzig Jahre ein hübsches, aber einfaches Kaffeeservice stehen, das noch nie benutzt wurde. Das hat sich aber womöglich die alte Tante als Hochzeitsgeschenk vom Munde abgespart. Das Tafelservice ist siebzig Jahre alt und wenn es die Oma und die Mutter nicht benutzt haben, dann wird man jetzt nicht damit anfangen. Außerdem wäre nicht auszudenken, was wäre, wenn etwas kaputtginge und die Oma sähe, dass man es benutzt hat. Und schließlich kann man die Souvenirs in der Vitrine oder an den Wänden schlecht in eine alte Kiste werfen, das hat doch der liebe Seefahrer-Onkel in der *tuđina* (Fremde) gekauft und sein sauer verdientes Geld dafür ausgegeben.

Besonders unter den älteren Hausfrauen gilt die Regel des *čuvati*. Es gibt alte Damen, die modernste Elektrogeräte im Schrank haben, aber es als zu schade empfinden, diese Dinge zu benutzen. Eine Freundin der Autorin nahm die Küchenmaschine in Betrieb, die sie von der Schwiegermutter eine Woche zuvor geschenkt bekommen hatte. Diese schüttelte den Kopf und meinte, jetzt könne sie die Küchenmaschine ja gleich wegwerfen, denn sie sei nichts mehr wert. Genau das ist die **Logik des „čuvati".** Und das betrifft nicht nur Elektrogeräte, sondern auch teure Handtücher oder Tischdecken. Für den Alltagsgebrauch darf man gerne bescheiden sein, denn für die Familie tut's das günstige Alltagszeug auch. Trotzdem hat man gerne schöne Dinge. Auch diejenigen, die alles andere als gut betucht sind, haben ihre kleinen Statussymbole – kombiniert mit dem *čuvati*. Viele Frauen kaufen sich lieber alle paar Jahre eine schöne und teure Handtasche, als in jeder Saison Geld für minderwertige Ware hinzublättern.

Temperament und Mentalität

„Tko se hvali, sam se kvari. Tko se tuži, sam se ruži."
„Wer sich lobt, verdirbt sich selbst. Wer sich beklagt, verhunzt sich selbst."
  (kroatisches Sprichwort)

Es gibt den **privaten** und den **öffentlichen Kroaten.** Am Arbeitsplatz und gegenüber Fremden wirken die Leute mitunter **reserviert,** weshalb sie manchmal auch für arrogant gehalten werden. Das beruht jedoch auf einem Missverständnis. Die Kroaten als Dienstleister oder unbekannten Personen gegenüber können diesen Eindruck erwecken, weil sie nicht sinnlos lächeln oder Fröhlichkeit verbreiten, wenn es keinen konkreten Anlass dafür gibt. Sie sind „echt", verstecken ihre Befindlichkeiten oder Stimmungen nicht. Kroatienbesucher wissen um die Freundlichkeit der Menschen hier, die aber gleichzeitig nie gute Miene zum bösen Spiel machen. Ebenso wenig sieht man einen Sinn darin, jemandem überschwänglich zu begegnen, den man nicht kennt oder womöglich gar unsympathisch findet. Der kurz angebundene Kioskverkäufer oder der sachliche Kellner sind ganz einfach so, ohne speziellen Grund. Man wird aber so gut wie nie auf wirklich unfreundliche Menschen stoßen.

Die Kroaten differenzieren ganz klar zwischen **privatem und formellem Kontakt.** Wer sie privat kennt, weiß, dass sie gerne **Späße** machen, **lachen, viel und gerne erzählen** und **Interesse am Leben ihres Gegenübers** haben. Wer Hilfe braucht, wird sie von einem Kroaten auch bekommen. Auf dem Land helfen auch heute noch die Männer einander, wenn es um gröbere Arbeiten am Haus geht, und die Frauen schenken einander die Erträge aus ihren Gärten.

Sie sind **temperamentvoll,** was bei Unterhaltungen manchmal so wirkt, als würden sie streiten. Der Fußballcoach Niko Kovač sagte über seine Ausbrüche am Spielfeldrand in einem Interview, er sei gebürtiger Berliner, habe aber kroatische Wurzeln. Das **Temperament** käme schon das eine oder andere Mal durch.

So waren sie schon immer – **gutmütige Hitzköpfe.** Ein Beispiel kann das verdeutlichen: Als die Autorin in den 1980er-Jahren in den Sommerferien in den Bus stieg, um in die Stadt zu fahren, hatte sie nur einen 100-Dinar-Schein. In München war es damals ganz normal, dass der Fahrer ohne Murren mit der Fahrkarte das Wechselgeld aushändigte. Keine große Sache also. Nachdem sie eingestiegen war, sagte sie entschuldigend, sie hätte leider nur einen Hundert-Dinar-Schein. Der Busfahrer sah sie wütend an und rief: „Jebem ti sto bogova!" („Ich fick dir hundert Götter!") Er zeigte auf den Sitz hinter sich und befahl ihr, sich hinzusetzen. So fuhr sie also kostenlos in die Stadt, Schwarzfahren auf Kommando. Genau ein Jahr danach, in den nächsten Sommerferien, kündigte ihre Familie den anstehenden Besuch einer alten Jugendfreundin und ihres Mannes an. Die Familie freute sich sehr darauf, denn man hatte sich schon so lange nicht mehr gesehen. Die Autorin kam vom Strand, die Großfamilie war versammelt – und mittendrin der Mann der alten Freundin – der Busfahrer! Freundlich lächelnd begrüßte er die Autorin und drückte ihr kraftvoll die Hand. Eine Stunde später ergab es sich, dass sie von der Begegnung vor einem Jahr erzählte. Das sorgte für große Erheiterung. Und wer lachte am lautesten? Der Busfahrer. Bevor er ging, sagte er: „Mach mich nochmal nach. Das war so lustig."

Für **das „Echte"** sind die Kroaten außergewöhnlich sensibilisiert. Sie erkennen schnell das Aufgesetzte, Künstliche. Für einschmeichelnde Menschen hat man nicht viel übrig und nennt sie **„falše osobe"** („falsche Personen", vom deutschen Wort „falsch" abgeleitet). Herumwieseln und einschmeicheln bezeichnet man als *ulizavati se* (sich einlecken). Kroaten lassen sich von gespielter Herzlichkeit nicht beeindrucken und locken. Aufrichtig herzliche Menschen erkennen sie problemlos dem Gefühl nach. Wenn ein sachlicher Kroate sich z. B. damit konfrontiert sieht, dass sein Gegenüber es ihm „mit gleicher Münze heimzahlen" will, geht der Kroate noch mehr auf Abwehr und wird dann wirklich arrogant – weil der andere aus Kalkül schauspielert. Wenn in der gleichen Situation das Gegenüber authentisch bleibt, kann der Kroate schnell auftauen und vom

◁ Gefühl und Temperament finden in der Musik ihren Ausdruck

Formellen zum Herzlichen wechseln. Als die Autorin in einem Handyladen stand und eine ältere Frau vor ihr in der Schlange an der Reihe war, agierte der Verkäufer nicht unfreundlich, war aber sachlich und ernst. Die Frau blieb nett und verständnisvoll. Schließlich bedankte sie sich mit den Worten, dass sie sich das mit ihrer Rente nicht leisten könne. Der Verkäufer beugte sich über den Tresen und die Autorin hörte, wie er leise zu ihr sagte: „Bei der Post ist das gleiche Modell gerade im Angebot. Dort kostet es nur die Hälfte." Es ist anzunehmen, dass sie nicht von dem Angebot erfahren hätte, wenn sie nicht „echt" geblieben wäre.

Fluchen, Jammern und Lachen

„U svakoj šali ima pola istine"
„In jedem Scherz steckt die halbe Wahrheit"
  (kroatisches Sprichwort)

Was die Kroaten nicht alles verfluchen können, wenn sie wütend sind – und jammern können sie auch gut, sobald sie in der richtigen Stimmung dafür sind. Aber wenn sie erst einmal damit anfangen, sich Anekdoten und Witze zu erzählen oder sich gegenseitig zu necken, sind für eine Weile alle Sorgen vergessen. Ein Besuch oder Telefonat kann durch alle Gemütslagen führen und bedeutet ein Wechselbad der Gefühle. Das ist ihnen wichtig, das intensive Fühlen. Auch wenn es um Wut und Ärger geht. Da wäre es mit „verflixt und zugenäht" nicht getan, oder mit „Ich will mich nicht beklagen" – denn: doch, doch, das wollen sie und das tun sie auch. Diskussionen können manchmal übergangslos in Streitgespräche münden, wenn es um Politik geht. Hier verbirgt niemand, was er wählt und welche Partei er bevorzugt. Das weiß man spätestens nach zwei Sätzen. Politische Diskussionen können Stunden dauern. Danach schenkt man sich ein Glas Wein ein und verflucht gemeinsam „all die Idioten, die in der Regierung sitzen".

In der Rhetorik wird gerne übertrieben. Theatralisch sind die Kroaten nicht, aber sie neigen zum Extremen und zur Schwarzmalerei. „To nema nigdje na svijetu, samo kod nas!" („Das gibt es sonst nirgends auf der Welt, nur bei uns!"). Dabei kann es sich um Selbstkritik handeln oder um Eigenlob. Wenn es um politische oder gesellschaftliche Themen geht, ist Selbstkritik angemessen, was allerdings kein genuin kroatisches Phänomen ist. Wenn es um die Aussage geht, dass das eigene Land an Schönheit nicht zu überbieten sei, dann kommt das nicht selten von Leuten, die kaum jemals einen Fuß in ein anderes Land gesetzt und dadurch gar keine Vergleichsmöglichkeiten haben.

Das Fluchen ist eigentlich verpönt

Ja, es gibt sie – derbe Flüche. Dabei geht es in der Hauptsache um Genitalien und Fortpflanzungsrituale, sodass sie hier gar nicht übersetzt werden sollen. Es klingt merkwürdig, aber in deutscher Übersetzung hören sie sich noch drastischer und – anders als im Original – irgendwie bescheuert an.

Es hält sich hartnäckig das Klischee, dass man in diesem Land **leidenschaftlich und bei jeder Gelegenheit** flucht. Manche tun es (leidenschaftlich und oft), andere fluchen **nie oder selten.** Zum Vergleich: In den deutschsprachigen Ländern gibt es Leute, die bei Missgeschicken „Verdammte Scheiße!" rufen, oder andere Leute als „Arschloch" bezeichnen, aber viele tun es eben auch nicht. Ähnlich verhält es sich in Kroatien. Möglicherweise besteht aufseiten der Nichtkroaten eine einseitig gefärbte Wahrnehmung. Man sagt nicht „Mir fällt auf, dass von den zehn Kroaten, die ich kenne, fünf nicht fluchen", sondern man nimmt eher die anderen wahr. Dass man einen derben Fluch in einer emotional aufgeladenen Situation vom Stapel lässt, wird eher toleriert, als dass man Vulgarismen in eine normale Unterhaltung mit einfließen lässt. Jemand, der das tut, gilt als roh. Eine Ausnahme bilden **junge Leute** in geselliger Runde – und **Kinder.** Es gibt Eltern und Großeltern, die es witzig finden, wenn das kleine Kind flucht. Allerdings verliert diese Form des kindlichen Witzes immer mehr an Akzeptanz, da immer mehr Eltern der Meinung sind, dass es keine gute Erziehungsmaßnahme darstellt, den Kindern Flüche beizubringen und darüber zu lachen – und sie ihnen dann vor der Einschulung wieder abzugewöhnen.

Vulgäre Flüche vor Frauen und Kindern werden von Männern normalerweise vermieden, außer man ist miteinander verwandt oder gut befreundet.

Ja, es wird im kleinen Kreis geflucht, manchmal verdeckt oder leise. Im Familien- oder Freundeskreis ist es legitim, wenn man über etwas verärgert ist oder eine Anekdote erzählt. Darüber wird sich niemand mokieren. Öffentliches Fluchen hingegen gilt als proletarisch. Wer das nicht glaubt, der kann sich gerne in ein öffentliches Café setzen und lauthals fluchen, darf sich dann aber über die abfälligen Blicke nicht wundern.

Eine Nachbarin in Kroatien fragte die Autorin, was man denn in Deutschland sagt, wenn man total wütend auf jemanden ist und ihn beleidigen möchte. Die Autorin sagte, es gäbe den Ausdruck „Leck mich am Arsch" und übersetzte. Bestürzt riss die Frau die Augen auf und rief: „Oh, Gott, ist das vulgär! So was sagen wir hier nicht!" – ist alles Gewohnheitssache ...

Extrainfo 11 (s. S. 7): Den Hang zum Fluchen haben Kroaten, Bosnier und Serben gemeinsam. Ein Wiener Comedian mit kroatisch-bosnischen Wurzeln übersetzt anschaulich ein paar Flüche.

„Den anderen geht es besser" – Vergleiche können wehtun

Die Kroaten **orientieren sich nach oben und nicht nach unten.** Das ist grundsätzlich positiv, bringt aber auch Gefühle von **Frustration** und **Selbstmitleid** mit sich. Sie machen sich keine Gedanken darüber, dass es Land X oder Y sehr viel schlechter geht, und noch weniger Gedanken machen sie sich darüber, dass zwei Drittel der Weltbevölkerung gerne mit ihnen tauschen würden, weil sie weder ein Dach über dem Kopf noch fließendes Wasser haben. Der Kroate blickt nach Deutschland, Österreich, Skandinavien und die Schweiz und denkt, wie schlecht es um Kroatien bestellt ist. Bedenkt man, dass ihn die **Wirtschaftslage** zwingt, seine Siebensachen zusammenzupacken, wenn er seine Lebensqualität verbessern will, dann hat er so unrecht nicht. Eine alte Nachbarin der Autorin sagte einmal: „Ich weiß gar nicht, warum jeder jammert, dass es ihm schlecht geht. *Uns* ging es schlecht, denn wir hatten im Zweiten Weltkrieg nichts zu essen, mussten die Schuhe der älteren Geschwister tragen und haben gefroren. Wenn ich mich umsehe, hat jeder ein Auto, und Hunger leidet auch niemand, den ich kenne." Oberflächlich betrachtet, stimmt das. Aber für das Auto und andere Güter lebt man mit einem **ständigen Minus auf dem Konto** und **fürchtet konstant um seinen Job.** Wenn dieser weg ist, sitzt man auf einem Schuldenberg und hat kein Essen auf dem Tisch. Nein, aus reinem Prestige muss man die Güter nicht besitzen – trotzdem hat es natürlich auch etwas mit dem **Umfeld** zu tun. Wenn alle im selben Zustand der Entbehrung leben, kommt man mit der eigenen Situation besser klar. Aber es lebt nicht jeder im Zustand der Entbehrung und das Fernsehen zeigt tagtäglich schöne Möbel, tolle Autos und tausend andere Dinge. Die alte Nachbarin hat insofern recht, als in ihrer Generation kaum jemand ein Auto besaß oder in den Urlaub fuhr. Gleichzeitig hat sie unrecht, weil man damals nicht mit heute vergleichen kann und die Ansprüche sich geändert haben. Früher haben eben die Menschen Möbel aus Massivholz gekauft und es an die Enkel vererbt, was heute kein Mensch mehr macht.

Das Problem liegt aber auch darin, dass sich die Kroaten selbst viel von ihrer Lebensqualität nehmen, weil sie nicht zu schätzen wissen, was sie bereits haben. Die Tatsache, dass in Kroatien **88,5 % der Einwohner Haus- oder Wohnungseigentümer** sind, ist ein Umstand, von dem man in anderen Ländern nur träumen kann. Ein Drittel besitzt eine Klimaanlage und die Hälfte eine Mikrowelle. Eine Geschirrspülmaschine besitzen 37 % der Haushalte. Das Auto hat sich auch in Kroatien zum Statussymbol entwickelt, was zur belastenden Ratenzahlung werden kann.

Eine Unterhaltung über diese Thematik war und ist in Kroatien immer schwierig. Eben weil die Menschen sich nach oben orientieren und das ist sicher kein Fehler. Nur so kann ein Land nach vorne kommen.

Wenn etwas unerreichbar oder schwer zugänglich ist, dann weichen die Kroaten gerne auf die **„Saure-Trauben-Taktik"** aus. In der Fabel hängen die süßen Früchte für den Fuchs zu hoch, um sie erreichen zu können, weshalb er sie schlechtredet.

Als früher **Wegwerfwindeln** nicht zu kaufen waren (oder später zwar zu kaufen, aber zu teuer waren), hat man weiterhin die klassischen Baumwollwindeln benutzt und gesagt, diese seien auch viel gesünder. Die Wegwerfwindeln wären nicht gut für die Haut. Außerdem behauptete man, mit Baumwollwindeln Geld zu sparen – eine Milchmädchenrechnung, wenn man Kosten für Strom, Wasser und Waschmittel in Erwägung zieht. Inzwischen gibt es seit vielen Jahren die Wegwerfwindeln, und nun kauft man sie auch. Heute benutzen fast alle Pampers & Co.

Als nur die wenigsten Haushalte eine **Geschirrspülmaschine** besaßen, fand man dieses Gerät generell schwachsinnig. Das Argument war stets das gleiche: Man bräuchte nämlich viel „Reserven" an Geschirr. Die Argumentation, dass man in der Maschine doch nur das Geschirr spüle, welches man auch mit der Hand spülen würde, ließ man nicht gelten. Heute steht in vielen Haushalten eine Geschirrspülmaschine, aber es scheint nicht der Fall zu sein, dass man sich nun mehr „Reserven" an Geschirr angeschafft hat.

Diese beiden Beispiele stammen aus der Vergangenheit. Aber wie sieht es heute aus? Wenn die Kroaten keine Erfahrungswerte haben, kommen sie mit „Ich habe gehört, dass ..." oder „Ich kenne jemanden, der damit schlechte Erfahrungen ..." Das wunderschöne neue Dach des Nachbarn taugt nichts, weil der Arbeitskollege jemanden kennt, der so ein Dach hat und das sieht zwar schön aus, ist aber nach fünf Jahren hinüber. Die teure **Markenkleidung** und das teure **Auto** seien für Leute mit Komplexen und nichts anderes als „porez na budale" („Steuer für Idioten").

Als jemand aus dem Nachbardorf der Autorin **heiratete,** mietete er sich für diesen Tag einen **Rolls Royce.** Die Reaktionen der Dorfbewohner hätten unterschiedlicher nicht sein können. Die einen meinten, die Familie habe ihr Leben lang hart in der Fremde gearbeitet und warum sollten sie sich das nicht gönnen. Andere waren der Meinung, es sei geschmacklos, mit dem Vermögen so herumzuwedeln, wenn viele mit ihrer Hände Arbeit sich von Monat zu Monat hangelten. Und wieder andere sagten, dass für sie der Rolls Royce schon immer ein hässliches Auto war.

Es gab immer schon einen bestimmten Menschenschlag unter den **„Gastarbeitern",** der gerne **protzte.** Einige von ihnen verbringen den Urlaub in der alten Heimat und zeigen, was sie haben. In den 1970er-Jahren war es das große Auto, während die halbe Bevölkerung in der Heimat mit einem Zastava 101 herumfuhr. (Zastava wurde in Serbien produziert und Zastava 101 war ein schlichtes, aber günstiges Modell).

In den 1980er-Jahren war es die **Videokamera,** die bei jeder sich bietenden Gelegenheit ausgepackt wurde.

Und dann gibt es in Kroatien die **übertrieben Bescheidenen,** die z. B. nie in ein Taxi einsteigen würden, obwohl sie es sich leisten könnten. Es wäre ihnen peinlich, wenn sie jemand sehen würde und man dann über sie sagen könnte „Što se ovi voze u taksiju kao lordovi?" („Was fahren die wie Lords mit dem Taxi herum?"). Dabei ist es bei solchen Äußerungen nicht immer Neid, der da mitspielt. Die Kroaten sind keine verbitterten Neider, die dem anderen nichts gönnen. Sicher gibt es auch solche, aber normalerweise ist es nicht primär der Neid, der sie manchmal in Selbstmitleid versinken lässt. Es ist vielmehr der **Frust** darüber, etwas nicht zu besitzen oder keinen Erfolg zu haben, obwohl man es sich verdient hätte, man fleißig und redlich ist, sich aber trotzdem seit Jahrzehnten auf dem gleichen Level bewegt.

Erst streiten, dann miteinander lachen

„U razgovoru je uvijek najbolje koristiti blage riječi i jake argumente"

„Ein Gespräch führt man am besten mit milden Worten und starken Argumenten"
(kroatisches Sprichwort)

Als Außenstehender kann man manchmal den Eindruck gewinnen, dass die Leute hier oft **streiten.** Sie **sprechen** eher laut und Unterhaltungen können deshalb Streitgesprächen gleichen. Die Lautstärke ist zwar nicht übertrieben, aber merklich hoch. Für den Kroaten ist es Teil seines **Temperaments** und seines **Mitteilungsbedürfnisses.** Bei wirklichen Streiten geht es dann umso lauter zu. Verwirrend kann für ausländische Beobachter die Tatsache sein, dass nach ohrenbetäubenden Streitgesprächen die Spannung schnell wieder abflacht und alle wieder gut miteinander sind. Zuerst bezichtigt man den anderen, *gluposti* (Dummheiten/Blödsinn) von sich zu geben, und danach geht man wieder zur Tagesordnung über oder erzählt einen Witz. In unguter Stimmung auseinanderzugehen, versucht man auf jeden Fall zu vermeiden. **Nachtragend** ist man **nicht** und auf beleidigte Leberwurst zu machen, betrachtet man hier als Schwäche, besonders bei Männern.

Die Kroaten sind **nicht überempfindlich** und **relativ kritikfähig.** Wo man in anderen Ländern wegen einer unbedarften Äußerung gekränkt reagiert und sich zurückzieht, wird man hier entweder gefragt, wie man das meint – oder bekommt es in ironischer Manier zurück. Schmollen findet man bei Erwachsenen irgendwie seltsam und auch kindisch. Entschuldigungen werden hier nicht mit einem gnädigen „Schon okay" entgegengenommen, sondern vielmehr mit einem lapidaren „nema problema" („Kein Problem") oder „ma daj!" („Ach komm!") So kann sich der Entschuldigende vorkommen, als würde er aus einer Mücke einen Elefanten machen und solle doch bitte endlich die Klappe darüber halten.

Humor wird hier großgeschrieben

Hier und da ein guter **Witz,** dafür sind die Kroaten immer zu haben. Sie haben viel Sinn für Humor, sind gute Witzeerzähler und Imitatoren. Unabhängig davon, wie verworren und beängstigend die Lage ist und wie gerne sie sich beklagen – sie verfügen auch über viel **Gelassenheit.** Das hat sie durch geschichtliche Epochen und persönliche Niederlagen gebracht. Schwierige Umstände, an denen andere verzweifeln würden, haben die Kroaten mit Improvisationstalent und schwarzem Humor ausgehalten. In Alltagssituationen ließ man sich nie auf Prinzipienreitereien ein, sondern hakte entsprechende Bemerkungen immer mit einem lässigen „nema problema" („kein Problem") oder „nema frke" („kein Gezeter") ab – oder erzählte sich einen Witz. Was in Kroatien allerdings ein absolutes **No-Go** ist: **Spott und Hohn** über andere Personen. Wer hinter dem Rücken von jemandem spöttische Bemerkungen macht, verliert an Charakter. Besonders Dinge, für die jemand nichts kann (z. B. Aussehen oder Stimme), sollten nie Gegenstand des Witzes sein. In Kroatien wiegt das schwerer als in vielen anderen Ländern, wo es z. B. in der Stand-up-Comedy dahingehend kaum Tabus gibt.

Der **Stellenwert des Witzes** ist auf jeden Fall bis heute erhalten geblieben. Lustige Anekdoten werden ebenfalls gerne ausgetauscht. Die Kroaten mögen den Schlagabtausch und wer schlagfertig ist, hat bei ihnen einen Stein im Brett. Gerne erzählt man sich lustige Geschichten und denkt sich gemeinsam imaginäre Situationen aus – eine Art Kurz-Comedy-Brainstorming.

Früher gab es die **fiktiven bosnischen Charaktere Mujo und Haso.** Die beiden waren bis in die 1990er-Jahre bekannt wie ein bunter Hund, waren nicht besonders helle und sehr naiv.

„Übers Wochenende war ich in Sarajevo", erzählt Mujo seinem Freund Haso.

– „Für die Hinfahrt habe ich drei Stunden gebraucht und für die Rückfahrt zehn Stunden."

– „Warum hast du denn so lange für die Rückfahrt gebraucht?", fragt Haso.

– „Ach Haso, sei doch nicht blöd. Du weißt doch, dass es im Rückwärtsgang langsamer geht."

Die Kroaten können auch **über sich selbst lachen,** aber amüsant ist es besonders dann, wenn sie im Witz am Ende die Gewinner sind:

Ein Kroate und ein Slowene sitzen im Zug. Der Kroate packt einen Apfel aus und der Slowene fragt, was das sei. – „Was soll es schon sein? Ein Apfel."

– „Das nennt ihr Äpfel? Bei uns sind sie dreimal so groß", sagt der Slowene.

Später packt der Kroate eine Birne aus. – „Was soll das sein?", fragt der Slowene.

– „Bist du blind? Eine Birne natürlich."

– „Eine Birne?", amüsiert sich der Slowene, „Bei uns sind die Birnen fünfmal so groß."

Später packt der Kroate eine Tomate aus.

– „Was ist das?", fragt der Slowene."

Der Kroate erklärt: „Das sind bei uns die Johannisbeeren."

Ein Amerikaner steigt in Zagreb in ein Taxi. Sie fahren an einem Bürogebäude vorbei und der Amerikaner will wissen, was das sei.

„Ein neues Bürogebäude", erklärt der Taxifahrer, „Das wird in drei Monaten fertig."

– „So etwas bauen wir in Amerika in einem Monat", klärt der Amerikaner den Taxifahrer auf. Später erkundigt er sich nach einem anderen Gebäude.

– „Das ist ein Sportzentrum", antwortet der Taxifahrer.

– „So etwas bauen wir in zwei Wochen", kommentiert der Amerikaner. Kurz danach fahren sie an einer Kathedrale vorbei. „Wow!", ruft der Amerikaner begeistert, „Was ist das?"

– „Keine Ahnung", sagt der Taxifahrer, „Das war heute Morgen noch nicht da."

Auch wenn es Galgenhumor ist, aber über die **Wirtschaftslage** und **gierige Politiker** wird natürlich ebenfalls gerne hergezogen:

Ein Mann lehnt sein Fahrrad an das Parlamentsgebäude. Ein Polizist kommt herbei und zetert: „Haben Sie eine Ahnung, was Sie da tun? Das hier ist das Parlament!"

– „Großer Gott!", ruft der Mann, „Danke, dass Sie mich warnen! Ich werde mein Fahrrad sofort absperren."

Der Bürgermeisterkandidat einer Dorfgemeinde hält eine Rede. „Wir werden alle Straßen asphaltieren! Wir werden ein neues Wasserwerk bauen! Wir werden eine Schule bauen!"

Jemand ruft aus der Menschenmenge: „Im Dorf gibt es keine Kinder!"

– „Auch Kinder werden wir euch machen!"

Es gibt eine bestimmte Art von Humor, die speziell **Männer untereinander** pflegen. Provozierend, frech und herausfordernd. „Durftest du gestern nicht in die Kneipe gehen?" oder „Entweder ist dein Hemd zu klein oder dein Bauch zu dick" ist in etwa die Richtung, in die es dabei geht. Eine Mimose sollte man lieber nicht sein. Wer sich durch solche Sprüche beleidigt fühlt, dem wird nachgesagt, er verstehe keinen Spaß. Frauen dürfen gerne sensible Wesen sein, aber von Männern wird erwartet, dass sie über den Dingen stehen, einstecken und austeilen können.

Manchmal verpackt man das „Männliche" in einen Witz, der das Machohafte bewusst herauskehrt, spöttisch und ironisch:

Ein junger und attraktiver Mann bestritt ein Geschäft. „Guten Tag. Haben Sie Valentinstag-Karten, auf denen ‚Für meine einzige Liebe' steht?"

– „Ja, haben wir."

– „Gut, dann geben Sie mir zehn Stück."

Die **Kroatin** kann unangenehm werden, wenn ihre Mühen um ein **sauberes Heim** nicht respektiert werden:

„Chef, wir sind am Tatort eingetroffen."

– „Beschreiben Sie die Lage."

– „Die Frau hat ihren Mann getötet. Danach hat sie ihn die Treppe hinuntergeworfen." – „Mein Gott! Was hat sie denn als Grund angeführt?"

– „Sie sagt, ihr Mann ist absichtlich über den Boden gelaufen, während sie am Wischen war."

– „Habt ihr sie festgenommen?"

– „Noch nicht. Wir warten, bis der Boden trocken ist."

Auch angesichts von **Absurditäten seitens der Regierung** wird nach einer Phase des Entsetzens nicht selten mit **Humor** reagiert. Der Veteranenminister Mijo Crnoja rief das *registar izdajnika* (Verräterverzeichnis) ins

Leben. Hier sollten Personen an den Pranger gestellt werden, die nicht „patriotisch" sind. Intellektuelle, Künstler und Studenten waren schockiert – und viele trugen sich mit Ironie als „Verräter" ein:

„Weil ich im 21. Jahrhundert lebe"

„Weil ich eine antifaschistische Feministin bin"

„Weil mein bester Freund Serbe ist"

„Weil ich wegen dieser wunderbaren Regierung Verdauungsprobleme habe"

Auch ironische Outings waren zu lesen: „Ich bin nicht getauft – aber geimpft!"

Der Begründer des Verräterverzeichnisses musste wegen dubioser Grundstücks- und Kreditangelegenheiten sein Amt schon nach sechs Tagen niederlegen.

Politiker äußern manchmal amüsante Dinge: „Ono čega nema moramo smanjiti" („Was es nicht gibt, muss reduziert werden"), so Zagrebs Bürgermeister Milan Bandić. Manchmal versuchen sie auch bewusst, witzig zu sein, aber der Scherz schießt über das Ziel hinaus, wie beim Präsidenten der Wirtschaftskammer Nadan Vidošević: „Neka dame začepe uši, ali samo jedna stvar raste u tuđim rukama, a to nije naše gospodarstvo." („Die Damen sollten sich die Ohren zuhalten, aber nur eines wächst in fremden Händen und das ist nicht unsere Wirtschaft.")

Ein paar **Witze auf Kosten des Images** fügen noch keinen Schaden zu. So haben sich **Kroaten** seit jeher gerne als **schlitzohrig** und **raffiniert** angesehen. „Nema tata do Hrvata." (frei übersetzt: „Einem kroatischen Dieb kann niemand das Wasser reichen.") oder „Jebeš firmu u kojoj nemožeš ukrasti" („Fick die Firma, in der du nichts stehlen kannst") waren und sind teilweise heute noch kokette Scherze, die der Sprechende nicht als gültige Wahrheit unterschreiben würde, aber die man eben witzig findet. **Über sich selbst lachen zu können,** ist eine wichtige Fähigkeit und zeugt von Größe. Aber die Kroaten dichten sich manchmal Eigenschaften an, nur weil es listig und lustig klingt.

Ein Verwandter besuchte die Autorin in München, stellte sich vor einen Zeitungskasten und fragte sie, ob das Ding kaputt sei. Er gab zu bedenken, dass der Deckel des Zeitungskastens einfach so zu öffnen wäre und man sich jederzeit, ohne zu zahlen, eine Zeitung herausholen könnte. – „Das macht niemand", erklärte sie. Als er staunend die Augenbrauen hob, ergänzte sie: „Oder fast niemand."

Er schüttelte fasziniert den Kopf darüber, während er immer noch den Deckel rauf- und runterbewegte. „Bei uns könnten sie so was nicht hinstellen. Das Ding wäre innerhalb einer halben Stunde leer."
– „Glaubst du wirklich?"
– „Ach, ich weiß nicht. Vielleicht nicht, wenn in diesen Zeitungen stehen würde, dass es Arschlöcher gibt, die Zeitungen stehlen, obwohl irgendjemand dafür bezahlen muss und deshalb dessen Kinder keine Wintermäntel bekämen. Du weißt doch, wie emotional die Leute bei uns sind."

Können Macken und Schrullen liebenswert sein?

Regelmäßige Kroatienbesucher haben die Kroaten längst ins Herz geschlossen, loben ihre **Gastfreundschaft** und ihre **Hilfsbereitschaft.** Mitunter entstehen zwischen Stammgast und Gastgeber gute Bekanntschaften oder sogar Freundschaften. *Hvaljivost* (Eigenlob) und *nemilost* (Missgunst/Gnadenlosigkeit) hält man für schlimme Charaktereigenschaften. Und dann sind da ein paar kleinere und größere Macken und Schrullen. Über manches mag man amüsiert den Kopf schütteln, es nicht verstehen oder es sympathisch finden – je nach Thema, Situation und Persönlichkeit:

Die **Haare** sind ein relativ großes Thema. Zunächst einmal werden sie schon im Kindesalter regelmäßig kurz geschnitten, damit sie besser und fester wachsen. Es heißt, man solle die Haare nicht täglich waschen, weil das ungesund sei. Man geht auch nicht mit feuchten Haaren aus dem Haus, weil man das für in höchstem Maße gesundheitsschädlich hält – außer im Sommer, dann ist es in Ordnung.

Es gibt das angebliche **„Hüftproblem".** Viele Babys werden auch heute noch doppelt gewickelt, d. h. über die Einwegwindel wird eine klassische Gazewindel angelegt, damit sich die Hüften gut entwickeln und nicht deformieren. Die Krankenschwestern und Mütter geben das regelmäßig an die jungen Mütter weiter. Obwohl sie wahrscheinlich noch nie von jemandem gehört haben, dass er an Hüftproblemen leidet, weil er als Baby nicht doppelt gewickelt wurde.

Jeder Kroate ist in regelmäßigen Abständen ein Opfer des **propuh (Zugluft).** Kopf-, Genick- oder Rückenschmerzen? Das liegt genauso am *propuh* wie eine Erkältung oder Entzündung. Kinder wachsen mit dem bedrohlichen Satz auf: "Stojiš na propuhu!" („Du stehst in der Zugluft!") Wer krank im Bett liegt, hört: "Valjda si bio na propuhu" („Wahrscheinlich warst du an der Zugluft"), und von einer sehr alten Frau, die über ihre Gelenkschmerzen klagte, hörte die Autorin sogar: „Posljedice. Bila sam previše na propuhu." („Spätfolgen. Ich war zu viel an der Zugluft.")

Es könnte der Eindruck entstehen, dass die Kroaten sich in einem ständigen **„Scham-Modus"** befinden, denn das Wort *sramota* (Scham) wird recht häufig gebraucht. Was andere unangenehm, peinlich, lächerlich oder unnötig finden, ist für die Kroaten häufig „sramota". Zu Kindern sagt man „Srami se!" („Schäm dich!") und wenn man von jemandem hört, der sich unmoralisch verhalten hat, kommentiert man: „Što ga nije sram?" („Schämt er sich nicht?") oder „Sram ga bilo!" („Schämen sollte er sich!")

Der **buvljak (Flohmarkt)** ist in Kroatien kein netter Basar, auf dem man samstags herumschlendert und sich nach interessanten Dingen umsieht. Die Autorin wurde einmal auf ihre Jacke angesprochen und gefragt, wo sie sie gekauft hätte. Ihre Antwort, sie habe sie günstig auf dem Flohmarkt erstanden, löste Erschütterung aus. „Du kaufst deine Kleidung auf dem Flohmarkt?!" Auf dem *buvljak* (Flohmarkt) verkaufen und kaufen nur diejenigen, die sich auf der untersten Sprosse der sozialen Leiter bewegen, so meint man. **Kinderkleidung** kauft man in Kroatien neu oder bekommt sie (evtl. gebraucht) von Verwandten und Freunden geschenkt. Eine Bekannte der Autorin organisierte gemeinsam mit einer Freundin einen Privatbasar für gebrauchte Kinderkleidung. Es kamen ein paar Frauen – mit hochroten Gesichtern, gehetzt in alle Richtungen blickend, ob sie auch niemand sähe. **Von Fremden kauft man nichts Gebrauchtes, außer Autos.** Wenn man sagt, dass in anderen Ländern damit völlig unbelastet umgegangen werde, findet man das zwar clever und vernünftig, aber im eigenen Land „Gebrauchtes" zu kaufen, ist immer noch unter der eigenen Würde. Allmählich findet durch das **Internet** und die **junge Generation** jedoch ein Umdenken statt.

Die Kroaten reagieren auf **Kritik** nicht beleidigt oder übertrieben gekränkt. Bemerkenswert ist vielmehr ihre Schwierigkeit mit einem Schuldeingeständnis. „Ach, das war gedankenlos von mir" oder „Wie konnte mir nur so ein Fehler passieren?" wird man nicht oft hören. Der Kroate sucht lieber nach **Ausreden** oder **Sündenböcken.** Gerne wird auch das Pech – oder besser gesagt: das Fehlen von Glück – verantwortlich gemacht: „Nemam sreće" („Ich habe kein Glück") oder „treba imati sreće" („Glück müsste man haben"). Je nach Situation werden auch Personen zur Verantwortung gezogen. Irgendjemand ist aus irgendeinem Grund schuld, wenn etwas schiefgeht. Oder es sind die Umstände, das Schicksal und überhaupt das System. Aber alles läuft darauf hinaus, dass man **kein Glück** hat. Im Volksmund heißt es: „Bolje se roditi bez kurca nego bez sreće." („Besser man wird ohne Penis geboren als ohne Glück.") Tatsächlich kein besonders weiser Spruch, da man verdammt viel Pech haben muss, um als Mann ohne Penis geboren zu werden. Aber wenn man Glück hat, wächst er nach. Die deutsche Haltung zu Fehlern („Aus Fehlern wird man klug") existiert in Kroatien allerdings auch. Hier sagt man „To mi je bila dobra škola." („Das war mir eine gute Schule.") Diese Einsicht tritt durchaus manchmal zutage, aber erst nachdem alle Gründe fürs Scheitern aufgelistet wurden. Im Bekanntenkreis der Autorin gibt es ein Ehepaar, das etwa zehn Jahre gebraucht hat, um zum Erfolg zu kommen. Sie werden hier Denis und Anita genannt. Denis schloss die Mittelschule ab, Anita studierte Maschinenbau. Neben dem Studium nähte sie für sich selbst und bald auch für andere tolle Sachen aus den Modezeitschriften nach. Am Wochenende kellnerte sie. Bald stand sie in dem Ruf, aus einer Kuna zwei machen zu können. Während dieser Zeit lebten beide noch zu Hause und gaben nicht viel aus. Sie sparten jede Kuna. Dann versuchten sie, sich selbstständig zu machen, zunächst mit einer kleinen Spedition. Das Vorhaben scheiterte. Danach versuchten sie es mit einem Delikatessengeschäft. Auch das scheiterte. Schließlich wurde ihnen ein abgewracktes Café (mehr eine Spelunke) zur Pacht angeboten. Die beiden krempelten die Ärmel hoch, investierten jede Minute und ihr letztes Erspartes in dieses Café. Sie renovierten es, verlegten den Boden neu und bauten eine Terrasse aus. Das Café lief vom ersten Tag an und ist eine Goldgrube. Denis und Anita investierten das Geld, das ihr Café abwarf, in Immobilien und vermieten unter anderem auch Appartements auf einer Insel. Was sagt das Umfeld zu ihrer Erfolgsstory? – ganz einfach: „Sie hatten Glück." An dieser Geschichte wird auch das wenig ausgeprägte Erfolgsdenken deutlich. Was für den Amerikaner „Think big", ist für den Kroaten „treba ostati realan" („Man sollte realistisch bleiben"). So schafft er sich seine eigene Realität. **Höhenflüge, Eigenlob oder Traumschlösser sind für Narren oder unreife Leute.** Der durchschnittliche Kroate verkauft lieber sein Grundstück an einen wie „Denis" und arbeitet dann für ihn, als dass er etwas riskiert. Sicher nicht aus Faulheit, mehr aus **Vorsicht.** Das ist das kroatische Sicherheitsdenken und „Realistischbleiben".

Oft hört man den Satz „Nije on kriv" („Er hat keine Schuld") oder „Nije ona kriva" („Sie hat keine Schuld"). Seltsamerweise verspüren die Kroaten manchmal den Drang, die **Schuld** vom Hauptverantwortlichen auf eine Nebenfigur **zu schieben.** Ein Beispiel: Die Schwiegertochter spricht respektlos über die Eltern ihres Mannes. Früher oder später wird man den Satz hören: „Sie hat keine Schuld. Ihr Mann hat Schuld." Weil er das zulässt. Anderes Beispiel: Die Autorin fuhr mit dem Bus von Rijeka nach München. Ein Fahrgast war betrunken und nervte mit Gesang und lauten Monologen. Alsbald meinte eine Kroatin: „Er hat keine Schuld. Die Fahrer sind schuld, dass sie ihn haben mitfahren lassen." Der **Nebenschuldige wird zum Hauptschuldigen** und der Hauptschuldige wird von der Verantwortung freigesprochen.

Wenn der Kroate ein **leidenschaftliches Hobby** pflegt, dann neigt er manchmal zu **Übertreibungen.** Die Liebe zu Blumen und Pflanzen lässt die Wohnung dann wie einen Blumenladen aussehen. Das Hobby des Stickens geht so weit, dass die Wohnung mehr einer Galerie als einer Wohnung gleicht. Und nach dem Ergebnis der Gartenarbeit zu urteilen, könnte jederzeit der Fotograf einer Gartenzeitschrift erwartet werden. Kann Putzen als Hobby betrachtet werden? Zumindest kann es den Anschein haben, wenn man in Kroatien Wohnungen und Häuser betritt. Selbst in bescheidenen Wohnverhältnissen ist alles sauber und an seinem Platz. Gleich nach *vrijedan* (fleißig) kommen in Kroatien die Tugenden *čist* (sauber) und *uredan* (ordentlich). Alles ist an seinem Platz, besonders wenn Besuch zu erwarten ist. Und wenn irgendwie Zeit ist, so hängt man täglich das Bettzeug zum Lüften aus dem Fenster; um es zu *luftati,* wie man hier umgangssprachlich sagt. Eigentlich heißt es *zračiti.*

Wer regelmäßig auf dem Markt einkauft, wird bemerken, dass Kroaten auf ihre Bitte um einen Artikel gerne den Satz folgen lassen: **„To mi je za bolesnika."** (**„Das ist für einen Kranken."**) Nachdem wieder einmal eine Dame geäußert hatte, man möge ihr das Beste heraussuchen, denn es sei für einen Kranken, sah der Erdbeerverkäufer ihr nach und murmelte: „Interessant. Jeder kauft nur für Kranke."

Die Autorin beschloss, der Sache auf den Grund zu gehen und sprach ihn an: „Mir ist aufgefallen, dass man das oft hört." Genervt winkte er ab. „Mir tun die Leute leid, die wirklich einen schwerkranken Verwandten zu Hause haben, aber bei vielen stimmt es einfach nicht. Sie wollen einfach nur die beste Ware. Aber die Ware ist nicht besser oder schlechter. Ich meine, ich verkaufe schließlich nicht erstklassige und daneben verfaulte Erdbeeren. Na? Sind die alle gleich oder nicht?" Ja, sie waren alle gleich. Genauso wie das Fleisch beim Metzger und die Fische in der Fischhalle. Es macht keinen Unterschied, außer dass man die Verkäufer damit in den Wahnsinn treiben kann.

Was machen 99,9 % der Menschen, wenn der **Kellner** an den Tisch kommt und fragt, was man trinken möchte? Man sagt dem Kellner, was man trinken möchte. Die Kroaten nicht. Nachdem der Kellner gefragt hat, was man trinken möchte, fängt einer in der Gruppe an, die anderen zu fragen: „Što ćeš popit?" („Was willst du trinken?") In Deutschland fragt evtl. das Pärchen einander, aber es ist nicht die Regel, dass sich bei größeren Gruppen jemand findet, der als „Getränkebefrager" fungiert.

▷ Naturschutz wird erwartet und gefordert

Die Beziehung zur Umwelt

Die **Schönheit des Landes** zu erhalten, auf die man stolz ist und die man auch weiterhin bewahren möchte, hat zwischen 2001 bis 2010 einen Betrag von 317 Millionen Euro gekostet. Beim Thema **Umweltschutz** hat sich einiges bewegt, sowohl durch gezielte Information als auch durch die Vorschriften der EU. Der **Müll** wird getrennt und überhaupt hat man ein größeres Bewusstsein für das Thema Umweltschutz entwickelt. Was früher für viele normal war, steht heute unter saftiger **Strafe** und wird **kontrolliert**, z. B. vor Weihnachten mit der Axt in der Hand in den Wald zu gehen und ein Bäumchen zu fällen. **Energie** wird in Haushalten bewusst eingespart, was aber primär an den Kosten liegen dürfte. Wäsche wird häufig zu bestimmten Uhrzeiten gewaschen, weil es „jeftina struja" (billigen Strom) und „skupa struja" (teuren Strom) gibt. Die **Luftverschmutzung** ist gesetzlich geregelt und wird regelmäßig überprüft und kontrolliert. Das „Ministarstvo zaštite okoliša i energetike" (Ministerium zum Schutz für Umwelt und Energie) ist zuständig für Natur und Umwelt sowie Müll, Klima und Wasser. Das Ministerium führt Inspektionen durch und bringt regelmäßig zahlreiche Publikationen heraus. Der HUZZ – Hrvatsko udruženje za zaštitu zraka (Kroatischer Verein zum Schutz der Luft) hält regelmäßig aufklärende Vorträge. Der Verein **Zelena akcija** (Grüne Akti-

Hvala što ne berete raslinje.

Hvala što ne gazite travnjak.

Čuvajte okoliš. Bacite smeće u kante i kontejnere.

Hvala što vaš pas ne gazi travnjak.

on) wurde 1990 gegründet und engagiert sich auf lokaler und nationaler Ebene für den Umweltschutz. Die Mitglieder arbeiten ehrenamtlich und unabhängig. Eines der Ziele des Vereins besteht darin, generell bei der Bevölkerung ein noch stärkeres Umweltbewusstsein zu schaffen. Außerdem setzt er sich gegen die Vernichtung oder Privatisierung der natürlichen Ressourcen ein.

Aufgrund gesetzlicher Bestimmungen, Reportagen in den Medien und den engagierten Vereinen ist die **Bevölkerung** seit mehreren Jahren darauf bedacht, **umweltbewusst** zu leben.

Eine Ausnahme bildet in dieser Hinsicht das **Auto,** denn die Kroaten fahren immer noch lieber Auto als Bus. Die öffentlichen Verkehrsmittel „rechnen" sich auch nicht wirklich. Die Leute würden also nicht unbedingt eine Stange Geld sparen, würden sie mit dem Bus zur Arbeit fahren. Doch tun sie es auch aus Bequemlichkeit nicht.

Natur- und Umweltbewusstsein

Kroatiens **Landschaft** ist vielseitig: Meer, Inseln, Berge, Karst, Höhlen, Weinanbaugebiete, Nationalparks, Wasserfälle, Seen, Ackerland, Wälder ... Es finden sich Oliven-, Orangen- und Zitronenbäume, Pinien, Palmen, Lavendel, Kräuter ... **Zehn Prozent des kroatischen Territoriums stehen unter Naturschutz.**

Kroatien ist zum **Wandern** ideal: Es gibt acht Nationalparks und elf Naturparks. Über 40 % der Fläche ist bewaldet. Ungefähr ebenso viel ist Gebirgsland, und fast die Hälfte dieses Territoriums besteht aus Karst. Slawonien, das Flachland mit Flüssen und Wäldern, ist ein fruchtbares Land mit u. a. Mais- und Weizenanbau sowie Weinanbaugebieten. Derzeit ist Kroatien mit 75 Einwohnern pro Quadratkilometer eher dünn besiedelt, was für Naturliebhaber erfreulich sein dürfte.

Die robusten **Eichen** sind seit jeher in ganz Europa ein Begriff und stehen für Qualität. Es gibt über 10.000 Pflanzenarten, davon sind 5 bis 6 % endemisch.

Die **Perunika** (*Iris croatica* – kroatische Schwertlilie) wurde übrigens im Jahr 2000 zur Nationalblume Kroatiens erklärt. Perun ist in der altslawischen Mythologie der Gott des Donners und Blitzes, dessen Symbol die Schwertlilie ist.

Vor einem Problem steht der **Nationalpark Plitvice.** Dieser ist der älteste und meistbesuchte Nationalpark Kroatiens und läuft Gefahr, seinen Status als UNESCO-Weltnaturerbe zu verlieren. Schuld daran ist der **Massentourismus.** Durchschnittlich besuchen 8000 Menschen pro Tag Plitvice, in der Hochsaison sind es bis zu 15.000. Das Eingreifen in die Natur

Extrainfo 12 (s. S. 7)**:** Website für Camper. Erfreulicherweise auch für Leute, die sich das Landesinnere ansehen möchten und die Natur fernab der Küste kennenlernen wollen.

durch die Besucher äußert sich unter anderem im **Verlassen der Haupt-wege.** Manche möchten dem Massenstrom kurzzeitig entfliehen oder in unberührter Natur ein Selfie machen, aber das stört nicht nur die Vegetation, sondern ist auch sehr gefährlich: Schon mehrfach sind Touristen in Schluchten und Abhänge hinabgestürzt, leider auch mit Todesfolge. Die Forderung, man solle Abhänge durch Geländer sichern, ist verständlich, aber durch Geländer würde man die Touristen geradezu einladen, sich von den Hauptwegen wegzubewegen. Dennoch bleibt anzumerken, dass auch die Hauptwege abschnittsweise an Abhängen vorbeiführen und an den entsprechenden Stellen eine Absicherung trotz ästhetischer Einbußen wünschenswert wäre.

Außerdem werden **Lebensmittel in die Seen geworfen,** um die Fische zu füttern, oder es werden mal eben die Füße oder mehr hineingetaucht, um sich Abkühlung zu verschaffen. Das alles bedeutet ein Eingreifen in die Natur, auch wenn das vonseiten der Touristen nicht in böser Absicht geschieht.

⌃ Der Nationalpark Plitvicer Seen

Offenes Feuer oder Grillen in Waldgebieten kann in einer Katastrophe enden. Beinahe jedes Jahr hat das Land gegen Waldbrände anzukämpfen. Die Ursachen sind vielfältig und reichen von achtlos weggeworfenen Zigarettenkippen bis zur Brandstiftung. Das kostet den Staat nicht nur Unsummen von Geld, sondern vernichtet regelmäßig große Waldflächen.

Einen großen Beitrag zur Rettung von Mensch und Natur leistet **HGSS – Hrvatska gorska služba spašavanja (Kroatischer Bergrettungsdienst).** Das qualifizierte Personal arbeitet ausschließlich ehrenamtlich. Gegründet wurde der Verband bereits 1950. Finanzielle Mittel werden vom Staat nicht ausreichend zur Verfügung gestellt, wie der Verband beklagt.

Die Natur wird geschützt und gepflegt. Und auch die Ästhetik möchte Kroatien bewahren. Trotzdem stößt man immer wieder auf riesengroße **Reklametafeln,** die das Gesamtbild in der Natur massiv stören können. Auch in den Städten sieht man häufig auf ansonsten schönen Häusern riesengroße Werbung.

Tiere

Geschütze Tierarten und „gefährliche" Tiere

Wölfe, Braunbären, Rehe und Luchse sind jene Tiere, die man durchaus hin und wieder sehen kann, wenn man im Landesinneren oder nahe einem Wald lebt. Alle vier sind streng geschützte Tierarten, ebenso **Delfine und Wale.** Waren es früher Tausende von Delfinen vor der kroatischen Küste, die regelmäßig von Fischern gesichtet wurden, beläuft sich der Bestand derzeit auf ca. 220 Delfine (meistens Tümmler). Vor den Inseln

Lošinj, Vis und Murter gibt es ein **Delfinreservat,** das seit 2006 besteht (Nähere Informationen darüber unter: blue-world.org).

Ein **Reservat für Esel** gibt es auf der Insel Logorun. Im Naturpark Lonjsko polje (Region Posavina) gibt es Čigoć, das **„Dorf der Störche".** Bereits 1994 errichtet, ist es das erste seiner Art. In Čigoć leben mehr Störche als Menschen, nämlich über 200 neben 120 Menschen. Goran Gugić erhielt 2011 den EuroNatur-Preis für seine Leitung des Naturparks Lonjsko polje.

Im **Naturpark Velebit** engagieren sich Freiwillige für junge, mutterlose Braunbären. Die verwaisten Tiere werden dort betreut, nachdem ihre Mütter getötet wurden oder durch Unfälle ums Leben gekommen sind.

Die Wahrscheinlichkeit dürfte groß sein, dass man in Kroatien Tiere sieht, die man zu Hause normalerweise nicht antrifft, z. B. **Schildkröten, Geckos** und **Eidechsen.**

Es gibt **390 Vogelarten** in Kroatien, darunter auch Greifvögel wie den Steinadler. In Höhlen hausen Fledermäuse und in den Meeren, unter zahlreichen anderen Tieren, auch Delfine und **Haie.** – Haie? Eine Haigefahr besteht grundsätzlich nicht. Der letzte tödliche Angriff erfolgte Anfang der 1970er-Jahre. Damals gab es noch mehr Schiffsverkehr an der Adria und manchmal folgte ein Blauhai oder Weißer Hai einem Schiff, angetrieben

⌃ Eidechsen kann man manchmal auch in der Stadt sehen

⌃ Landmenschen wissen: Auch Nutztiere möchten Zuwendung

vom Hunger. Haie flüchten eher vor Menschen und auf dem Speiseplan des Hais steht der Mensch zunächst einmal nicht. Auch wenn beinahe jährlich ein Hai in Küstennähe gesichtet wird, so wird er nur extrem selten so nahe an die Küste herankommen, dass Badegäste ihn sehen können. In Filmen schwimmt er mit der Flosse nach oben, aber in der Realität kommt das selten vor. Bei Tauchgängen sollte man sich allerdings nicht den **Rochen** nähern, da diese zustechen können, was lebensbedrohlich ist.

Gefährlich ist die **Spinnenart „Schwarze Witwe"**, die auch in Kroatien vorkommt. Obwohl ihre Gefährlichkeit oft erwähnt wird, hat die Autorin noch nie von jemandem gehört, der von ihr gestochen wurde.

Bei **Wanderungen und Spaziergängen in Waldgebieten** sollte man lange Hosen tragen. Die Wahrscheinlichkeit, einer **Schlange** zu begegnen, ist nicht groß, aber vorhanden. Schlangen stellen jedoch keine reelle Gefahr dar. Es gibt giftige und ungiftige, die man in tendenziell steinigen Gebieten sichten kann. Meistens handelt es sich dabei um das Exemplar einer harmlosen Gattung. Von fünfzehn Arten sind drei giftig: **Kreuzotter, Hornotter und Wiesenotter.** Sie kommen so gut wie nie an Menschen heran und sind schlau genug, vorher zu verschwinden. Man sollte **Schlangen nicht hinterherlaufen** und sie **nicht provozieren!** Bisse sind sehr selten und meistens nicht lebensbedrohlich, weil auch Bisse ungiftiger Schlangen darunter sind. Trotzdem sollte man sich nach einem Biss natürlich medizinisch behandeln lassen und sofort ins Krankenhaus fahren. Grundsätzlich gilt immer: „Nema panike!" (Keine Panik!) Wenn innerhalb der ersten ca. 20. Minuten keine Schwellung entsteht, ist kein Gift in den Körper eingedrungen. In jedem Fall gilt: trotzdem ins nächste Krankenhaus! Und nicht selbst das Gift aussaugen oder Körperteile abbinden, weil dies geschickt getan werden muss und Kenntnisse erfordert.

Bitte töten Sie keine Schlange! Sie ist ein Tier, das furchteinflößend wirkt, aber für das Gleichgewicht in der Natur sorgt und hier in ihrer natürlichen Umgebung lebt.

Überhaupt und grundsätzlich besteht **keine Gefahr durch Tierangriffe.** Es ist vielmehr umgekehrt: Die Menschen sind für die Tiere eine Gefahr.

Das **Seepferdchen** ist vom Aussterben bedroht, weshalb man unter keinen Umständen getrocknete Seepferdchen kaufen sollte.

Auch wenn **Angeln** ein beliebter Sport ist, sollte man damit vorsichtig sein, weil die **Erlaubnis zum Fischfang** strengen Kontrollen unterliegt. Seit Jahren leidet das Adriatische Meer an Überfischung. Es gibt Fischer, die über den Eigenbedarf kaum hinauskommen und zusätzlich einer anderen Arbeit nachgehen müssen. Das Meer bräuchte einige Jahre, um sich von der Überfischung zu erholen. Deshalb ist **Hobbyfischen an vielen Orten streng verboten.**

Überhaupt bringt jeder Eingriff, mit dem man etwas aus seiner natürlichen Umgebung entfernt, sei es aus dem Meer oder der Natur im Allgemeinen, den Rhythmus der Lebewesen durcheinander. Deshalb **sammeln** die Kroaten auch **keine Edlen Steckmuscheln** *(pinnae nobilis)*. Diese Muschel steht unter Naturschutz und wer eine solche entwendet, bezahlt 500 Kuna Strafe.

Nutztiere und Haustiere

Innerhalb weniger Jahrzehnte ist die **Anzahl privater Bauernhöfe,** besonders im Küstengebiet, **geschrumpft.** Junge Leute sind in die Städte gezogen und von den kleinen Bauernhöfen gibt es immer weniger. Ehemals wurde das Fleisch an Metzgereien und Nachbarn verkauft, so wie Eier, Milch und Milchprodukte. Man führte weder Buch noch zahlte man irgendwelche Steuern. Von den Tieren, die man sich hielt, lebte man. Man nannte sie *blago,* weil sie wertvoll waren, denn *blago* bedeutet auch Schatz. Deutsprachige Menschen nennen so im übertragenen Sinne ihren Lebenspartner und nicht, wie in Kroatien üblich, ihr Vieh. Es ist demnach in Kroatien nicht empfehlenswert, auf seine Liebste/seinen Liebsten zu zeigen und zu sagen, das sei sein/ihr *blago.*

⌃ Kranke Straßenkatze in Zadar

Extrainfo 13 (s. S. 7): Kurzer Bericht über die „Hunde-Beachbar" am Strand von Crikvenica

Bis ca. in die 1990er-Jahre hätte man, wäre man mit seinem **Hündchen an der Leine** spazieren gegangen, als eine Art Freak gegolten. Heute jedoch ist das gang und gäbe. Die jüngeren Kroaten lieben ihre **Katzen** und **Hunde** und die Zoogeschäfte lassen keine Wünsche offen. Nun gibt es entlang der gesamten Küste auch Hundestrände, wo die geliebten Vierbeiner im Wasser plantschen dürfen. Trotzdem kann man sie in ländlichen Gebieten vereinzelt noch sehen: **Kettenhunde.** Im Lauf des Jahres 2017 soll in ganz Kroatien ein Gesetz in Kraft treten, das es verbietet, Hunde an der Kette zu halten. Die ältere Generation ist mit der Einstellung aufgewachsen, dass der Hund ein reines Nutztier ist, Laut gibt, wenn sich jemand dem Haus nähert und streunende Katzen verjagt. Im Grunde haben die Menschen früher ihren (Ketten-)Hund ebenso gerngehabt oder geliebt, aber man vertrat die Auffassung, ein Tier gehöre grundsätzlich in den Hof. Diese Auffassung hat sich, gerade im Hinblick auf Hunde, gewaltig verändert. Aber die Tierheime sind auch hier überfüllt, überfordert und auf jede noch so kleine Spende angewiesen. Die Sängerin und Schauspielerin Dunja Rajter engagiert sich seit vielen Jahren für Tiere in Kroatien. Nähere Informationen finden sich auf ihrer Webseite (www. dunja-rajter.de, unter „Tierschutz Kroatien"). Der **kroatische Dalmatiner** ist seit jeher eine beliebte Hunderasse, aber zu großem Ruhm verhalf ihm der Film „101 Dalmatiner", wobei man nicht weiß, ob das ein Segen oder Fluch ist, denn Trends sollte es bei Tieren bzw. Hunderassen lieber nicht geben und Tiere sollten keiner „Mode" unterworfen sein. Die häufigsten Hunderassen in Kroatien sind **Golden Retriever, Labrador** – und seit jeher ungeschlagen: der **Deutsche Schäferhund.** Für die Kroaten war und ist er der Hund schlechthin: wachsam, klug, treu und schön.

Umgangsformen und „bonton"

Pünktlichkeit: „5 minuta" ist Symbolik

Wenn jemand sagt, er sei in fünf Minuten da, dann lässt das viel zeitlichen Spielraum zu. Es kann sich um drei oder auch um dreißig Minuten Wartezeit handeln. Das *pet minuta* (fünf Minuten) ist ein Synonym für „schnell" oder „gleich".

Pet minuta sagt erst mal nichts aus. Es ist keine präzise Zeitangabe.

Man kann den Kroaten nicht pauschal Unpünktlichkeit vorwerfen. Sie halten Verabredungen und Termine einigermaßen pünktlich ein. Wenn sie aber damit rechnen können, dass der andere nicht im Regen steht, sondern im gemütlichen Heim wartet, dann kann *poslje tri* (nach drei) auch Viertel vor vier bedeuten. Und wer sich bewusst ist, dass der Betreffende innerhalb seiner angekündigten *pet minuta* niemals die zehn Kilo-

meter schaffen kann, dem bleibt der gesunde Menschenverstand und die Gelassenheit, damit umzugehen.

Das *pet minuta* kann auch umgekehrt verwendet werden. So kann es sich eben um 30 Minuten handeln – oder auch nur um ein paar Sekunden. In diesem Fall wird nicht unter-, sondern übertrieben. Jemand erzählte der Autorin, der Zahnarzt habe ihm einen Zahn ziehen müssen, aber das wäre nicht weiter schlimm gewesen: „In fünf Minuten war der Zahn draußen."

Darauf meinte sie: „Oh mein Gott! Geschlagene fünf Minuten hat das gedauert?".

Er runzelte fragend die Stirn.

Man darf **Redewendungen nicht absolut wörtlich nehmen.** Das „Ehrenwort" wird häufig nur als Bekräftigung oder Bejahung verwendet: „časna riječ." Damit möchte man einfach sagen: „Es ist wirklich wahr." Und wenn man sagt „Svaka mu čast" (frei übers. „Ihm gebührt alle Ehre"), dann kann das genau so gemeint sein – also mit Anerkennung und Respekt – oder es kann das genaue Gegenteil bedeuten und ironisch gemeint sein. „Er nimmt täglich Arbeit mit nach Hause, ohne sich das bezahlen zu lassen?" oder „Er kocht und putzt, während seine Frau sich die Zehennägel lackiert?" – „Svaka mu čast!" In diesem Fall ist es ein Synonym für *budala* (Idiot), nur eben netter verpackt.

☐ Öffnungszeiten einer „ljekarna" (Apotheke)

Das etwas andere Telefonat

In Kroatien **stellt man sich am Telefon in der Regel nicht namentlich vor.** Amtliche oder formelle Anrufe hält man ohnehin kurz. Jemand, der beim **Amt oder einem Dienstleister** anruft und in das Gespräch einsteigt mit: „Guten Tag. Mein Name ist Josip Katić. Ich hätte gern eine Auskunft über ...", wird als übertrieben höflich angesehen. Die Information über den Namen des Anrufers wird als völlig unnötig betrachtet. Bei **privaten Anrufen** gehen die Anrufer davon aus, dass man sie erkennt. Besonders **in ländlichen Gebieten** ist der **Bekanntenkreis des Anrufers überschaubar.** Die Anzahl der Menschen, mit denen er regelmäßig telefoniert, beschränkt sich vielleicht auf zehn. Der Grund dafür, seinen Namen nicht zu nennen, ist nicht schlechte Erziehung oder Unhöflichkeit, sondern einfach der, dass es nicht unbedingt Bestandteil des *bonton* (gute Umgangsformen) ist.

Gewöhnlich wird **nicht stundenlang telefoniert.** Auch vor den Zeiten des Handys haben Teenager selten drei Stunden in Folge am Telefon zugebracht. Das Telefon war als Familienanschluss eine „nüchterne Angelegenheit" und stand im Flur, ohne Verlängerungskabel oder Zweitanschluss.

Heute dient das Handy eher dazu, sich zu verabreden und Zeit und Ort zu besprechen. Die ausführlichen Gespräche werden lieber im Café oder zu Hause geführt als am Telefon. Späte Anrufe bis ca. 22 Uhr sind nicht selten und man betrachtet es auch nicht unbedingt als unhöflich.

Anrede, Siezen und Duzen: die Mischung aus Respekt und Vertrauen

Das *vi* (Sie) wird in Kroatien unter bestimmten Umständen gerne beibehalten. Man geht aber relativ schnell zur **Anrede mit dem Vornamen** über. So ist es nicht ungewöhnlich, dass Vorgesetzte und Angestellte sich siezen, aber gleichzeitig beim Vornamen nennen. Auch neue Nachbarn, die sich im bereits fortgeschrittenen Alter kennenlernen, nennen sich nicht „gospođa ..." („Frau ..."), sondern beim Vornamen, behalten jedoch zunächst das Siezen bei. **Vorname und Sie** in der Anrede ist in Kroatien eine beliebte Kombination. Besonders, wenn man keine zu große Distanz schaffen will, aber gleichzeitig nicht zu vertraulich werden möchte.

Auch in Kroatien gilt: Der Ältere oder Ranghöhere bietet das Du an. Zwischen Frau und Mann bietet die Frau das Du an. Wichtig zu wissen in diesem Zusammenhang ist, dass es in Kroatien immer noch so gehandhabt wird, dass der Mann die Frau zuerst grüßt, nie umgekehrt. Ebenfalls wird absoluter Wert darauf gelegt, dass der Jüngere den Älteren grüßt. Ein „dobro jutro" („Guten Morgen") oder „dobar dan" („Guten Tag") reicht dabei vollkommen. Es wird nicht erwartet, dass man ein Frau/Herr und den Namen daranhängt. **Akademische Titel** werden am Arbeitsplatz oder bei berufsbezogenen Begegnungen durchaus verwendet, obwohl man sie genauso oft auch weglässt. Undenkbar ist es, dass jemand sich im Privaten mit seinem akademischen Grad vorstellt. Wer z. B. bei einer Geburtstagsfeier auf neue Leute trifft, stellt sich mit Vornamen und evtl. mit Nachnamen vor. Den „Dr." vor dem Namen herzutragen, findet man prahlerisch.

In Kroatien haben diejenigen, die bis ca. 1950 geboren wurden, ihre Eltern noch gesiezt. In den Städten ist das **Duzen der Eltern** schon länger üblich als auf dem Land. Fernab der Städte hat man das *vi* gegenüber den Eltern noch bis in die 1990er-Jahre gehört. Da während der zweiten Hälfte des 20. Jahrhunderts ein Wandel stattgefunden hat, konnte es vorkommen, dass ein Enkel die Oma duzte, während seine Eltern die eigenen Eltern siezten.

In **ländlichen Gebieten** werden die **Tanten und Onkel teilweise heute noch gesiezt.** Die Geschwister der Eltern sind zwar nahestehende Verwandte, aber durch das Siezen drückt man den gebührenden Respekt aus. In urbanen Gegenden gibt es das **Siezen in der Familie** kaum mehr. Eine **Ausnahme** bilden die **Schwiegereltern.** Diese werden auch heute noch sehr häufig gesiezt. Der Schwiegervater oder die Schwiegermutter werden entweder beim Vornamen oder Großmutter und Großvater genannt (je nach Region *baka, djed* etc.), also so, wie das Enkelkind die Großeltern nennt. Damit hatten Großeltern nie ein Problem. Doch sind die Großmütter heute keine gebückten, faltigen Großmütterchen mehr, sondern moderne Frauen. Diese werden ungern von der Schwiegertochter *baka* oder *nona* genannt. Deshalb hört man von den jungen Schwiegertöchtern und Schwiegersöhnen meistens den Vornamen als Anrede.

◁ Das Handy ist auch in Kroatien das wichtigste Kommunikationsmittel

Der Kroate freut sich, Sie zu sehen: „Du bist ein bisschen dick geworden!"

Es gibt eine Eigenart, die sich viele Kroaten wohl so schnell nicht abgewöhnen werden. Unmittelbar nach der Begrüßung folgt häufig ein **Kommentar über das Gegenüber,** wenn dieses in irgendeiner Form nicht dem Durchschnitt entspricht. Ist er z. B. groß, so sagt man: „Pa ti si sve veći" („Du wirst ja immer größer"). Hat man sich schon länger nicht mehr gesehen, folgt manchmal ein „Malo si se pojačao, a?" („Du hast dich etwas verstärkt, oder?"). Damit ist gemeint, dass man zugenommen hat. Da man nicht sagen will „Bist du aber dick geworden", nennt man es lieber „sich verstärkt haben". Nicht alle Kroaten lassen sich zu solchen Kommentaren verleiten, trotzdem erlebt man es häufig, wobei es keinesfalls beleidigend gemeint ist. Sie können sicher sein, dass es einfach nur Teil der Unterhaltung ist. Wenn Sie hören, dass Sie *oslabila/oslabio* (sich „abgeschwächt" haben), dann meint man damit, dass Sie abgenommen haben – im Gegensatz zu „verstärkt." Und dass Sie als großer Mensch „immer größer werden", daran haben Sie sich zwar irgendwann sattgehört, aber es ist das Beste, solche Äußerungen einfach zu ignorieren. Im Grunde hat man auch keine andere Wahl. Sollte man in Rechtfertigungen über das Gewicht verfallen? Oder zu erklären versuchen, dass man schon seit dreißig Jahren nicht mehr wachse?

Die Anzahl der Blumen

Man schenkt niemals eine gerade Anzahl Blumen! Die gerade Anzahl ist für die Gräber gedacht. Blumen müssen immer eine ungerade Anzahl haben. Wenn man zum 30. Geburtstag aber 30 Blumen schenken möchte? – lieber nicht. Dann entscheidet man sich besser für einen gemischten Blumenstrauß. Bei einem üppigen Blumenstrauß wird nicht nachgezählt, es können also auch zufällig 18 Blumen sein. Die Anzahl der Blumen muss nicht der Anzahl der Jahre entsprechen. Es darf nur keine gerade Anzahl sein, da dies Unglück bringt. Es wäre kein Drama, aber man bereitet bestimmt mehr Freude mit einer ungeraden Anzahl Blumen und löst damit beim Gegenüber ein angenehmeres Gefühl aus. Vermeiden sollte man außerdem Chrysanthemen, Lilien und Hortensien, weil diese als Grabblumen gelten.

So wie andere Leute sagen „Lass dich ansehen. Du siehst gut aus!", sagen die Kroaten häufig:

„Ojačala si/Ojačao si" („Du hast dich verstärkt" = Du hast zugenommen)

„Oslabila si/Oslabio si" („Du hast dich abgeschwächt" = Du hast abgenommen)

„Blijeda si/Blijed si" („Du bist blass" = Du siehst schlecht aus

„Malo si se promjenila/Malo si se promjenio" („Du hast dich ein bisschen verändert" = Du bist alt geworden)

Dabei kommt es nicht auf das Geschlecht an, allerdings kommen die Äußerungen seltener von Männern gegenüber Frauen. Diesen Bemerkungen liegt **in keiner Weise eine abwertende Haltung** zugrunde. Eher hat es den Anschein, als ob man annähme, das Gegenüber wünsche sich händeringend ein Feedback zu seinem Erscheinungsbild. „Neue Frisur? Schön. Aber vorher war's besser." Natürlich hört niemand so etwas gerne, aber diese Rückmeldungen sind Smalltalks und oft nur ein Einstieg in die richtige Unterhaltung.

◁ Blumenstand auf einem Marktplatz

Eine junge Kroatin erzählte der Autorin, dass ihre *baka* (Oma) in den Sommerferien zu ihr sagte: „Deine Schwester ist ja so dünn! Die Nachbarn könnten denken, dass eure Eltern am Essen sparen. Deshalb bin ich so froh, dass wenigstens du dick bist. Du siehst aus wie ein Mädchen. Deine Schwester dagegen hat Beine wie Zahnstocher." Das war als Kompliment gemeint. Als sie ihrer Oma Jahre danach erzählte, wie sehr sie das getroffen habe, konnte die Oma sich überhaupt nicht mehr daran erinnern. Ihre Reaktion: „Dafür bist du jetzt viel zu dünn."

Ein Bekannter erzählte der Autorin, wie er in der Pubertät schnell in die Höhe schoss und deshalb dünn aussah. Die Verwandten in Kroatien begrüßten ihn in den Ferien mit: „Što je s tobom? Što si se tako osušio?" („Was ist los mit dir? Warum bist du so ausgetrocknet?")

Aber da die Kroaten grundsätzlich **ehrliches Feedback** geben, sind sie auch mit positiven Äußerungen nicht zurückhaltend: „Odlično izgledaš" („Du siehst großartig aus") oder „Ti si uvijek ista/isti" („Du hast dich gar nicht verändert") werden gerne und anerkennend geäußert – wenn es stimmt.

Bei Geschenken das Zellophan nicht vergessen!

Geschenke in Kroatien wirken immer etwas **pompös,** was auch auf das Zellophan zurückzuführen ist. Blumen in Papier gewickelt? Das wird man in Kroatien als ärmlich empfinden, der Schenkende und seine Blumen werden als *skroman* (bescheiden) angesehen. Verrückterweise freut man sich eher über fünf Rosen in Zellophan als über 25 in Papier. Eigentlich sollte man das Zellophan vor Betreten des Hauses entfernen, aber kaum jemand hält sich an diese Etikette, sondern überreicht die Blumen lieber verpackt in Zellophan. Die Floristen in Kroatien verstehen es, den schlichtesten Blumenstrauß mit Zellophan, Schleifen etc. so zu verschönern und einzupacken, dass man es schlicht als schade empfindet, sie zu entfernen. Die Geschenke werden in Geschenkpapier gewickelt oder in Geschenktüten überreicht.

Beim **Umgang mit Geschenken** gibt es eine goldene Mitte: Weder fällt man gierig über sie her, noch legt man sie achtlos in eine Ecke. Es vergeht eine gewisse Zeit, man trinkt und isst, bevor der Beschenkte sich daran macht, das Geschenk zu öffnen. Wenn ihm das Geschenk nicht gefällt, wird er das nicht so direkt äußern, aber überschwängliches Lob wird man auch nicht zu hören bekommen. Trotzdem geht es nicht so weit, dass er das Missfallen direkt aussprechen würde. Auch hier gilt die goldene Mitte: keine Unhöflichkeit, aber auch keine Lügen vonseiten des Beschenkten. Als Geschenke bieten sich Süßigkeiten für die Kinder, Wein für ihn und Pralinen oder Blumen für sie an. Sie sind gang und gäbe und gehören zum guten Ton.

Vom Aussterben bedroht: „Ist dieser Sitzplatz frei?"

„Ist dieser Sitzplatz frei?" – über diese Frage, gestellt meist von älteren Kroaten, mag der Ausländer überrascht sein, aber man empfindet es als unhöflich, sich ungefragt im Bus neben jemanden auf den Sitzplatz plumpsen zu lassen. Eben dieser älteren Generation gefällt es nicht, dass Kinder und Jugendliche heute nicht mehr fragen, sondern sich einfach setzen. Es gibt Klagen darüber, dass die jungen Leute heute im Bus nicht mehr für Ältere aufstünden und man meint, das Problem bestünde nur in Kroatien. Einiges hat sich zum Nachteil verändert, anderes zum Vorteil. So werden alte Frauen erzählen, dass Männer in früheren Zeiten nicht vulgär geworden seien, wenn eine Frau anwesend war. „Heute sind die Frauen schlimmer als die Männer", wird in diesem Zusammenhang gerne behauptet. Dabei haben die meisten Dinge, auf die man schon immer Wert legte, auch heute noch Bestand. Der Mann steht immer auf, wenn er einer Frau die Hand gibt. Das gilt auch heute noch, und wer das nicht tut, gilt als Rüpel. Zum Vorteil verändert hat sich die Einstellung, dass Kinder und Jugendliche mit einer eigenen Meinung nicht mehr als respektlos oder vorlaut gelten.

Dass früher die Menschen einander ohne Vorankündigung besucht haben, betrachtete man damals keinesfalls als unhöflich. Heute ist das anders. Besuche werden vorher telefonisch vereinbart. Die Etikette ist auch dem Zeitgeist unterworfen, doch grundsätzlich ändert sie sich nicht. Trotzdem glaubt natürlich jede ältere Generation, dass die Menschen früher höflicher zueinander waren.

Familien- und Alltagsleben

◁ Kleine Kioske wie diese bieten viele Dinge, die man im Alltag so braucht (075kr-mb)

Im eigenen Mikrokosmos

Familiensinn und Familienwerte

„Nije dovoljno ljubav posaditi, treba i zaljevati"
„Es genügt nicht, Liebe zu pflanzen – man muss sie auch gießen"
  (kroatisches Sprichwort)

Wenn man in Kroatien von einem nahen Verwandten spricht, setzt man vor den Vornamen häufig ein **„unser"** bzw. **„unsere".** Auch wenn der Gesprächspartner aus dem Kontext schließen kann, dass man gerade über seinen Bruder namens Marko spricht, erzählt man von Marko als „unser Marko". Auch bei angeheirateten Personen wie Schwiegertöchtern oder -söhnen verwendet man häufig das „unser"/„unsere", da es sich schließlich um die Mutter der Enkelkinder bzw. den Mann der Tochter handelt – und die gehören natürlich zur engeren Verwandtschaft.

Verwandtschaftsbeziehungen und Koseformen

Großeltern **verniedlichen** gerne die Namen der Enkelkinder. Manchmal neigen auch die Mütter zur Verniedlichung, aber häufiger hört man es von den Großeltern. Wenn von der Marinica (Marina) und dem Rokić (Roko) erzählt wird, könnte der Zuhörer den Eindruck gewinnen, es handle sich um kleine Wonneproppen. Aber Marinica und Rokić gehen auf die Universität oder haben selbst schon Familien gegründet.

Das „unser" und die Verniedlichung machen **Zuneigung und Verbundenheit** deutlich. Deshalb hat man größtes **Mitgefühl für Menschen, die keine Familie haben.** Ganz alleine auf der Welt, ohne eine Familie als Rückhalt, das hält man für einen schweren Schicksalsschlag.

In ausländischen Filmen und Serien werden manchmal **Scherze und ironische Bemerkungen über die Familie** gemacht, die man gottlob losgeworden ist. Darüber kann der kroatische Zuschauer schmunzeln, aber solche Scherze in der kroatischen Realität? „Zum Glück wohne ich jetzt weit weg und muss meine Familie nicht mehr jede Woche besuchen ..." Nein, das findet man gar nicht lustig. Vielmehr wird der Scherzkeks erschrocken gerügt: „Sram te bilo!" („Schäm dich!"), wenn er jünger ist. Sollte er sich im gleichen Alter befinden, dann wird er zu hören bekommen: „Ma, nemoj tako!" („Sag doch so was nicht!"). So spricht man nicht über seine Eltern und Geschwister, auch nicht im Spaß. Eine **Ausnahme** bildet die **Schwiegermutter.** Hier und da ein Schwiegermutterwitzchen, das ist Teil des Männerhumors. Die Mutter des Ehemanns heißt *svekrva* und die

Mutter der Ehefrau heißt *punica*. Witze über die *svekrva* existieren nicht, denn der männliche Witzeerzähler wird nicht schlecht über seine Mutter reden, auch nicht zum Spaß. Über die *punica* hingegen gibt es eine ganze Menge Witze.

„Was versteht man unter „gemischten Gefühlen?" –

„Wenn Ihre *punica* den Hang runtergestürzt ist – in Ihrem neuen Auto."

Mit den **Bezeichnungen der Verwandtschaft** verhält es sich für fremde Ohren umständlich. *Mama, tata, brat, sestra* sind Mutter, Vater, Bruder, Schwester. So weit so gut. Der Onkel jedoch ist nicht einfach nur der Onkel, denn es wird unterschieden zwischen dem Onkel mütterlicher- und väterlicherseits. Den Bruder des Vaters nennt man *stric* und dessen Frau *strina*. Den Bruder der Mutter nennt man *ujak* und dessen Frau *ujna*. Besonders nett wird der Vetter/Cousin betitelt, nämlich *bratić*, was Brüderchen heißt, also „Fast-wie-ein-Bruder" bedeuten soll. Das Wort *šogor* bedeutet Schwager und *šogorica* bedeutet Schwägerin, was meistens sowohl für die Schwester des Ehemanns als auch für die Schwester der Ehefrau gebraucht wird. Wenn man es aber genau nähme, müsste man die Schwester der Ehefrau *svastika* nennen. Das wird heutzutage äußerst selten zu hören sein, weil *svastika* eben auch Hakenkreuz bedeutet und diejenige nicht gerne so genannt wird.

Die Oma heißt *baka*, wird aber auch *baba* und im mediterranen Raum *nona/none* genannt. Der Opa heißt *djed,* wird aber auch *deda* und im mediterranen Raum *dida* oder *nono* genannt.

⌃ Als einziges Mädchen in der Familie: eine Frau mit ihren Cousins

Zusammenhalt und „saubere Rechnungen"

In der nahen Verwandtschaft **unterstützt man sich und lässt einander nicht im Stich,** so sehr der andere auch finanzieller Unterstützung bedarf. Auf die Kinder, Eltern und Geschwister lässt man nichts kommen und wenn es die Situation oder die Umstände erfordern, stellt man die Familie über die eigene Person.

Das **Verhältnis zur entfernten Verwandtschaft** hat sich im Laufe der letzten Jahrzehnte jedoch etwas der mitteleuropäischen Haltung angepasst. Dass man den Cousin zweiten Grades kaum bis gar nicht kennt, ist heute der Normalzustand. Diese Wandlung geschah nicht über Nacht, sondern hat sich durch das Bildungsniveau (wegziehen und zeitlich eingespannt sein) der neuen Generation und den Einfluss der modernen Medien etwas verschoben. Ältere Menschen behaupten zudem häufig, dass das „verfluchte Fernsehen", daran schuld sei, weil die Leute deshalb einander weniger besuchten als früher – was nicht von der Hand zu weisen ist.

Wer die ganze Woche gearbeitet hat, hat schlicht nicht die Zeit, sämtliche Cousins oder Tanten zu besuchen. Wird heute ein Kroate von seiner Tante oder der Großmutter dafür gescholten, sie schon lange nicht mehr besucht zu haben, entschuldigt er sich mit der Begründung, viel zu tun zu haben.

In der **nahen Verwandtschaft** ist man sich nichts schuldig, denn man ist füreinander bedingungslos da. In der entfernten Verwandtschaft und bei Freundschaften, so innig sie auch sein mögen, hat man gerne „saubere Rechnungen". Die Redensart „čist račun, duga ljubav" bedeutet wörtlich übersetzt: „saubere Rechnung, lange Liebe" oder sinngemäß übersetzt: „Eine beglichene Rechnung bedeutet klare Verhältnisse." Man könnte es mit dem deutschen „Geld zerstört die Freundschaft" vergleichen; obwohl Nachbarn in alteingesessenen Dorfgemeinschaften auch heute noch einander helfen und mit anpacken.

Gerne wird in Kroatien behauptet, dass man sich in den **guten alten Zeiten** noch gegenseitig half und füreinander eingestanden ist. Heute seien die Leute hingegen so gierig geworden. Möglicherweise sieht man die Vergangenheit generell etwas verklärt, aber wahrscheinlich steckt auch ein bisschen Wahrheit in dieser Aussage, weil die Weltkriegs- oder Nachkriegsgeneration bescheidener war und man zusammenhalten musste. Es mangelt an Zeit – und somit haben die Nachbarschaftskontakte hier und da etwas nachgelassen. Wenn der Nachbar einem hilft und man weiß, dass man aus zeitlichen Gründen keine Gegenleistung erbringen kann, dann bezahlt man **lieber den Nachbarn,** der

Der Pate gehört zur Familie

Einen besonderen Stellenwert unter den außerverwandtschaftlichen Personen nehmen Trauzeugen, Tauf- und Firmpaten ein. Das Wort „kum" (Pate/Trauzeuge) oder „kuma" (Patin/Trauzeugin) wird nach der jeweiligen Zeremonie nicht selten statt des Vornamens genannt. Wenn Ivan Trauzeuge seines Freundes wird, so wird er von diesem nun meist nur noch mit „kume" (Pate in direkter Anrede) angesprochen. Für ausländische Ohren klänge es seltsam, wenn jemand sagen würde, er sei übers Wochenende beim Paten gewesen oder das Geschenk habe er von der Patin, aber da in Kroatien nur auserwählte und besonders geschätzte Personen Trauzeuge oder Tauf- und Firmpate werden, gilt es als erhaben, als solcher betitelt zu werden. Der Pate ist wie ein Familienmitglied und es wird ihm die gleiche Achtung zuteil wie einem Bruder. Ein distanziertes Verhältnis zwischen z. B. Taufpate und Patenkind, die sich außerdem selten besuchen, wird entweder als schlechte Wahl des Taufpaten oder als dessen Charakterschwäche interpretiert. Trennungen durch Konflikte zwischen Trauzeugen und Braut/Bräutigam sind schmerzhafter als bei normalen Freundschaften. Deshalb heißt es manchmal: „Sie reden nicht mehr miteinander - dabei sind sie Paten!"

Handwerksdienste erledigt. Oder man macht ein konkretes Angebot für die **Gegenleistung.** Kaum jemand will gerne als „Schmarotzer" dastehen.

Die Kroaten sehen sich selbst als **spendabel und großzügig,** was sie definitiv auch sind, allerdings neigen einige dazu, in ihrer Großzügigkeit zu übertreiben. Wenn man die Gelegenheit hat, über einen längeren Zeitraum mit denselben Leuten etwas trinken zu gehen, kann man eines beobachten: Es sind immer dieselben, die die Rechnung übernehmen und immer dieselben, die sich einladen lassen. **Es gehört sich nicht, dass jeder seinen Kaffee selbst bezahlt,** in der Regel ist jeder einmal an der Reihe, die Rechnung zu übernehmen, einige tun es aber nicht. Allerdings wird über diese Drückeberger nur hinter vorgehaltener Hand getuschelt, allerhöchstens packt man die Beobachtung in einen ironischen Scherz, trotz des unfairen Verhaltens wird niemand vor versammelter Mannschaft bloßgestellt. Die direkte Konfrontation mit den Worten „Du könntest auch mal die Rechnung übernehmen!" ist unvorstellbar, allein deshalb, weil mehr noch der Kritiker bloßgestellt wäre – als taktloser Erbsenzähler.

Die Glorifizierung des „Sich-opferns" und „Sich-quälens"

Angenommen, ein Mittel- oder Nordeuropäer hat einen Nachbarn, der seit dreißig Jahren ein Haus für seine Familie baut und dafür Nachtschichten schiebt, sich als Rentner dann noch als Tagelöhner verdingt, um seinen erwachsenen Kindern und Enkeln etwas zustecken zu können, seinem Sohn regelmäßig bei Reparaturen und seiner Tochter im Garten hilft. Wahrscheinlich fände man das übertrieben und selbstausbeuterisch. In Kroatien sagt man über so jemanden anerkennend, er habe sich zeitlebens geopfert oder er habe sich *mučio* (gequält).

Das Umfeld hat viel **Anerkennung übrig für jemanden, der sich für sein zweistöckiges Haus gequält hat.** Der Kroate schließt in seine Baupläne seine Kinder grundsätzlich mit ein. Sie sollen später versorgt sein und nicht selbst Häuser bauen müssen. Im Grunde würde der Kroate am liebsten noch für die Enkelkinder mitbauen, wenn das Leben nicht so unberechenbar wäre, denn es lässt sich schwerlich vierzig Jahre im Voraus planen. Man ist auch stolz darauf, was man hat. Protzen ist verpönt, **Bescheidenheit** eine Tugend – trotzdem versteckt man nicht, was man hat. Wer ein großes, teures Auto und einen gutbezahlten Job hat, geht **selbstbewusst** damit um. Ja, das klingt ein bisschen paradox: Denn ein solcher hat sich nicht geopfert, er genießt sein Leben und ist niemandem Rechenschaft schuldig. Aber in diesem Fall ist es wichtig, wie er auftritt: souverän, aber nicht angeberisch. Freundlich, aber nicht demütig. Selbstbewusst, aber nicht eitel.

Man könnte denken: Warum schuftet jemand so viel? Genügt es nicht, für ein Häuschen zu arbeiten, und dann im Rentenalter in der Hängematte zu liegen? So tickt der Kroate aber nicht. Zunächst einmal ist er konstant von innen getrieben, etwas zu tun. Hinzu kommt, dass die **Kinder** nicht mit 18 aufhören, Kinder zu sein – denn die Kroaten fühlen sich für Kinder und Enkel bis zum letzten Atemzug in der Pflicht; egal ob körperlicher Einsatz oder eine Finanzspritze gefragt ist.

Ein bisschen tut er es vielleicht auch für sich selbst, gilt er so doch als **fleißig** und als jemand, der sich **für die Familie aufopfert.** Ein Haus zu bauen, kann sich über viele Jahre hinziehen, denn die Verkäuferin und der Handwerker haben zwar ein Stück Land geerbt, aber verdienen nicht genug, um das Haus innerhalb weniger Jahre fertigzustellen – und die Kinderzimmer im Haus erfüllen nicht mehr ihren eigentlichen Zweck, da die Kinder bereits erwachsen sind, bis das Haus fertig ist. Die Aussage des Umfelds **„Er hat sich aufgeopfert und gequält"** ist **anerkennend und mitfühlend** gemeint.

▷ Das Museum der Illusionen in Zagreb ist ein Paradies für Kinder und Jugendliche

1096i-mb

Kinder und Kindeskinder

„Roditelji su jedini stvoroci, kod kojih je dužnost i ljubav jedno te isto."
„Eltern sind die einzigen Geschöpfe, für die Pflicht und Liebe dasselbe sind"
  (Juraj Jurjević, Publizist und Pädagoge)

Sobald ein Kind geboren ist, und die Frage nach dem Gesundheitszustand positiv beantwortet wurde, widmet man sich der Frage: Wem sieht es ähnlich? Familie, Freunde und Bekannte suchen im winzigen Gesichtchen nach Hinweisen darauf, ob es nach Mutter, Vater, Großmutter oder Großvater schlägt. Das gehört einfach dazu und man findet das Suchen nach Ähnlichkeiten äußerst interessant. Wenn das Baby weder Eltern noch Großeltern ähnlich sieht, dann greift man auf Tante, Onkel oder Urgroßvater zurück. Hat das Kind tatsächlich eine gewisse Ähnlichkeit mit z. B. dem Großvater, so sagt man in Kroatien nicht „Das Kind hat eine gewisse Ähnlichkeit mit Opa Ivan", sondern „isti Ivan" („ganz der Ivan"), denn Übertreibungen sind ausdrücklich erwünscht. Ein kroatisches Kind wächst mit der **Ähnlichkeits-Gesichtsanalyse** auf. Nichts kann einen Vater, eine Mutter oder die Großeltern stolzer machen, als wenn man sagt: „Das Kind sieht ganz genauso aus wie du!" Positive Eigenschaften werden ebenfalls gerne genannt, um den Verwandten eine Freude zu machen – fleißig wie der Vater, hübsch wie die Mutter, klug wie die Großmutter …

Man **liebt seine Kinder über alles,** mehr als alles andere oder irgendjemanden. Eine kroatische Mutter liebt ihren Ehemann, ihre Eltern und ihre Geschwister, aber sie ist eine **Löwenmutter.** Sie würde für ihr Kind ins

Feuer springen – und wehe dem, der Kritik an ihm übt. Wenn er es doch tut, dann empfiehlt es sich für ihn, das diplomatisch und mit einem Augenzwinkern zu tun – und neben der Kritik auch Lobeshymnen in rauen Mengen vorzubringen, damit die Kritik nicht so hervorsticht. Lehrer, die einer Mutter direkt die Unzulänglichkeiten ihres Kindes ins Gesicht schleudern, sind für sie entweder Dummköpfe oder haben von Kindern keine Ahnung. Wenn das Kind hinausgeht – ob zur Schule, in den Klub oder in ein anderes Land – sagen die Eltern: „Pamet u glavu!" („Verstand in den Kopf!"). Das steht sozusagen für „Nimm keine Drogen, lass dich nicht mit den falschen Leuten ein und bleib anständig!"

Die **Eltern verwöhnen ihre Kinder** gerne bis ins hohe Erwachsenenalter, im Grunde so lange sie leben. In gewissem Sinne leben sie für ihre Kinder. Es sind die Kinder, worum sich für sie alles im Leben dreht. Häufig hört man „mala" (Kleine) oder „mali" (Kleiner), statt „Tochter" oder „Sohn", selbst wenn die „Kleinen" schon 30 Jahre alt sind.

Die **Erziehungsmethoden** reichen von antiautoritär bis streng. Auch wenn jeder sagt, er mag das *razmaženo derište* (den „verzogenen Schreihals") nicht, findet man solche so selten nicht. Besonders die Einzelkinder und Nesthäkchen sind gefährdet, mit einem Defizit an Erziehungsstruktur groß zu werden. Ein Übriges tut die Tatsache, dass viele Kinder von der **Großmutter** betreut werden. Kindergärten sind teuer und die Betreuungsplätze ohnehin rar gesät. Die Großmutter ist pensioniert, hat Zeit und

⌃ Für ihre Kleinen ist der Mutter kein Aufwand zu groß

wenn sie noch einigermaßen rüstig ist, dann hütet sie die Enkel, während die Eltern des Kindes bei der Arbeit sind. Bekanntermaßen haben alte Leute manchmal das Bedürfnis, ihre eigenen Versäumnisse als Elternteil an den Enkeln wiedergutzumachen. Die Eltern haben dann die Aufgabe, die Erziehung übers Wochenende in andere Bahnen zu lenken. Wenn sie sich beschweren, dass das Kind zu viele Süßigkeiten gegessen oder beim Spielen etwas kaputtgemacht hat, bekommen sie ein mildes „Ajde, pusti ga" („Ach, lass ihn doch") zu hören. Natürlich, auf seine alten Tage noch die Enkel zu hüten, ist körperlich und geistig anstrengend, ein Nein würde einer Großmutter niemand wirklich übelnehmen, aber für die meisten Großmütter versteht es sich von selbst, dass sie ihre Kinder finanziell entlasten und die Enkel in ihre Obhut nehmen. Schließlich haben sie früher ihre eigenen Kinder ebenfalls von der Mutter betreuen lassen und sie selbst sind in einer Großfamilie aufgewachsen, in der die Großeltern ihren Beitrag zur Kindererziehung geleistet haben.

Die **Großfamilie** ist nicht mehr oft anzutreffen. Ist das Haus groß genug, leben manchmal auch drei Generationen unter einem Dach, aber in separaten Wohnungen. Wenn die Eltern alt und pflegebedürftig werden, werden sie von einem der Kinder aufgenommen oder die Kinder wechseln sich mit der Betreuung ab.

Auf den ersten Blick kann der Vater im Umgang mit seinen Kindern für Nicht-Kroaten etwas rau wirken. Die manchmal zu hörende Drohung „Dat ću ti ..." („Ich geb dir ...") ist einfach nur als Nein zu interpretieren. Wenn der Teenager fragt, ob er auf eine Party gehen darf und der Vater antwortet: „Dat ću ti ja party" („Ich geb dir Party"), dann heißt das einfach Nein.

Die wenigsten Eltern klären ihre Kinder auf. Das wäre den Eltern peinlich, auch heute noch. Für die Eltern ist die Vorstellung schrecklich, sich mit dem Kind hinzusetzen und ihm etwas über Sex zu erzählen. Eine Bekannte der Autorin formulierte es so: „Ich könnte meinen Kindern nach so einem Gespräch nicht mehr in die Augen sehen."

Das Verständnis dafür, dass nicht jeder Kinder haben möchte, hat sich in Kroatien noch nicht so ganz durchgesetzt. Wenn ein Ehepaar nach ein paar Jahren noch immer **keinen Nachwuchs** zu präsentieren hat, kommt in regelmäßigen Abständen die Frage „Što čekate?" („Worauf wartet ihr?"). Jeder, der jung geheiratet hat und sich mit dem Kinderkriegen noch Zeit lassen will, kennt die Frage „Worauf wartet ihr?" zur Genüge. Dass es sogar Menschen gibt, die sich bewusst gegen Kinder entscheiden, ist für die meisten Kroaten schlicht nicht nachvollziehbar. Wenn der Fragesteller sich wegen der genervten Reaktion irgendwann nicht mehr traut zu fragen, findet er einen anderen Weg: Er fragt eine der Mütter der beiden. Und wenn diese Mutter dann auch genervt reagiert und antwortet: „Also, solche Fragen stelle ich denen nicht", dann kommt der Fragesteller zu dem Schluss, dass die beiden keine Kinder haben können, denn nicht wollen wäre schließlich absurd, weil jeder Kinder haben will. Alles andere ist irgendwie nicht normal.

Die Mutter wird bemitleidet, wenn eines ihrer Kinder unverheiratet, ungebunden und kinderlos bleibt. Über „die Arme" wird gesagt: „Du weißt doch, dass sie es gerne sehen würde, wenn ihr Kind sein Leben ordnen würde." Auch wenn man es eigentlich nicht weiß und die Mutter keinen niedergeschlagenen Eindruck macht: Angeblich weiß jeder, dass sie im Innersten darunter leidet.

Die Alten in Familie und Gesellschaft

Seine alt gewordenen Eltern im Pflegeheim unterzubringen, ist nicht besonders salonfähig. Die staatlichen **Pflegeheime** sind in einem soliden Zustand, weder verwahrlost noch schmutzig. Die privaten sind natürlich auf einem höheren Niveau und entsprechend teurer. In Kroatien ist man versucht, sich zu rechtfertigen, wenn man die Eltern nicht **zu Hause betreut.** Man braucht sozusagen einen „triftigen Grund", wenn man auf der Statusskala in der Gemeinde nicht mindestens um einen Punkt nach unten rutschen möchte. Wer drei kleine Kinder hat und ganztags berufstätig ist, dem wird vergeben. Aber wessen Kinder bereits aus dem Haus sind, und der einen Bürojob bis 15 Uhr ausführt, tut gut daran, einen Grund zu finden. Dass die Kinder ihre Eltern regelmäßig im Pflegeheim besuchen und sie finanziell unterstützen, wird dabei vom Umfeld gerne übersehen. Selbst dann, wenn die Kinder unter der finanziellen Belastung ihre eigene Lebensqualität zurückstellen, damit ihre Eltern gut versorgt werden können.

Alt werden und mit der Rente auskommen zu müssen, ist nur auf wenigen Fleckchen dieser Erde eine entspannte Angelegenheit. In Kroatien lebt es sich von der **Rente** äußerst schlecht. Im Durchschnitt beträgt sie ca. 2240 Kuna, also rund 300 Euro (Stand: 2017). Berechnet werden 60,10 Kuna pro erwerbstätigem Jahr. Wenn also jemand 40 Jahre gearbeitet hat, rechnet er 40 x 60,10 und kommt auf 2404 Kuna (320 Euro). Dass man damit nicht weit kommt, versteht sich von selbst. Deshalb unterstützen die Kinder die Eltern im Alter. Bei mehreren Kindern werden die Kosten häufig geteilt. Wenn jemand seine Eltern bei sich aufnimmt, steuern die Geschwister finanziell etwas bei, sodass nicht alles an einem Kind „hängenbleibt".

Um die alten Eltern **kümmert man sich liebevoll und fürsorglich.** Auf dem **Land** ist es insofern einfacher, als dort die Eltern ihren eigenen Wohnbereich haben und die erwachsenen Kinder bei aller gegenseitigen Hilfsbereitschaft noch ihre Privatsphäre behalten. In der **Stadt** gestaltet sich das schwieriger, da sich hier die Enkel manchmal ein Zimmer teilen müssen, um der Großmutter oder dem Großvater ein eigenes Zimmer zu ermöglichen.

Auch heute noch wird sehr **respektvoll** – oder neutral – mit dem **Alter** umgegangen. Ob jemand für die Kamera geeignet ist, entscheidet viel mehr die Referenz als das Alter, und dieses wird nicht groß thematisiert. Als der Eurovision Song Contest 1990 in Zagreb ausgetragen wurde, moderierten Oliver Mlakar und Helga Vlahović. Deutsche Medien beschrieben die beiden als alterndes, langweiliges Moderatorenpaar. Kroatien wollte jedoch lieber zwei „alte Hasen", also erfahrene Medienleute, und sympathisch waren die beiden allemal. Als „alt" haben die Kroaten die beiden nicht empfunden. Oliver Mlakar war zu diesem Zeitpunkt 55 und Helga Vlahović 45 Jahre alt. Die Einstellung gegenüber dem Alter hat sich bis heute nicht geändert. Milan Sijerković (geb. 1935) ist ein sehr beliebter Meteorologe im Fernsehen. Den Zuschauern ist es ziemlich egal, dass er graue Haare und Falten hat. Mit seinem schelmischen Humor und seinen alten Bauernregeln über Wetter und Jahreszeiten weiß er zu unterhalten und ist bei Jung und Alt beliebt.

⌃ Ein Großvater beim Enkelhüten

Rolle der Geschlechter

„Žena muža nosi na licu, a muž ženu na košulji"
„Der Ehefrau sieht man den Ehemann am Gesicht an, dem Ehemann sieht man die Ehefrau am Hemd an."
   (Altes kroatisches Sprichwort)

Der stolze und humorvolle Kroate

Ein Mann, der Verantwortung für seine Familie übernimmt, nicht trinkt und anständig ist, wird der Ehefrau gegenüber als Glücksfall herausgestellt. „Imaš dobroga muža." („Du hast einen guten Mann.") Was eine Selbstverständlichkeit sein sollte, wird der Frau regelmäßig vor Augen gehalten, damit sie auch zu würdigen wisse, wie gut ihr Mann doch sei. Einer Frau, die sich aufreibt und genauso viel tut, wird diese Ehre nicht zuteil. Dieser Fall wird als Normalzustand betrachtet und ist der Lobeshymnen nicht wert.

Unterschiedliche Auffassungen

In einigen Kulturen ist man der Ansicht, dass die Kinder, besonders die Söhne, sich früh abnabeln sollten. Im Jahr 2015 lebten die meisten **Söhne** Kroatiens im Alter zwischen 18 und 34 Jahren **noch bei den Eltern,** nämlich **78 %.** Sie stehen damit an erster Stelle innerhalb der EU-Staaten. An zweiter Stelle kommt die Slowakei und an dritter Stelle Italien. In diesem Zusammenhang hört man so klischeehafte Kommentare wie „Hotel Mama" oder „Muttersöhnchen". So eine vorgefertigte Meinung ist immer schnell ausgesprochen. Doch für den **späten Auszug** gibt es mehrere Gründe. Der **Arbeitsplatz** ist oftmals **unsicher.** Befristete Arbeitsverträge lassen es kaum zu, sein Leben fünf Jahre im Voraus zu planen. Die **Eltern ermuntern** ihre Kinder häufig, **zu Hause zu bleiben** und sich lieber etwas anzusparen (wenn möglich), als für eine Wohnung Geld auszugeben, wo doch bei den Eltern genügend Platz ist. Hinzu kommt, dass man mit diesem Thema relativ „komplexfrei" umgeht. Man hält es nicht für nötig, sich und dem Umfeld zu beweisen, dass man gut alleine zurechtkommt. Der Preis dafür wäre zu hoch, „Preis" im wahrsten Sinne des Wortes.

Für kroatische Eltern bedeutet es kein Opfer, wenn die Kinder lange zu Hause wohnen. Auch später, wenn das Kind eine Familie gründet, verwöhnt man gerne noch die Kinder. Wenn die Ehefrau des Sohnes abwesend ist, also z. B. im Krankenhaus oder verreist, so kommt oft die Mutter zum Putzen und bringt fertig gekochtes Essen mit. Das hat nicht unbedingt etwas damit zu tun, dass man es dem Sohn nicht zutrauen würde oder es ihm nicht „zumuten" möchte, allein zurechtzukommen.

Frauenarbeit und Männerarbeit

Es gibt die konservativen Männer, die strikt trennen zwischen „Frauenarbeit" und „Männerarbeit." Wenn Sie dann doch mal die vermeintliche Frauenarbeit erledigen, um mitzuhelfen, sagen sie ihrer Frau: „Ich habe dir die Küche aufgeräumt", also eine Gefälligkeit erledigt, die eigentlich nicht ihr Job ist. Sie würden keinen Kochlöffel anrühren und haben kein Problem damit, im Sessel zu sitzen und Zeitung zu lesen, während die Frau stundenlang mit Hausarbeit beschäftigt ist.

080kr-rh

Auf dem Land hat diese Aufteilung aber auch eine gewisse „Fairness" an sich, da der Mann teilweise schwere körperliche Arbeit verrichtet. Auch wenn es „nur" Holzhacken ist, wäre es für alle absurd, wenn er danach ins Haus geht und das Geschirr spült.

Ein Bekannter der Autorin wollte seine Frau entlasten und das Geschirr abspülen. Er ließ bei helllichtem Tag die Rollos herunter. Auf die Frage seiner Frau, warum er das täte, antwortete er, dass ihn keinesfalls die Nachbarn sehen sollten. Derselbe Bekannte hat ein Credo, das er mit vielen Kroaten teilt: „Was interessiert mich, was andere von mir denken." Das ist eigentlich ein Widerspruch. Aber widersprüchlich ist es nur hinsichtlich seines Interesses am Umfeld – konsequent ist es hinsichtlich seiner **Definition von Männlichkeit.** Hausarbeit ist für manche auch heute noch nicht ihr Ding und sie betonen gerne, dass sie dafür zwei linke Hände haben. Aber nie und nimmer für das Handwerk, denn Männer wollen als handwerklich geschickt gelten. Ein Mann, der Handwerker ins Haus bestellt, weil er den Wasserhahn nicht selbst reparieren kann? Diese Schmach wird nur Intellektuellen und Akademikern zugestanden, die einen wichtigen Posten haben und dadurch selten zu Hause sind, weil sie viel Geld verdienen.

⌂ Eine Frau verkauft Hausgemachtes am Straßenrand

Im Wandel der Zeit

Ist der typische Kroate ein Macho? Gibt es überhaupt den typischen Kroaten? In diesem Zusammenhang wird gerne die abgedroschene Aussage formuliert, es gäbe „solche und solche", was wiederum richtig ist. Der Kroate **auf dem Land** lebt ein anderes Leben und hat ein anderes Rollenverständnis als der Kroate **in der Stadt.** Besonders deutlich werden die **Unterschiede** jedoch **zwischen der älteren und der jüngeren Generation.** Die Rolle, die der Mann als Ehemann und Vater verkörpert, hat sich grundlegend geändert.

Ein übertrieben männlich aufgeplusterter Kerl (was gemeinhin als Macho verstanden wird) ist der **Kroate** grundsätzlich nicht. Es ist vielmehr so, dass er sich in seiner Rolle, in seinem Körper und in seinem Auftreten wohl damit fühlt, wie er ist. Und hier wird der Kroate von Nichtkroatinnen häufig missverstanden. Er tut nicht machomäßig, um irgendeine Unsicherheit zu verbergen. Er gibt sich, wie er ist: **souverän und selbstbewusst.** Wer hinter der rauen Schale einen weichen Kern vermutet, liegt meistens richtig.

In der Vergangenheit herrschte in gewisser Hinsicht eine Doppelmoral. Es galt als salonfähig und normal, dass der junge Mann sich „austobte", bevor er eine Familie gründete. Die eigenen weiblichen Familienmitglieder wie Schwester oder Tochter lagen ihm am Herzen (und die Mutter sowieso) und die sollten von niemanden ausgenutzt werden. Wer sich nun aber vergnügen wollte, machte sich herzlich wenig Gedanken darum, dass das betreffende Mädchen ja auch jemandes Tochter oder Schwester war.

Das **„Hörner-Abstoßen"** war eher **Männersache.** Ohne Doppelmoral wäre das aber schwerlich möglich gewesen. Heute gilt es als völlig normal, dass die Kroatin vor der Ehe einen oder mehrere Freunde hat. Dadurch ist das weibliche Hoffen, ob er es wohl auch ernst mit ihr meint, in den Hintergrund gerückt. Wenn einer von beiden erkennt, dass sie nicht zueinander passen, wird eben Schluss gemacht, unabhängig vom Geschlecht.

Mann- und Vaterrolle

Das Klischee des „Südländers", der unbedingt einen Stammhalter zeugen möchte, erfüllt der Kroate bedingt. Ein **Sohn,** im Idealfall als Erstgeborener, ist der heimliche oder offene **Wunsch vieler Kroaten.** Trotzdem spielt das Geschlecht mittlerweile eine untergeordnete Rolle. In früheren Zeiten meinte man augenzwinkernd über den dalmatinischen Mann, er würde bei der Geburt eines Sohnes verkünden: „Rodija se sin!" („Ein Sohn ist geboren!" in dalmatinischem Dialekt). Bei einer Tochter würde er ausrufen: „Rodilo se dite!" („Ein Kind ist geboren!"). Der Sänger Marko Jelavić hat ein fröhliches Lied gesungen mit genau diesem Titel: „Rodija se sin." Darin geht es um einen Vater, der nach fünf Töchtern nun endlich einen Sohn bekommen hat.

Und dann gibt es in Kroatien die Väter in spe, die sich bewusst eine Tochter wünschen, ihre kleine Prinzessin, der sie jeden Wunsch erfüllen und die sie verwöhnen möchten; was manche auch tun, weshalb das Vorurteil über die *jedinica* (weibl. **Einzelkind**) sich durchsetzen konnte. Dieses Vorurteil besagt, dass sie verwöhnt ist, weil man ihr alles durchgehen ließ und der Vater mit Argusaugen über sie wacht. Wer eine *jedinica* heiratet, trifft damit beim Umfeld auf unterschiedliche Auffassungen. Einerseits habe so ein Mann es nicht leicht, weil Papas Prinzessin es immer guthaben solle. Andererseits glaubt man, dass so ein Schwiegersohn es leichter habe, weil er alles Mögliche von der neuen Familie bekäme, schließlich konzentriere sich alles materielle Vermögen nur auf die *jedinica* und ihren Mann.

Die jungen **Kroaten** tun es immer häufiger: **Babys wickeln und füttern.** Was für die heutige Generation normal wird, war für deren Väter noch unvorstellbar. Kroaten, die vor 1960 geboren sind, haben sich darauf konzentriert, ihre Familie zu ernähren und ihren Kindern den richtigen Weg in ein gutes Leben zu weisen. Die jungen Väter sind heute verspielter und lockerer im Umgang mit dem Nachwuchs und sie glauben auch nicht, dass ihnen ein Zacken aus der männlichen Krone bricht, wenn sie ihr Baby baden und es versorgen. Trotzdem sind es immer noch nur magere 3 %, die **Erziehungsurlaub** nehmen und mit dem Baby zu Hause bleiben, während ihre Frau arbeiten geht. Diese Hemmung dürfte weniger in der mangelnden Hingabe an Frau und Kind zu suchen sein als in der Gesellschaft, die für solche Männer ein spöttisches Lächeln übrighat. *Ljenčina* (Faulpelz) sagt man über Männer, die lieber zu Hause „rumhängen", als arbeiten zu gehen. Oder noch schlimmer: *papučar* (Pantoffelheld). Und das ist so ziemlich das Schlimmste, was man über ihn sagen kann, den stolzen Kroaten. Einmal *papučar,* immer *papučar.* Väter streben heute nicht mehr danach, den Kindern gegenüber eine Autoritätsperson zu sein, sondern wünschen sich ein Vertrauensverhältnis zu ihnen und betrachten die Kindererziehung nicht mehr als alleinige Aufgabe der Mutter.

Apropos Nachwuchs: Noch bis in die 1990er-Jahre hinein bewunderten Männer ihr Neugeborenes durch eine Glasscheibe. Dann kam der plötzliche Umbruch: Sie durften bei der **Geburt** dabei sein. Für die Alten war das eine schwer vorstellbare Wandlung, und so sagte eine alte Frau darüber: „Wenn ich tot wäre, dann würde ich mich jetzt im Grabe umdrehen. Gott bewahre! Ein Mann bei der Geburt dabei …"

Mutige Frauen in schwierigen Zeiten

*Die Journalistin und Schriftstellerin Marija Jurić Zagorka (1873-1957)
war Redakteurin der Zeitung Obzor (Rundschau), gründete die erste
Frauenzeitschrift, ženski list (Frauenblatt), und danach Hrvatica (Kroatin). Sie war zu jener Zeit die meistgelesene Buchautorin. Zagrebs Erzbischof Strossmayer ermunterte sie zur Schriftstellerei, so wie er sie vorher
zum Journalismus ermuntert und sie darin unterstützt hatte. Besonders
„Grička vještica" („Die Hexe von Grič"), eine Romanreihe in sieben Bän-
den, bescherte ihr ein riesiges Lesepublikum. Aber auch mit historischen
Romanen hatte sie Erfolg, z. B. mit „Vitez Slavonske ravni" (Ritter der sla-
wonischen Ebene"). Ihre unglückliche Ehe mit einem Ungarn verarbeitete
sie im Roman „Kamen na cesti" („Ein Stein auf der Straße"), der als erster
feministischer Roman in Kroatien bezeichnet wird. Das Buch ist stark au-
tobiografisch und beschreibt die Befreiung aus einer zermürbenden Ehe.
Ihre Heldinnen sind kluge und mutige Frauen. Manch männlicher Kolle-
ge gönnte ihr diesen Erfolg nicht und bezeichnete ihre Werke als seichte
Schundliteratur. Weitere Bezeichnungen waren muškarača (Mannweib),
„Autorin für Bäuerinnen" und „Suffragette", die „sich lieber des Kochlöffels
statt der Feder annehmen sollte". Unter den Beschimpfungen litt sie sehr,
trotzdem sagte sie später: „Moja težnja uvijek je bila emancipacija žena."
(„Mein Streben war stets die Gleichberechtigung der Frauen.") Heute sagen
männliche Schriftsteller, sie sei ihrer Zeit voraus gewesen.*

*Vinka Bulić (1884-1965) war Journalistin und thematisierte und hinter-
fragte als Erste bewusst die gesellschaftliche Rolle der Frau. Sie war Mit-
gründerin der Organisation ženski pokret (Frauenbewegung), die von 1926
bis 1929 bestand. Bulić engagierte sich auch humanitär und ehrenamtlich
für Frauen, im Schulwesen, für Bildung und Aufklärung.*

*Mara Matoćec (1886-1967) war Schriftstellerin und Dichterin, die sich
politisch engagierte. Sie war aktiv an der Bauernbewegung von Stjepan
Radić beteiligt. Nachdem ihr Mann, Soldat der Österreichisch-Ungarischen
Armee, den Ersten Weltkrieg nicht überlebt hatte, musste sie alleine drei
Kinder durchbringen. Moralische Unterstützung fand sie in Antun Radić
und dessen Bruder Stjepan von der Bauernpartei. Die Brüder meinten, sie
solle der Öffentlichkeit ihr Talent zeigen und gegen Vorurteile angehen.
Als Stjepan Radić sie im Mai 1921 bei einer Mitgliederversammlung vors
Mikrofon bat, damit sie ein paar Worte an ihre Schwestern richtete, rief
ein Mann, Weiber sollte man nicht sprechen lassen. Radić antwortete, wer
etwas gegen Frauen hätte, gehörte nicht in die Bauernpartei, denn er wäre
nicht Teil der Bewegung und des Programms. Wenn man Gutes fürs Volk
wollte, müsste man Frauen in das gesellschaftliche Leben einführen. Nach*

dem Mord an Stjepan Radić 1928 unterstützte sie dessen Nachfolger Vlad-ko Maček politisch nicht mehr, obwohl sie ihn persönlich schätzte. Maček erschien ihr in seiner Position zu abwartend. Mara Matočec arbeitete bis in die 1940er-Jahre, schrieb, hielt Reden und gründete eine Frauenorganisation.

Savka Dabčević-Kučar (1923–2009) war eine der bedeutendsten kroatischen Politikerinnen und eine der Initiatorinnen des „Kroatischen Frühlings".

Jadranka Kosor (geb. 1953) war von 2009 bis 2011 Kroatiens Ministerpräsidentin und nahm auf ihre elegante Art kein Blatt vor den Mund. Ihr Ziel war die Korruptionsbekämpfung. Als Ministerpräsidentin unterzeichnete sie 2011 gemeinsam mit dem Präsidenten Ivo Josipović den EU-Beitrittsvertrag.

Vesna Pusić, Professorin und Parteivorsitzende der Volkspartei (HNS), war Mitbegründerin der feministischen Gruppe žena i društvo (Frau und Gesellschaft) im Jugoslawien der 1970er-Jahre.

⌃ Zagorka-Statue in Zagreb

Die unauffällig-emanzipierte Kroatin

Wenn eine Frau nett und lieb ist, wird sie manchmal wohlwollend als *ženskica* (**Frauchen/Fräulein**) bezeichnet, eine **Verniedlichungsform** von Frau. Die Bezeichnung ist nett gemeint und kommt sowohl von Männern als auch von Frauen. Manchmal manövrieren sich Frauen selbst in eine fragwürdige Position. So hat die Präsidentin des Landes, **Kolinda Grabar Kitarović,** auf Wahlplakaten nur mit ihrem **Vornamen** geworben. Vor ihrer Kandidatur war sie Botschafterin in den USA und stellvertretende Generalsekretärin in der NATO. Heute wird sie von der Bevölkerung und manchmal den Medien nur Kolinda genannt, als hätte jedermann mit ihr Brüderschaft getrunken.

Früher gingen die Töchter aus dem Haus und heirateten in die Familie des Mannes, der Sohn übernahm das Anwesen oder den Hof. Diese Sitte ist heute nur noch äußerst selten anzutreffen. Die **Häuser und die Grundstücke** der Eltern werden **gerecht aufgeteilt,** unabhängig von Geschlecht oder Rangfolge. Sollte nach einer Übereinkunft der Sohn im Haus bleiben wollen und die Tochter nicht, so wird die Tochter ausbezahlt.

082kr-rh

⌃ Harte körperliche Arbeit wird auch von Frauen übernommen

Emanzipation ohne Revolution

Emanzipiert waren die **Kroatinnen** in gewisser Hinsicht früher als die Frauen in manchen anderen Ländern, z. B. den USA, wo die „Hausfrau" ein Idealbild war. Kroatische Frauen ergreifen seit der Industrialisierung Berufe. Auf dem Land waren sie zwar Hausfrauen und Bäuerinnen, haben aber in der Landwirtschaft und wegen der vergleichsweise großen Kinderzahl ebenfalls viel gearbeitet. In den Klein- bis Großstädten gab es nur sehr wenige Frauen, die nicht gearbeitet haben und ausschließlich Hausfrauen waren. Auch diejenigen, die aus finanziellen Gründen nicht unbedingt mussten, gingen arbeiten.

Das **gemeinsame Gehalt** war schon immer eine Selbstverständlichkeit, egal ob die Frau ein eigenes Gehalt bezogen hat oder nicht. War der Ehemann Arbeiter und Handwerker und die Frau Bäuerin, hat er der Frau sein **gesamtes Gehalt übergeben.** Die Schattenseite dieser „Großzügigkeit" war, dass die Frau zusehen musste, dass dieses Geld bis zum nächsten Gehalt reichte. Schließlich war sie für Einkaufen und Ernährung zuständig. Von denjenigen Männern, die gut verdient haben (Unternehmer, Akademiker etc.), hörte man selten bis nie, dass sie ihr gesamtes Gehalt der Frau zur freien Verfügung übergeben hätten.

Schon in früheren Zeiten konnten Mädchen und Frauen **studieren,** wenn sie wollten. Das galt in den meisten Familien als wünschenswert und die Eltern waren stolz und förderten die Tochter.

Soweit die emanzipierte Seite. Gleichzeitig entsprach es früher der gesellschaftlichen Rolle der Frau, „anständig" zu sein und am besten den ersten festen Freund zu heiraten, mindestens zwei Kinder zu bekommen und eine gute Ehefrau und Mutter zu werden. Dass sie mit einem Freund in *divlji brak* (wilder Ehe) zusammengelebt hätte, hätte den Eltern nicht nur missfallen, sie hätten sich mit der Tochter zerstritten und ihr vorgeworfen, den Eltern Schande zu bereiten.

Seit der Jahrtausendwende hat die Kroatin sich noch ein ganzes Stück mehr emanzipiert. **Feminismus** und **Emanzipation** sind aber seit jeher **Randthemen.** Die Durchschnittskroatin spricht nicht viel über diese Themen, sondern geht unspektakulär ihren Weg. Eine führende Persönlichkeit im Feminismus hat es in Kroatien nie gegeben. Es gibt eine ansehnliche Liste an Frauen, die als Feministinnen galten oder gelten, aber keine Frau, die als „kroatische Feministin" bekannt ist, wie beispielsweise Simone de Beauvoir in Frankreich oder Alice Schwarzer in Deutschland – und deren Name direkt mit dem Feminismus verbunden ist. Feministinnen melden sich regelmäßig zu Wort und Medien berichten über Chauvinismus oder Ungleichheit. Aber der „große Knall", der sich in Massenaufmärschen äußert, hat in Kroatien nicht stattgefunden.

Es herrscht der „übliche" **Chauvinismus,** wie man ihn auch von anderen Ländern kennt. Einen großen Unterschied in der Stellung und Behandlung der Frau wird man in Kroatien nicht feststellen. Jedenfalls stehen einer Frau grundsätzlich alle Wege offen. Dass sie auf ihrem selbstbewussten Weg auch auf Männer trifft, die sich von ihr bedroht fühlen, ist leider anzunehmen.

Das gute Aussehen

Eines wird man relativ selten antreffen: Eine Kroatin mit „praktischer" Frisur, ungeschminkt und nachlässig gekleidet. Es gibt für sie ein ungeschriebenes Gesetz: Bitte das Haus nur wie aus dem Ei gepellt verlassen! Wenn man die Straße entlanggeht, glaubt man manchmal, die weibliche Bevölkerung wäre heute auf eine Hochzeit eingeladen. Trifft sie sich in der Stadt mit einer Freundin auf einen Kaffee, ist das für sie noch längst kein Grund, sich nicht perfekt zurechtzumachen und in ihre besten Kleider zu werfen. Die Mode hat einen großen Stellenwert. Es gibt einige talentierte und erfolgreiche kroatische Modedesigner, wer aber ganz groß hinauswill, muss nach Frankreich oder Italien ziehen. Der bekannteste ist Damir Doma (geb. 1981 in Kroatien), der in Deutschland aufgewachsen ist und dort studiert hat. Heute lebt er in Paris und ist sehr erfolgreich.

„Kleider machen Leute" heißt hier „Odijelo čini čovjeka" (wörtl. „Ein Anzug macht einen Mann" – „čovjek" heißt „Mensch", wird aber oft für „Mann" verwendet). Es gibt einen ergänzenden Spruch dazu, der lautet: „Odijelo ne čini čovjeka, ali čini gospodina." („Ein Anzug macht keinen Mann, aber einen Herren.") Im Sprichwort ist vom Mann die Rede, aber eigentlich müsste es eher auf die weibliche Bevölkerung zugeschnitten sein.

Auf dem Land kann die Sache schon etwas anders aussehen. Um nur mal eben im Dorfladen Besorgungen zu machen, reichen auch Jeans und Sweatshirt. Wenn dieselbe Frau aber zur Arbeit fährt, gibt sie ein anderes Bild ab. Für eine Kroatin ist es der Anfang vom Ende, wenn sie anfängt, nachlässig auszusehen oder sich ihre **Weiblichkeit** nicht mehr leisten kann – ein **Statussymbol,** ähnlich wie das Auto für den Kroaten. Die Autorin kennt ältere Kroatinnen, die in jungen Jahren nähen gelernt haben, weil sie sich die schicke Kleidung in den Läden nicht leisten konnten. Es wird auch gerne untereinander getauscht, wenn der Geldbeutel zu schmal ist, um sich regelmäßig neu einkleiden zu können.

Schönheits-OPs sind auch in Kroatien beliebt und werden immer populärer – und sie wären wohl noch beliebter, wenn sie sich mehr Kroatinnen leisten könnten. Die erste Klinik für ästhetische Medizin wurde 1967 von Boško Milojević eröffnet. Finanziell schwache Patienten soll er einige

Male sogar kostenlos operiert haben. Die häufigsten OPs waren damals u. a. Korrekturen an Nase und Ohren. Sein Sohn Nikola Milojević wurde ebenfalls ästhetischer Chirurg und eröffnete 2005 eine Klinik in London und 2011 eine in Zagreb. Die Preise variieren in Kroatien sehr stark, je nach Klinik und Arzt. So kann eine Nasenkorrektur 4000 oder 8000 Kuna kosten. Besonders beliebt sind heute Brust-OPs.

Bildung und Arbeit

Was die geringe Anzahl der Väter anbelangt, die Erziehungsurlaub nehmen, so liegt die Ursache dafür auch bei den Frauen, die über arbeitende Mütter Tratsch verbreiten. Eine Mutter, die ihr Baby beim Ehemann zu Hause lässt, ruft Erstaunen hervor, denn die **Mutterschaft** wird in Kroatien **großgeschrieben.** Das Kind in die Krippe oder zu den Eltern zu bringen, ist absolut normal. Wenn es aber der eigene Mann hütet, während sie arbeitet, werden ihr schon mal fehlende Mutterinstinkte vorgeworfen. Klingt unlogisch, ist es wohl auch.

Frauen verdienen ca. 10 % weniger als Männer, was man im Vergleich mit anderen Ländern schon als erfreulich bezeichnen könnte. Im Durchschnitt verdient eine Frau ca. 5000 und ein Mann ca. 5500 Kuna. Ein großes Problem für Frauen ist die Tatsache, dass **Teilzeitstellen rar** gesät sind. Einen unbefristeten Arbeitsvertrag bekommen nur 8,4 % der Frauen, während es bei Männern 19,5 % sind, so das HZZ – Hrvatski zavod za zapošljavanje (Kroatisches Arbeitsamt). Auch wenn Frauen 51,8 % der Einwohner ausmachen, wurden im Jahr 2011 nur 35 % Frauen beschäftigt, bei Männern lag die Quote im selben Jahr bei 47,6 %.

Die Mädchen und Frauen sind, was **Hochschulausbildung** anbelangt, stark auf dem Vormarsch. Im Jahr 1960 waren noch 29,5 % der Menschen, die einen Doktor in Medizin hatten, weiblich, im Jahr 2014 satte 61,7 %. Auch in der Justiz sind Frauen mit ansehnlichen 40 % als Richterinnen vertreten und als Anwältinnen mit 42,9 %. Im Finanz- und Versicherungswesen sind Frauen mit 68,8 % vertreten, in der Politik dagegen nur mit 15,2 %. Die **Politik** ist immer noch eine **Männerdomäne.**

In einem Artikel einer ausländischen Zeitung war zu lesen, dass in südosteuropäischen Ländern (u. a. Kroatien) eine Diskussion wie in Deutschland über **Sexismus am Arbeitsplatz** undenkbar sei. Undenkbar ist sie keineswegs. Es wird darüber nämlich ebenfalls hitzig und offen diskutiert. Der Artikel zieht als Beispiel eine kroatische Sängerin heran, die ausschließlich ihre Rolle als Sexsymbol spiele. Soweit die Meinung des Artikels. Es mutet seltsam an, dass Madonna oder Shakira in dieser Rolle als *tough* und emanzipiert gelten, eine „südosteuropäische" Sängerin dagegen als dümmliches Sexsymbol. Der Artikel beruht auf Annahmen und Vorurteilen. Wer sich längere Zeit in Kroatien aufhält, wird feststellen, dass es hier in Frauenfragen keine merklichen Unterschiede zu Ländern gibt, die als fortschrittlich und modern gelten.

Geburtenrückgang und Abtreibungen

Abtreibungen sind seit 1978 legal, allerdings kann es für Frauen ein schwieriges Unterfangen werden, eine solche vorzunehmen, da es Ärzte und Krankenhäuser gibt, die sich weigern, eine Abtreibung durchzuführen. Eine offene Debatte darüber bleibt schwierig, weil Kroatien einerseits fortschrittlich und modern sein möchte, aber andererseits die katholische Kirche auf Teile der Bevölkerung großen Einfluss hat. Die Politik stellt sich nicht gerne gegen die Thesen der Kirche. Egal wie man zum Thema Abtreibung stehen mag, es ist eine skurrile Situation, denn in anderen Ländern wissen die Leute zumindest, was Sache ist, und dass eine Abtreibung illegal ist. In Kroatien ist sie **legal, aber schwer durchführbar.** Wenn Frauen eine Klinik finden, dann bezahlen sie zwischen 850 und 3000 Kuna, je nach Krankenhaus.

Wie in vielen anderen Ländern bewegt sich die **Geburtenrate** auf einem niedrigen Level. Die Politiker stehen in der Pflicht, bessere Bedingungen für die Familien zu schaffen. Aber unter dem Einfluss der Kirche und von Anti-Abtreibungsinitiativen wird vielmehr die Gesellschaft in die Pflicht genommen. Sie soll Kinder gebären, ohne Rücksicht darauf, ob es ihr finanziell möglich ist, sie großzuziehen. Die mangelnde Geburtenrate hängt an der **wirtschaftlichen Situation.** Bei den Gründen für Abtreibung wird zu 75 % die Wirtschaftslage angegeben. Solange die Wirtschaft nicht stabil und die Arbeitsplätze nicht sicher sind, wird sich an dem Natalitätsproblem nichts ändern. Die meisten der Frauen sind verheiratet und haben bereits Kinder. Sie fürchten, ihren Arbeitsplatz zu verlieren und dann die Familie nicht mehr durchbringen zu können.

Im Mai 2016 fand der **Protestmarsch Hod za život** (Der Gang für das Leben) in Zagreb statt, an dem Tausende Menschen teilnahmen. Die Gattin des damaligen Premierministers Tihomir Orešković (der fast sein ganzes Leben in Kanada verbracht hat und Karriere in der Pharmaindustrie machte) drückte es bei diesem Protestmarsch so aus: „Ich denke, dass jede vernünftige Person sich für das Leben entscheidet und nicht für den Tod." Hajdi Begović, eine der Initiatorinnen dieses Protestmarsches, sagte: „Was ist Kroatien ohne Kroaten?" Diese Aussagen lösen bei einigen Menschen Ängste aus. Im Jahr 2015 sind mehr Menschen gestorben, als Babys geboren wurden. Im selben Jahr wurden über 2300 Kinder weniger geboren als im Jahr davor. Vier Monate vor diesem Protestmarsch, am 1. Januar 2016, zeigte sich der Demograf

Stjepan Šterc im Fernsehen besorgt über den **Geburtenrückgang.** Er bedrohe die ganze Nation, meinte er. Man sollte aus dem Staatshaushalt sämtliche Posten streichen, die „Parasitensysteme" finanzierten. Auch viele Bürger sind der Auffassung, dass der Staat am falschen Ende spare (beispielsweise bei jungen Familien) und gleichzeitig viel Geld verpulvere.

Die dunkle Seite

Und wie sieht es mit der dunkelsten Seite der Mann/Frau-Konstellation aus, mit **häuslicher Gewalt?** Im Jahr 2014 gab es 13 Tötungsdelikte, begangen von aktuellen oder ehemaligen Lebenspartnern an ihren Frauen, und 338 Frauen wurden durch die Hand ihrer Partner oder Ex-Partner schwer verletzt. Pro Kopf gerechnet, ergeben diese traurigen Zahlen, dass es kaum Unterschiede in Sachen häuslicher Gewalt im Vergleich mit anderen Ländern gibt. Wie hoch die Dunkelziffer ist, darüber kann man nur spekulieren. Anonyme Befragungen würden vermutlich ein klareres Bild ergeben, wie sie z. B. in Großbritannien und Kanada durchgeführt wurden und in denen ca. 30 % der Frauen angaben, mindestens einmal Opfer häuslicher Gewalt geworden zu sein. In Kroatien wird vermutet, dass jede vierte Frau mindestens einmal Opfer häuslicher Gewalt ist. Gesellschaftlich herrscht die Meinung vor, dass nur *divljaci* (Wilde/Rohlinge) ihre Partnerinnen schlagen. Das Frauenhaus in Zagreb hat Untersuchungen durchgeführt und gibt an, dass 13 % der Männer mit hoher Bildung und 34 % mit mittlerer Schulbildung ihren Partnerinnen gegenüber gewalttätig werden.

In jeder größeren kroatischen Stadt gibt es **Einrichtungen zum Schutz von Frauen und Kindern,** die teilweise von der Caritas mitgetragen werden. Seit der Jahrtausendwende sind sehr viele Organisationen, Verbände und Frauenhäuser entstanden. Bis dahin gab es **Frauenhäuser** nicht. Misshandelte Frauen suchten früher bei Verwandten oder Freunden Schutz. Auch die Kirche kümmerte sich in der Vergangenheit um Frauen und Kinder, die vor häuslicher Gewalt geflohen waren.

In Zagreb engagieren sich z. B. Ženska soba (Zimmer für Frauen/Frauenzimmer) für Frauenrechte, Feminismus und gegen gesellschaftliche Ungerechtigkeiten, oder auch Autonomna ženska kuća – das autonomes Frauenhaus.

Der Verband B.a.B.e. – Budi aktivna. Budi emancipiran. (Sei aktiv. Sei emanzipiert. – Das *aktivna* ist weibl. und das *emancipiran* männl.) wurde 1994 gegründet und setzt sich allgemein für Frauenrechte ein. Der Verband bietet u. a. rechtliche und psychologische Unterstützung an.

Scheidungen und alternative Lebensgemeinschaften

Das DZS – Državni zavod za Statistiku Republike Hrvatske (Staatliches Büro für Statistik der Republik Kroatien) gibt an, dass im Jahr 1950 noch 37.995 Ehen geschlossen und im selben Jahr 3137 Ehen geschieden wurden. Im Vergleich zu heute wurde viel geheiratet und weniger Menschen ließen sich scheiden. Mitte des 20. Jahrhunderts ließ eine Frau sich scheiden, wenn dafür gravierende Gründe vorlagen. War der Mann gewalttätig und alkoholabhängig, dann war eine Scheidung die logische Konsequenz. In ländlichen Gebieten hatte eine Scheidung damals für viele Familien etwas Schandhaftes. Die Einstellung änderte sich aber während der nächsten Jahrzehnte. Frauen arbeiteten, verdienten ihr eigenes Geld, wurden selbstbewusster und ließen sich nicht nur aus „gravierenden Gründen" scheiden. Sie waren eher bereit, alleinerziehend zu sein als früher. Im Jahr 2014 wurden 19.501 Ehen geschlossen und 6570 geschieden. Im Vergleich zu 1950 werden heute nur noch halb so viele Ehen geschlossen und doppelt so viele Ehen geschieden.

Das **Heiratsalter** hat sich nach hinten verschoben. Waren die Frauen im Jahr 1970 bei Eheschließung durchschnittlich 21,6 Jahre alt, waren es bei den Männern 25,5 Jahre. Das Durchschnittsalter im Jahr 2014 lag bei Frauen bei 28,1 und bei Männern 30,9 Jahren. Heute will man länger seine Jugend genießen, weshalb ein Paar oft jahrelang zusammen ist, bevor es zusammenzieht oder heiratet. Das Zusammenziehen war bis Ende des 20. Jahrhunderts noch eine Seltenheit und wurde als *divlji brak* (wilde Ehe) bezeichnet. Das sah man nicht nur bei Töchtern

Immer noch wichtig: der Tag der Frauen

Neben dem Muttertag hat der „Internationale Frauentag" am 8. März immer noch Bedeutung. Im sozialistischen Jugoslawien hieß der Tag „8. mart - osmi mart", heute „Međunarodni dan žena" („Internationaler Frauentag"), verkürzt „Dan žena", man hört aber auch immer noch „osmi mart". In den Medien wird daran erinnert, dass Frauen die Gleichberechtigung nicht geschenkt bekamen, sondern sie sich weltweit hart erkämpft haben. An diesem Tag bekommen die Frauen von ihren Männern (aber auch Eltern, Kindern, Geschwistern und guten Freunden) Blumen und kleinere Geschenke oder werden von ihren Partnern ins Restaurant ausgeführt. Der Tag hat in etwa den gleichen Stellenwert wie der Muttertag, nur auf andere Art.

ungern, sondern durchaus auch bei Söhnen, weil die Eltern sich geordnete Verhältnisse wünschten. Seit der Jahrtausendwende ist das Zusammenziehen vor der Ehe normal geworden. Trotzdem wird, früher oder später, eine Heirat erwartet. Dem Zusammenleben begegnet man mittlerweile mit Gelassenheit und Toleranz, aber nur als Lebensphase des Paares, nicht als Dauerzustand. Während eine Frau mit 30 Jahren früher als Spätgebärende galt, ist das heute nichts Ungewöhnliches mehr. Ihr erstes Kind bekam die Frau 1960 im Schnitt im Alter von 23,5 Jahren, im Jahr 2014 mit 28,4 Jahren.

In der Gemeinschaft

Alltag und Lebensqualität

Das neue Gesundheitsbewusstsein

Das **Bewusstsein für eine gesunde Lebensweise** ist heute ausgeprägter denn je. Die Informationen darüber haben in den Medien einen großen Stellenwert eingenommen. Die Ansichten über gesunde **Ernährung** sind heute ganz andere als früher. Das hochgepriesene *domaće* (hausgemacht) wird nicht mehr vorbehaltlos als das Nonplusultra angesehen. Der geräucherte Schweinebauch war *domaće* und somit – gesund. Das Fleisch in Schweineschmalz zu braten, wurde ebenfalls als gesund gepriesen, weil es nicht industriell vonstattenging. Dass es sich hier nur um leere Kalorien ohne Nährwert handelt, weiß man längst. Das hausgemachte *maslo* (Butterschmalz – auch bekannt als indisches „Ghee") war stets Bestandteil der kroatischen Küche. Bei den Städtern war es sehr begehrt, damit konnten die Menschen vom Land ihnen immer eine Freude machen. Und nach wie vor hat man trotz allem für das „domaće" eine Schwäche. Alles, was keine Fabrik verlassen hat und stattdessen zu Hause von Hand gefertigt wurde, ist grundsätzlich das Gelbe vom Ei. Egal ob die Produktion ein Gütesiegel hat – wenn es nicht „domaće" ist, dann ist es für einige nicht das Wahre. Die Initiative **Kupujmo Hrvatsko!** (Kaufen wir kroatisch!) wurde 1997 von der Hrvatska gospodarska komora (Kroatische Handelskammer) ins Leben gerufen, und appelliert an die Konsumenten, bevorzugt kroatische Ware zu kaufen. So sollen Arbeitsplätze gesichert und soll die Binnenwirtschaft angekurbelt werden. Tatsächlich greifen Kroaten generell lieber zu *domaće,* allerdings nur, wenn sie sich das leisten können. Die Preisunterschiede zwischen einheimischer und importierter Ware sind oft groß; weshalb es genügend Leute gibt, für die der Preis das Kriterium ist und nicht das Produktionsland. **Lebensmittel einzukaufen, ist abenteuerlich.** In den

ausländischen Discountern gibt es Waren zu kaufen, die in Kroatien viel teurer angeboten werden als in deren Ursprungsland. Hinzu kommt, dass kroatische Produkte generell teuer sind. Man verbringt viel Zeit mit Preisvergleichen, denn in beiden Kategorien gibt es günstige Produktvarianten oder Angebote.

Man greift heute beim Kuchenbacken öfter zu Vollkornmehl, verwendet Soja und gesunde Öle. **Bio-Produkte** florieren und wären noch nachgefragter, wenn sie erschwinglicher wären.

Obwohl die gesunde Ernährung immer mehr Anhänger hat, hat sich parallel dazu das **Fastfood-Problem** entwickelt. Jeder sechste Kroate sei zu dick, wird gewarnt. Das Problem sei gerade bei Kindern besorgniserregend. Fastfood gab es auch früher schon in Form von Pizza oder *burek* (dem türk. „Börek" sehr ähnlich – Blätterteig mit Füllung, z. B. Hackfleisch oder Käse). Seit McDonald's und der riesigen Auswahl an Tiefkühlprodukten hat das Fastfood im Alltag an Beliebtheit hinzugewonnen. Früher gab es kaum Untersuchungen zum Übergewicht, weshalb Vergleiche diesbezüglich schwierig sind. Aber wer vor 20 oder 30 Jahren durch eine kroatische Fußgängerzone ging und das heute wieder tut, wird nicht unbedingt feststellen, dass die Leute dicker geworden sind, eher im Gegenteil. Die Ernährung früher war kalorienreich, hinzu kommt, dass die Menschen heute mehr auf ihr Aussehen und ihr Gewicht achten. Verheiratete Frauen mit zwei Kindern waren oft mit Mitte dreißig schon übergewichtig, weil sie sich gehen ließen. Heute achten sowohl Frauen als auch Männer mehr auf ihr Aussehen und somit auch auf ihr Gewicht.

⌃ Ein Imker und Landwirt verkauft vormittags auf dem Markt seine Erträge

Psychische Erkrankungen

Einen Wandel gab es auch, was die Ansichten über psychische Probleme betrifft. War jemand im 20. Jahrhundert psychisch krank, nannte man ihn „bolestan na živce" (nervenkrank), was medizinisch gesehen nicht korrekt, aber in der Alltagssprache bis Ende des 20. Jahrhunderts üblich war.

Psychische Erkrankungen werden längst nicht mehr als „Verrücktsein" oder als Grund, sich zu schämen, angesehen. Einer Familie ist es nicht mehr peinlich, dass ein Verwandter unter Depressionen leidet. Eine Psychotherapie findet nicht mehr im Verborgenen statt. Vielmehr werden Menschen darin bestärkt, sich einer Behandlung zu unterziehen und man bietet demjenigen und der Familie Unterstützung an. Die Kroaten haben viel Mitgefühl für eine Familie, die einen kranken Verwandten hat, ob er nun körperlich oder psychisch krank ist.

Ein größeres Verständnis für psychische Erkrankungen entwickelte man in Kroatien durch die Kriegsveteranen und deren psychische Traumata. Die Veteranen sterben früher als der Durchschnitt der Bevölkerung – an Blutkreislaufproblemen, Herzinfarkt, Hirnschlag oder an den Folgen schwerer Verletzungen. Viele von ihnen waren nach dem Krieg nicht mehr arbeitsfähig. Einige verfielen dem Alkohol oder begingen Selbstmord. Unzählige Männer leiden noch heute unter einer posttraumatischen Belastungsstörung. Angstzustände und Alpträume plagen sie und manche sind aggressiv, worunter die ganze Familie leidet. Leichte bis schwerste Depressionen oder Schizophrenie sind die psychischen Erkrankungen, mit denen nicht wenige der Veteranen leben.

Die Werbung für Abnehmprodukte wird immer mehr und das Angebot immer größer. Dünne Frauen werden nicht mehr mit *palica* (Stock) verglichen, denn Schlanksein ist erstrebenswert.

Essen und Trinken als Lebensgefühl

„I didn't have any idea of what Croatian cuisine was. Zero. I had no picture in my mind. This is world class food, world class cheese, world class wine."

„Ich hatte keine Ahnung von der kroatischen Küche. Null. Ich hatte dazu keine Bilder im Kopf. Das ist Weltklasse-Essen, Weltklasse-Käse, Weltklasse-Wein."

(Anthony Bourdain, Star- und Fernsehkoch sowie Autor des Bestsellers „Geständnisse eines Küchenchefs")

Häusliche Gewohnheiten

Ein **ausgiebiges Frühstück** ist in Kroatien unüblich. Morgens wird Kaffee getrunken, evtl. mit einer Scheibe Brot oder Toast mit Butter und Marmelade. Als die Menschen auf dem Land noch in größerer Zahl kleine Bauernhöfe führten, aß man dort zum Frühstück oder als Imbiss Brot mit *škorup/kajmak* (Schicht aus Rahm, die sich oben beim Erhitzen der Milch bildet und abgeschöpft und kaltgestellt wird).

Die **Brotzeit** isst man sowohl bei der Arbeit als auch zu Hause zwischen Morgenkaffee und Mittagessen bzw. am Nachmittag. An der Küste heißt die Brotzeit *marenda,* in Zagreb *gablec* und auf Hochkroatisch *užina.* Vereinzelt hört man auch noch *fruštik* oder *fruštuk.*

Die wichtigste Mahlzeit ist der *ručak* (das **Mittagessen**). Wenn beide Ehepartner berufstätig sind, ersetzt das frühe Abendessen den *ručak.* Dass einfach nur Spaghetti gekocht oder eine Pizza in den Ofen geschoben wird, ist eine moderne Unart, wie man hier gerne feststellt. Eine selbst gekochte Mahlzeit pro Tag wird von den meisten Frauen auch heute noch auf den Tisch gebracht – sofern es zeitlich irgendwie machbar ist. Abgesehen von den Arbeitszeiten plant man nicht das Essen nach den Terminen, sondern richtet seine Termine nach dem Mittagessen. Die Mütter der heute Berufstätigen haben abends für den nächsten Tag vorgekocht. Heute machen das nur noch wenige Frauen.

Besonders **sonntags** ist das **Essen reichlich und schmackhaft** zubereitet. Eine Suppe ist selbstverständlich – in der Regel ist das eine klare Hühner- oder Rinderbrühe, bevorzugt mit *domaći rezanci* (hausgemachtem Nudelteig). Als Hauptspeise gibt es **Fleisch** in jeder erdenklichen Form: gebacken, paniert, gegrillt ... Häufig backt die Hausfrau sonntags auch noch einen *kolač* (Kuchen). Auch wenn es mittlerweile viele **Brotsorten** gibt und man sogar das Vollkornbrot neu entdeckt hat, bleibt trotzdem das Weißbrot die Nummer eins unter den Brotsorten. Es steht bei jedem Mittagessen auf dem Tisch, ob es dazu passt oder nicht. Eingefleischte Weißbrotesser konsumieren es sogar zur Suppe und zu Nudeln.

Am Essen wird nicht gespart, denn das wäre der Anfang vom Ende. Nach Möglichkeit wird **jeden Tag gekocht** und auch Gäste werden großzügig bewirtet.

In der Regel hat man zu Hause einen großen **Vorrat an Lebensmitteln.** Diejenigen, die genügend Platz haben, besitzen eine *škrinja* (Gefriertruhe). Sie steht im Keller, im Schuppen oder in der Speisekammer. Je größer, desto besser. Manche sind so groß wie ein Kleinwagen.

Egal wie und auf welche Weise sich jemand ernährt, in jedem Fall haben **Essen und Trinken** in Kroatien eine **große Bedeutung.** Frauen, die nicht ko-

Extrainfo 14 (s. S. 7): Doku mit dem amerikanischen Koch Anthony Bourdain über die Essenskultur in Kroatien

chen können, findet man immer noch etwas seltsam. Männer, die das Essen ihrer Liebsten nicht mögen oder Mamas Küche vorziehen, haben nichts zu lachen. Heutzutage schwingen auch Männer den Kochlöffel, manchmal am Wochenende – und natürlich stehen sie im Sommer am Grill.

Große **Feiertage** verbringt man im Kreis der Familie. In den Küchen der Mütter und Schwiegermütter werden Menüs gekocht und die Familie findet sich zum Essen ein. Dass man an katholischen Feiertagen wie Ostern oder Heiligabend und Weihnachten ins Restaurant zum Essen ginge, ist für Kroaten unvorstellbar. Die meisten **Restaurants** haben an diesen Tagen ohnehin geschlossen. Ausländische Restaurants wird man immer noch nicht viele finden. Die Kroaten sind leidenschaftliche Esser und auch Feinschmecker. Sie scheuen weder Zeit noch Mühe, wenn es ums Kochen geht. Ausländischer Küche steht man immer noch skeptisch gegenüber. Indisch? Japanisch? Thailändisch? – nicht wirklich. Chinesische Restaurants mussten wieder schließen, weil zu wenige Gäste kamen. Da geht man doch lieber ins heimische Gasthaus, da weiß man, was man bekommt. Durch die Kochsendungen und das vermehrte Reisen öffnen sich die Jüngeren aber allmählich gegenüber ausländischen Küchen.

Übrigens ist die Pizza in Kroatien göttlich!

Wenn ein Maurer am Haus arbeitet oder der Maler die Küche streicht, wird für sein leibliches Wohl gesorgt. Getränke und Kaffee verstehen sich von selbst und manchmal lädt man ihn auch zum Mittagessen ein. Das Motto der Kroaten lautet: Wenn genug für vier Leute da ist, dann ist auch genug für fünf da.

⌃ Grillfest in Bibinje

Touristisch oder authentisch?

Noch heute verbinden viele Touristen kroatisches Essen mit „Balkanküche", unter der sie hauptsächlich **Ćevapčići** und **Ražnjići** verstehen. Tatsächlich gilt Ćevapčići bei den Kroaten mehr oder weniger als Fastfood, das man am Strand kauft oder zu Hause in der Pfanne brutzelt, wenn wenig Zeit ist. Abgesehen davon kommen die Ćevapčići eigentlich aus Bosnien-Herzegowina. In einem kroatischen Haushalt wird nicht merklich mehr Ćevapčići gegessen als in den Haushalten anderer europäischer Länder.

Einige der Restaurants an den Küstenstraßen bieten immer noch die einseitige Speisekarte an, die man schon in- und auswendig kennt: Ćevapčići oder Ražnjići mit Pommes und Salat.

Letztendlich sollte man das aber auch nicht zu eng sehen. Überall bieten die Einheimischen den Touristen das an, was jene erwarten oder mögen. Es geht dabei um Angebot und Nachfrage. Trotzdem ist es natürlich schade, wenn man die original kroatische Küche nicht probiert, obwohl man regelmäßig seinen Urlaub dort verbringt. Als Tourist kann man deshalb leicht ein falsches Bild von der kroatischen Küche bekommen. Wenn Sie Ćevapčići mit Pommes mögen, dann ist dagegen nichts zu sagen, aber wenn Sie die authentische Küche Kroatiens kennenlernen möchten, dann suchen Sie nach Restaurants außerhalb des Touristentrubels oder nach einer **konoba.** Eine *konoba* ist ein gemütlicher, rustikaler Weinkeller mit bestem Essensangebot, viel frischem Fisch und Gemüsebeilagen – und gutem Wein.

Nicht selten hat der Wirt einer *konoba* auch eigenen Wein im Angebot.

Die kroatische **Küche** ist **unglaublich vielfältig.** Gründe dafür sind die kulturellen, geschichtlichen, ökonomischen und geografischen Einflüsse. In Kroatien finden sich sowohl exklusive Fischrestaurants, die sich dann natürlich in der oberen Preisklasse befinden, als auch kleine, familiengeführte Fischrestaurants, die preisgünstig sind, allerdings nicht neben den großen Hotels liegen. Am besten sucht man im Internet

◁ Bohneneintopf kommt nicht mehr so häufig auf den Tisch, aber immer noch regelmäßig. Dazu wird jede Menge Weißbrot gereicht.

nach *riblji restoran* (Fischrestaurant) oder nach *konoba* in Verbindung mit dem jeweiligen Ortsnamen.

Wer sich auf die authentische Küche Kroatiens einlassen möchte, der sollte zunächst einmal Ćevapčići und Ražnjići vom Speiseplan streichen (so lecker man es auch finden mag).

Was in Kroatien (und seinen Nachbarländern) gerne und regelmäßig zu Hause gekocht wird, ist *grah* (Bohnen), auch *fažol* genannt. Was man anderenorts nur in Dosen kauft, wenn man mal Lust auf Chili con carne hat, wird hier auf dem Markt eingekauft, evtl. auch abgepackt im Supermarkt. Zuerst weicht man die Bohnen über Nacht ein, kocht sie über mehrere Stunden und rührt, wenn man mag (muss aber nicht), eine Mehlschwitze an. Die restlichen Zutaten, die man zusätzlich hineingibt, können je nach Geschmack stark variieren. Nudeln, Gerste, Sauerkraut ... Für Vegetarier ist das Gericht nicht zu empfehlen, denn in den Topf kommen Speck, Geräuchertes oder deftige Würste. Dieses Gericht wurde früher in vielen Familien einmal pro Woche gekocht. Auch wenn es heute nicht mehr ganz so häufig auf den Tisch kommt, vom Speiseplan verbannt ist es noch lange nicht.

Wer **Fisch** mag, muss ihn nicht nur gebraten, gegrillt oder gedünstet genießen. Eine Köstlichkeit ist *bakalar*. Das ist eine Art Fischgulasch aus getrocknetem Kabeljau – dazu passt am besten *palenta*. Dasselbe Gericht gibt es noch in der Variante mit gemischtem Fisch, was dann *brudet* heißt. Es gibt auch *bakalar na bijelo* (weißer Bakalar), was aussieht wie eine Paste und als Brotaufstrich verwendet wird.

Übrigens sagt der Volksmund, dass der Fisch dreimal schwimmt: im Meer, in Öl und in Wein. Auch was Gewürze angeht, hat man darüber eine Volksweisheit zur Hand: „Uzalud je začina, ako nema načina." („Die Gewürze sind umsonst, wenn es an der Methode fehlt.") Und tatsächlich wird **nicht viel gewürzt,** weil man der Ansicht ist, dass die Qualität des Essens und die Zubereitung ausschlaggebend für die gute Küche sind. Zu stark gewürztes Essen sieht man eher als „übertüncht" an. Außer Salz, Pfeffer und Paprikapulver verwendet man hier und

▷ Fischplatte mit „blitva" (Mangold)

da auch Vegeta, die zwar treue Käufer hat, aber längst nicht in jedem Haushalt steht und von vielen mit konsequenter Ignoranz gestraft wird. Es gibt viele Hausfrauen, die ihr Essen natürlich belassen wollen und keine Zusätze verwenden.

In der **Küstenregion** dominiert natürlich der **Fisch,** aber trotzdem verzichtet man hier deshalb nicht auf **Fleisch.** In **Slawonien** ist der ungarische und deutsche Einfluss zu spüren: Hier geht es **deftig** und **pikant** zur Sache und überhaupt mit viel Fleisch, Wurst, Speck, Kartoffeln, Sauerkraut ... Die vermutlich bekannteste und sehr beliebte Wurst kommt aus Slawonien und heißt *kulen* (gesprochen „Kullen" und nicht „Kuhln"). In dieser Salami ist reichlich Knoblauch. Was sollen die „Deutschkroaten" ihren Leuten in Deutschland immer aus Kroatien mitbringen? – Rakija und Kulen!

Kohlrouladen sind in Kroatien eine andere Angelegenheit als in Deutschland: Man verwendet dafür Sauerkraut und keinen frischen Kohl. Der ganze Kohlkopf wird sauer eingelegt, dann wird aus den Blättern die *sarma* gemacht. Mit im Topf: Geräuchertes oder *kobasice* (Würste). Die *sarma* ist besonders an Neujahr beliebt, weil man sie über zwei Tage essen kann und dann nicht neu zu kochen braucht.

Als Beilage empfehlen sich *blitva* (Mangold) oder *palenta* (auch bekannt als *polenta*), aber auch *mlinci* (Teigspezialität) oder *sataraš,* was gebratenes Gemüse mit Reis ist.

Käse-Liebhaber sollten Kroatien nicht verlassen, ohne den Schafskäse von der Insel Pag probiert zu haben, den *paški sir.* Allerdings hat Kroatien generell ausgezeichneten Käse! Der *paški sir* ist nur der bekannteste (und mit vielen internationalen Preisen ausgezeichnet). Auf dem Markt findet sich eine gute Auswahl an Käse aus Schafs-, Ziegen- oder Kuhmilch.

Wer **Salat** isst, der sollte diesen ebenfalls auf dem Markt kaufen und probieren. Hier schmeckt er tatsächlich noch nach Salat, intensiv und aromatisch, besonders mit Olivenöl!

Getränke

Die Kroaten sind **passionierte Kaffeetrinker.** Sie kochen ihn zu Hause in der *džezva* (nach Art der Türken in einer kleinen Kanne, ähnlich dem *Mocca*), im italienischen Espressobereiter oder mit einer Kaffeemaschine – Hauptsache Kaffee. Was man in Kroatien allerdings vergessen kann, ist der Latte macchiato im Café. Er wird nicht im Glas, sondern in einer Tasse serviert und man kann dabei keinen Unterschied zwischen Latte macchiato und Cappuccino feststellen.

Die ältere Generation trinkt **Tee,** wenn sie krank ist. Die Jüngeren sind Tee gegenüber aufgeschlossener, so ist auch grüner Tee in Mode gekommen.

Importiertes **Bier** findet sich zur Genüge, aber auch das hiesige ist wahrlich nicht schlecht. Die beliebtesten Marken sind Ožujsko, Karlovačko und Pan. Die 1997 gegründete Brauerei Pivovara ličanka bei Gospić hat sich mit ihrem hellen und dunklen Bier „Velebitsko" noch nicht richtig auf dem Markt etabliert – zum Bedauern vieler Bierkonsumenten, denn das Bier ist von hoher Qualität. So kommt das Wasser für die Herstellung aus dem Naturpark Velebit.

Šljivovica (ausgesprochen „Schljiwowitza"), das bekannte Getränk, hat nur einen Anteil von 6 % am allgemeinen Alkoholkonsum.

Rakija ist der Sammelbegriff für Schnaps, hauptsächlich aus Obst gebrannt. Die Kroaten können so ziemlich jedes Obst verwerten und zu Schnaps brennen: Pflaume (*šljiva = šljivovica*), Birne (*kruška = kruškovača*), Trauben (*grožđe = lozovača/komovica*), aber auch andere Früchte werden verarbeitet: Quitten, Äpfel, Kirschen, Feigen oder Aprikosen. Dann gibt es noch *rakija* mit Kräutern *(travarica),* mit Honig *(medica/medovača)* und mit Walnüssen *(orahovac).*

Ferner wird angenommen, dass *rakija* auch zur Bekämpfung von Bakterien dient, sowohl innerlich als auch äußerlich. Innerlich für den Magen und äußerlich zur Desinfizierung von Wunden. Die Menschen, die auf dem Land schwer arbeiteten, tranken diesen Schnaps auch, weil sie dadurch ein geringeres Durstgefühl verspürten. Dass Alkohol dem Körper Wasser entzieht, wovon er bei körperlicher Arbeit umso mehr braucht, wusste man damals noch nicht. Nebenbei soll der Schnaps auch das Immunsystem stärken. Hin und wieder ein Gläschen *rakija* sei sehr gesund und ersetze den Arzt, sagen Hartgesottene. Besonders natürlich der *domaća,* der hausgemachte.

„kolači" gibt es nicht nur an Feiertagen

Süßes gibt es in allen möglichen Geschmacksrichtungen und Formen. *Palačinke* (Pfannkuchen), *fritule* und *štrukli* (Teigwaren) sind allseits beliebt, an Feiertagen wie Ostern und Weihnachten wird *orehnjača* (Walnussstrudel) gebacken. Der gute alte *biskupski kruh* (das „Bischofsbrot") wird hauptsächlich an Weihnachten zubereitet, aber es spricht nichts dagegen, ihn auch als normalen Kuchen zum Nachmittagskaffee zu servieren. Ein Klassiker sind *kremšnite,* ein Kuchen mit Blätterteig und dazwischen Vanillecreme und Schlagsahne. Es gibt viele Varianten davon, z. B. mit Schokolade oder geschlagenem Eiweiß.

Die *kolači* (Kuchen) werden regelmäßig zubereitet, nicht nur zu besonderen Gelegenheiten. Dabei sind Weihnachten, Ostern, Hochzeiten, Taufen und Geburtstage jene Tage, an denen es *kolači* in Hülle und Fülle gibt – in allen möglichen Farben und Formen, mit den unterschiedlichsten

Vino: der kroatische Wein

Bereits vor 3000 Jahren soll auf dem Gebiet des heutigen Kroatiens Weinanbau betrieben worden sein. Doch ist der kroatische Wein alles andere als weltbekannt und das leider ganz zu Unrecht. Aber die Konkurrenz ist groß und diese Konkurrenten haben größere Weinbaugebiete und profitieren von wirtschaftlich besseren Bedingungen. Die kroatischen Winzer sehen sich mit ungünstiger Steuerpolitik und hohen Margen der Gastronomen konfrontiert. Günstige ausländische Weine, die importiert werden, machen die Lage nicht besser. Die Preise der ausländischen Weine bewegen sich zum Teil bei unter einem Euro und sind für die Mittelklasse damit attraktiver als inländische Weine. Der Import soll mindestens fünfmal höher sein als der Export.

Im Ausland finden sich neben den Franzosen, Spaniern und Italienern auch südafrikanische, ungarische und chilenische Weine auf den Speisekarten und im Supermarktregal. Den kroatischen Wein sucht man im Ausland oftmals vergebens, obwohl dieser den Konkurrenten qualitativ in nichts nachsteht – weder der vom Privatwinzer noch der von den kommerziellen Anbietern Badel, Istravino und Belje. Sie alle bieten vom einfachen Tischwein bis zum erlesenen Qualitätswein ein vielfältiges Angebot und können zahlreiche und renommierte Preise vorweisen.

Die Kroaten sind generell Weintrinker und viele betreiben den Weinanbau aus purer Leidenschaft und mit viel Aufwand und Hingabe. „Vinograd traži slugu a vino gopodara", heißt es im Volksmund: „Der Weinberg verlangt nach einem Diener und der Wein nach einem Herrn."

Gerne mischen die Kroaten schweren Rotwein, z. B. Dingač, mit stillem Wasser und nennen das „bevanda". Um im Weißwein die eventuelle Säure zu neutralisieren, geben sie manchmal Wasser mit Kohlensäure hinzu und nennen das „gemišt". Beliebt ist auch „bambus", bestehend aus Rotwein und Cola. Weinkenner, die Qualitätsweine schätzen, werden solchen Vermischungen eher widerstehen.

Die Weinbaugebiete verteilen sich auf das Küstenland (mediterran) und das Landesinnere (kontinental). Kroatien gehört flächenmäßig nicht ge-

Geschmacksrichtungen. Aber diese Kuchen werden normalerweise nicht für jeden einzeln auf einem Kuchenteller angerichtet und mit einer Kuchengabel gereicht, sondern in kleine Stücke (Rechtecke oder Vierecke) geschnitten und jeder nimmt sich vom großen Teller bzw. Tablett, wann und so viel er will. Das hat den Vorteil, dass man nicht ein großes Stück

rade zu den größten Ländern Europas, erstreckt sich aber über mehrere klimatische Zonen. Die Zahl der Sonnenstunden und die Temperatur haben auch Einfluss auf den Wein. In der Regel lässt sich der Rotwein der Küste zuordnen und der Weißwein dem Landesinneren. Ganz vorne stehen Graševina (weiß), Plavac mali (rot), Malvazija istarska (weiß), Merlot (rot), Cabernet Sauvignon (rot) und Chardonnay (weiß). Mit einem Anteil von zwei Dritteln überwiegen deutlich die Rotweine gegenüber den Weißweinen. Der Rotwein heißt hier übrigens „Schwarzwein" („crno vino").

Die in Kalifornien beliebteste und meistangebaute Rebe „Zinfandel" stammt aus Kroatien und kam über Wien nach Amerika. In Kroatien trägt sie den Namen „Crljenak Kaštelanski".

Das Weinfestival in Zagreb findet jährlich statt und bietet verschiedene Veranstaltungen für Profis und Laien. Winzer, Gastronomen und Hoteliers, Sommeliers, Journalisten und Promis sorgen für Weinkunde mit Unterhaltungswert. Leckeres Essen gibt es ebenfalls. Interessenten können sich auf der Website vino.com.hr einen Einblick verschaffen.

einer Sorte aufessen muss, sondern wechseln kann. Die kroatische Hausfrau nimmt sich zum Backen immer wieder Zeit. Die Tante der Autorin aus Dalmatien buk, als ihre Kinder noch zu Hause wohnten, jeden Tag (!) einen kolač, und das, obwohl sie ihren kleinen Bauernhof, den Garten, die Familie und den Haushalt organisieren musste.

Rezept für „Biskupski kruh"

Dieses Rezept stammt aus einem Buch von 1952. Die Autorin hat es etwas abgeändert, indem sie den Zucker reduziert und Aprikosen hinzugefügt hat.

Zutaten:
150 g Mehl
200 g Zucker
1 Teelöffel Backpulver
100 g geschmolzene Butter
80 g getrocknete Aprikosen (kleingehackt)
80 g getrocknete Feigen (kleingehackt)
80 g Rosinen
80 g Walnüsse (kleingehackt)
5 Eier
1 geriebene Schale einer unbehandelten Zitrone

Zubereitung:
Zucker und Eier in einer großen Schüssel mit dem Schneebesen verrühren. Mehl und Backpulver hinzufügen, nochmals durchrühren. Die getrockneten Früchte und die Walnüsse hinzugeben und mit einem Kochlöffel vermengen. Die geschmolzene Butter hinzufügen, danach die geriebene Zitronenschale. Ein weiteres Mal gut durchrühren. Den Teig in eine vorgefettete Kastenform geben und bei ca. 180 °C rund 60 Min. backen. Zum Test kann man mit einem Messer in den Kuchen stechen. Wenn keine Teigreste am Messer bleiben, ist der Kuchen fertig. Mindestens eine Stunde auskühlen lassen. Nach Wunsch mit Puderzucker bestäuben.

Freundschaften und Kollegenbeziehungen

„Bolje sam nego loše kumpanjan"
„Lieber alleine, als in schlechter Gesellschaft"
  (Sprichwort aus dem Küstengebiet)

Die Kollegenbeziehungen sind oft auch privater Natur. Wenn man bereits eine Weile zusammengearbeitet hat, entstehen Vertrauensverhältnisse und private Gespräche. Die Auffassung, dass ein rein weibliches Arbeitsumfeld schlechter sei als ein gemischtes, wird hier selten vertreten. Den Ausdruck der „Stutenbissigkeit" gibt es nicht. Unter Kollegen duzt man sich normalerweise. Ein großer Teil der Freundschaften im Erwachsenenalter sind aus ehemaligen oder aktuellen **Arbeitsbeziehungen** entstanden. Man verbringt die Pausen zusammen im Café und lädt einander nach Hause ein. Der Wechsel zum Privaten geschieht relativ schnell. Das kann von Nachteil sein, wenn es tatsächlich zum Konflikt kommt. Wenn das Berufliche und Private miteinander verwoben sind, lässt sich dann die Grenze nur schwer ziehen – weil man sich täglich auf der Arbeit über den Weg läuft.

Freundschaften in Kroatien sind nicht leicht zerbrechlich. Sie halten einiges aus und so schnell nimmt man sich nichts übel. Wenn jemand sich seltsam verhalten hat, wird man zunächst nach Erklärungen suchen. Vielleicht hatte er Probleme bei der Arbeit, ist übermüdet oder hat einfach nicht nachgedacht. Vielleicht hat man es einfach falsch interpretiert ... Wenn es dann doch mal zum Konflikt kommt, dann ist man schnell bereit zu vergeben. Jeder macht doch Fehler, sagt etwas Blödes oder hat mal schlechte Laune.

Die **Kroaten** sind gegenüber ihren Freunden **loyal** und **solidarisch.** Und sie tun viel dafür, Freundschaften zu erhalten. Ist eine Freundschaft erst einmal über Jahre gereift und hat man Höhen und Tiefen miteinander durchlebt, ist man schnell bereit zu verzeihen. Man muss keine starren Regeln befolgen, Hauptsache man ist „echt". Damit kommen die Kroaten irgendwie klar, mag sie das eine oder andere auch irritieren oder stören. Es ist jedenfalls besser, als eine aufgesetzte Maske. Damit eine Freundschaft zerbricht, muss sehr viel oder etwas Schwerwiegendes passieren, eine wirkliche Beleidigung und bewusste Kränkung zum Beispiel, denn das **Ehrgefühl** der Kroaten ist ziemlich **ausgeprägt.** Auch direkte Bewertungen der Person, kombiniert mit Verbesserungsvorschlägen für das Verhalten, können „in den falschen Hals" geraten, weil der Kroate sich wie ein bevormundetes Kind vorkommt. Aggressiv seine Meinung durchzusetzen, kommt ebenfalls nicht gut an. Man wird demjenigen in Zukunft aus dem Weg gehen. Hitzige Diskussionen und Meinungsverschiedenheiten hingegen legt man zügig bei, denn trübe Wolken am Verwandtschafts- oder Freundschaftshimmel werden als sehr belastend empfunden.

Wenn man sich ernsthaft verkracht, lässt man einfach den Kontakt ruhen, ohne schlecht über den anderen zu sprechen. Aber ein klärendes Gespräch ist so gut wie immer zielführend, weil jeder das Gefühl hat, die Verbindung retten zu wollen. „Schlussmachen" ist bei Freundschaften absolut unüblich und es werden weder Abschiedsbriefe geschrieben noch Äußerungen wie „Wir sollten uns nicht mehr sehen" getan. Solche mögen gut gemeint sein, wirken in Kroatien aber zu romantisch-pathetisch und lösen peinliche Verwirrung aus.

So wie man in seiner kleinen Welt die Menschen schätzt, so muss auch Wertschätzung vom jeweils anderen ausgehen: Über **Freunde des anderen** wird nicht schlecht gesprochen. Der neue Partner einer Freundin oder eines Freundes wird nicht schlechtgemacht. Man vertritt hier das Credo: „Wenn er ihr genügt, dann genügt er mir allemal".

Einer guten Bekannten zu sagen „Was willst du denn mit dem?", kommt einer persönlichen Beleidigung gleich und ist fehl am Platz. Das **Einmischen in Partnerschaften** ist nur in wirklich engen Freundschaften erwünscht, die sich durch Offenheit und Ehrlichkeit auszeichnen, nachdem man einander schon viele Jahre kennt.

Sport – und überhaupt: Fußball!

Die sportlichen Erfolge Kroatiens sind groß. Egal ob Fußball, Hand- oder Basketball, Schwimmen oder Hochsprung, Tennis oder Wasserball – in all diesen Sportarten gab es bei internationalen Wettkämpfen schon Gold, Silber oder Bronze.

Sport wird sowohl **aktiv** ausgeübt, als auch als **Zuschauer** verfolgt und gefeiert. Auf sämtlichen **Schullehrplänen** ist Sport wesentlicher Bestandteil, wird aber auch in der **Freizeit** gerne und viel betrieben. Sonnenbaden im Sommer ist natürlich Pflicht.

Trotz vieler Sportbegeisterter wird kritisiert, dass sich zu viele Menschen zu wenig bewegen. Ein typisch modernes Problem.

Seit *kraljica* Janica (Königin Janica) Kostelić 2002 und 2006 vier Gold- und zwei Silbermedaillen als alpine Skirennläuferin gewann, haben die Kroaten das **Skifahren** für sich entdeckt.

Tennis hat seit dem French-Open-Sieg durch Iva Majoli 1997 und später durch den Wimbledon-Sieg von Goran Ivanišević 2001 ebenfalls an Popularität gewonnen. **Basketball, Handball** und **Wasserpolo** sind seit Jahrzehnten sehr beliebte Sportarten. Aber auch **Schachklubs** verzeichnen einen steten Anstieg an Mitgliedern – im Gegensatz zu **Jagdverbänden,** die immer weniger Mitglieder verzeichnen. **Angeln, Bodybuilding** und **Kampfsport** sind ebenfalls gut vertreten. Finanziert werden die Vereine aus einem Staatsfonds, durch Sponsorengelder und Mitgliedsbeiträge.

Ein großer **Basketballstar** war **Dražen Petrović** (1964–1993), der in den USA Erfolge feierte und mehrmals als bester europäischer Basketballspieler ausgezeichnet wurde. Mit 29 Jahren kam er bei einem Verkehrsunfall in Deutschland ums Leben. Am Steuer saß seine Freundin Klara Szalantzy. Sie ist heute mit dem ehemaligen Fußballer Oliver Bierhoff verheiratet. Petrovićs Tod löste in Kroatien große Bestürzung aus. Er wurde 2002 in die Hall of Fame aufgenommen, war aber nicht der erste kroatische

Basketballspieler, dem diese Ehre zuteilwurde: Bereits 1996 gelang dies **Krešimir Ćosić** (1948–1995).

Die schöne und 1,93 Meter große **Blanka Vlašić** wurde 2007 und 2009 **Hochsprungweltmeisterin,** bei den Olympischen Spielen 2008 gewann sie Silber und 2010 war sie Leichtathletin Europas.

Ivano Balić (geb. 1979) wurde 2003 und 2006 zum **Welthandballer** gewählt.

Es gibt in Kroatien ca. **16.000 Sportvereine.**

Der **Fußball** steht ganz oben auf der Beliebtheitsskala. Mit über 1400 registrierten Fußballvereinen ist die Fußballliebe ungebrochen, gefolgt von Handball und Basketball. Das erste offizielle Fußballspiel fand 1873 in Rijeka statt. Initiator war der Engländer und Besitzer der Torpedo-Fabrik Robert Whitehead. Ungarische Eisenbahnarbeiter und englische Angestellte aus Whiteheads Fabrik trugen das Spiel aus. Der erste Verein entstand 1903 in Zagreb, der Kroatische Fußballverband wurde 1912 gegründet.

Seinem **Verein** bleibt der junge Fan noch weit ins Erwachsenenalter treu verbunden. Die drei größten Fußballvereine sind **Dinamo Zagreb, Hajduk Split** und **HNK Rijeka.**

Severina, eine Sängerin aus Split, singt in ihrem Lied „Dalmatinka" (Dalmatinerin) folgenden Refrain:

„Eine Dalmatinerin hat drei Lieben,
Die erste ist meine *Gospa* (Mutter Gottes)
Die zweite ist mir deine Liebe
Die dritte ist die Farbe Weiß" (Die Farbe Weiß steht für Hajduk Split!)

△ Im Zagreber Fußballmuseum kann man ein Foto mit Mario Mandžukić machen

Die Fanklubs, welche vielmehr Ultra-Gruppierungen entsprechen, der drei großen Vereine tragen einprägsame Namen: Bad Blue Boys (Dinamo Zagreb), Torcida – Spanisch bzw. Portugiesisch für Clique/Fan – (Hajduk Split) und Armada (HNK Rijeka).

Die **Loyalität** gegenüber dem Fußballverein kennt keine Grenzen und keinen Spaß. Blöde Sprüche oder Herabsetzungen sind definitiv Dinge, die der Fußballfan nicht duldet. Als **Franjo Tuđman** Anfang der 1990er-Jahre Dinamo Zagreb in Croatia Zagreb umbenannte (weil ihm das „Dinamo" wohl zu kommunistisch war), bekam er die Wut der Fans mit voller Wucht zu spüren. Er musste Pfiffe und Beleidigungen hinnehmen, was einem Gesichtsverlust gleichkam. Die Umbenennung zurück zu Dinamo erfolgte im Jahre 2000.

Die Fans der **Nationalmannschaft** nennen sich *vatreni* („die Feurigen") oder *kockasti* („die Gewürfelten"), bezogen auf das Schachbrettmuster in der Fahne (s. S. 66).

Die Schattenseite der Fußballbegeisterung sind die **Hooligans,** die bereits auf unangenehme Weise für Aufsehen sorgten. Die wohl größte Aufmerksamkeit erregten sie bei der **Europameisterschaft 2016.** Im Spiel gegen Tschechien führte Kroatien mit 2 : 1, dann kam es in der 86. Minute zu einer ungewollten Spielpause. Feuerwerkskörper wurden auf das Spielfeld geworfen und sichtlich irritierte kroatische Spieler sahen beschämt und enttäuscht in ihren Fanblock. Kurz darauf kam es unter den kroatischen Fans zu einer Schlägerei. Diejenigen Fans, die das Werfen der Feuerwerkskörper nicht guthießen, droschen auf die Hooligans ein. In Kroatien gab es heftige Kritik von Politik, Medien und der Bevölkerung. Man schäme sich zu Tode und diese Hooligans sollten aufs Schärfste bestraft werden, meinten viele. Zu dieser Tat gab es mehrere Theorien: Wollten die „Fans" auf die Missstände (Korruption, Veruntreuung) im kroatischen Fußballverband aufmerksam machen? Waren die Hooligans gar keine Kroaten, sondern hatten sich nur als solche verkleidet? Ging es einfach nur ums Randalieren und war das Spiel nur ein Ventil für eine Handvoll Wilder? Die meisten vermuten Ersteres. Es soll bereits im Vorfeld eine Ankündigung der Krawalle dieser fanatischen Fans gegeben haben, die während der EM auf die UEFA Druck ausüben wollten. Diese sollte die Korruption im kroatischen Fußballverband unterbinden und bestrafen.

Die **Niederlage Deutschlands bei der WM 1998** gegen Kroatien (0 : 3) war für die Deutschen schwer zu verkraften. Tatsächlich war Kroatien damals für viele eine riesige Überraschung. Am Ende belegten die Kroaten Platz drei und Davor Šuker wurde Torschützenkönig. Auch wenn die Nationalmannschaft als souverän und erfolgreich und einzelne Spieler als die besten der Welt gelten, konnte sie an diesen Erfolg als Nationalmannschaft nicht mehr anknüpfen.

Es gibt zahlreiche **kroatische Fußballspieler,** die in ihren Vereinen erfolgreich sind und hoch gehandelt wurden oder werden, z. B. Ivica Olić (FC Bayern München, VfL Wolfsburg), Ivan Klasnić (FC St. Pauli, Werder Bremen), Luka Modrić (Tottenham Hotspur, Real Madrid), Mario Mandžukić (FC Bayern München, Atlético Madrid, Juventus Turin), Ivan Rakitić (FC Schalke 04, FC Sevilla, FC Barcelona), Mateo Kovačić (Inter Mailand, Real Madrid), Ivan Perišić (Borussia Dortmund, VfL Wolfsburg, Inter Mailand) oder Dejan Lovren (FC Southampton, FC Liverpool).

Auch war es der Fußball, der als **Zündfunke des Krieges (1991–1995)** angesehen wird (s. S. 51).

Alte und moderne Süchte

Die **größten gesellschaftlichen Probleme** sind **Alkohol, Drogen und Glücksspiel.** Die Alkoholabhängigkeit ist nicht neu, der Drogenkonsum hat sich während des Krieges und nach dem Krieg vervielfacht und ist längst keine Randerscheinung mehr. Das Glücksspiel verführt an gefühlt jeder Ecke und bietet die Möglichkeit zum Zocken.

Drogen, Glücksspiel und Alkohol setzen in Kroatien jährlich ca. sechs Milliarden Kuna um; allerdings ist darin auch der Tabakkonsum enthalten.

Diese gesellschaftlichen Probleme werden heute nicht mehr unter den Teppich gekehrt oder gar verteufelt. In früheren Zeiten galten diese Probleme pauschal als Charakterschwäche, ohne Berücksichtigung von Umfeld oder Prägung. Durch die Medien und dadurch, dass Experten wie Mediziner und Psychologen zu Wort kommen, hat man einen anderen Zugang zu den Betroffenen. Es gibt in beinahe jeder Stadt oder Gemeinde **Beratungsstellen.**

Alkohol

Die Angaben, was die Anzahl alkoholabhängiger Menschen in Kroatien betrifft, sind schwankend. Schätzungen zufolge gibt es etwa 150.000 bis 200.000 Alkoholiker. Der Zagreber Psychiater und Buchautor Dr. Robert Torre schätzt die Zahl der Alkoholiker auf mindestens 250.000. Der Pro-Kopf-Verbrauch liegt bei 12,8 Litern, europäischer Durchschnitt sind 10,9 Liter. Zum Vergleich: In Deutschland liegt der Verbrauch bei knapp zehn Litern. Auf fünf männliche Alkoholiker kommt eine Frau, wobei **Frauen** eher im Verborgenen trinken. **Männer** dagegen trinken keineswegs im Verborgenen, denn eine Männerrunde ohne Alkohol ist immer noch kaum vorstellbar.

090kr-ab

Als besonders problematisch sehen Experten und Mediziner das Alkoholproblem auch unter dem Gesichtspunkt an, dass immer mehr **Teenager** zu Konsumenten werden. Der Bierverbrauch steigt, gleichzeitig sinkt immerhin der Konsum von Schnäpsen. In den 1980er-Jahren waren Schnäpse noch die meistgekauften alkoholischen Getränke. Heute sind sie nach Bier und Wein auf Platz drei. Die **Werbung** für Biere ist mit flotten Sprüchen cool und sexy. Es wird klar der Fokus auf die jüngere Zielgruppe gelegt. Das Radler gibt es nicht nur mit Zitrone gemischt, sondern auch mit Apfel und Grapefruit etc.

Das Problem wird ernst genommen. In **Schulen** wird darüber diskutiert, es gibt Telefonnummern für Kinder und Eltern, die sich auch anonym beraten lassen können. **Kirchliche Einrichtungen** und **Krankenhausabteilungen** öffnen ihre Pforten für Betroffene. Geplant sind gesetzliche Maßnahmen, um besonders Minderjährige vor der Alkoholsucht zu schützen: Warnhinweise auf Flaschen, strengere Kontrollen hinsichtlich Werbung und Zielgruppe, Einschränkung von Verkaufsmöglichkeiten in der Nähe von Schulen und kein Verkauf an Jugendliche unter 18 Jahren.

Was man nicht in Gesetzen verankern kann: den **Umgang mit Alkohol in Familie und Freundeskreis.** Ein guter Tropfen Wein wird auch einem Teenager manchmal angeboten, damit er sich „erwachsen" fühlen kann, und was soll schon dabei sein, wenn er ein halbes Gläschen mittrinkt … Im Mai 2016 war im kroatischen Ableger von RTL Ivana Milas Klarić vom Kinderschutzbund zu Gast. Sie beklagte, dass in Kroatien sowohl Erwachsene als auch Kinder generell zu viel trinken. Alkohol würde man mit Sport verbinden und das Bier als Nahrungsmittel deklarieren.

Ein alter Nachbar der Autorin trank *šljivovica* aus allen erdenklichen Gründen: wenn er erkältet war, zur Prävention, wenn er keinen Appetit

⌃ Eines der beliebtesten Biere hierzulande, umgangssprachlich „Žuja" genannt, daneben eine Packung Zigaretten hatte, wenn etwas Freudiges passierte, wenn etwas Trauriges passierte, zur Anregung, zur Beruhigung ... Als seine Enkelin zu Besuch bei Freunden ihrer Eltern war, trank der Gastgeber *šljivovica*. Die Fünfjährige schnupperte am Gläschen und meinte verwundert: „Aber das ist doch Opas Medizin!" Was aus einem Kindermund süß und erheiternd klingt, kann sich bei näherer Betrachtung aber als gesellschaftliches Problem entpuppen. Der Alkohol wird immer noch gerne als Allheilmittel gegen Schmerzen, Stress und zur Beruhigung eingesetzt. Bei geselligen Runden wird manchmal „sinnlos" getrunken, ohne das Glas Wein oder den Whisky zu genießen. Bei fünf Leuten will jeder eine Runde ausgeben und drankommen, um nicht als Geizhals dazustehen. Also: runter mit dem Zeug und nächste Runde!

Trotzdem: Leute mit Bierflasche in der Hand in öffentlichen Verkehrsmitteln oder bei Events findet man in Kroatien immer noch sehr unschön. Die mittellosen Alkoholiker auf dem Land treffen sich gerne vor dem Dorfladen, in dem sie zuvor ihr Bier gekauft haben. Gläser brauchen sie keine. Manchmal stellt man ihnen sogar Bierbänke und Tische hinter dem Laden oder fernab des Eingangs zur Verfügung. Diese Sitzgelegenheiten bekommen sie nicht, weil man sie als Kunden nicht verlieren möchte, sondern um zu vermeiden, dass sie vor der Eingangstür auf leeren Bierkästen sitzen.

Drogen

Es sterben jährlich ca. 150 Menschen an den Folgen der Drogensucht. Die **Zahl der Abhängigen** wird auf ca. **8000** geschätzt. Einschließlich der Dunkelziffer vermuten Experten eine Zahl von 10.000 bis 11.000 Drogenabhängigen, manche vermuten sogar über 20.000. Hier bewegt man sich auf spekulativem Boden, zumal der Begriff Drogensucht sehr allgemein gefasst wird. So ist ein Heroinsüchtiger demjenigen gleichgestellt, der hin und wieder einen Joint raucht. Als verwerflich darf man beides ansehen, wenn man will, allerdings kann es gewaltige Unterschiede dahingehend geben, wie weit jemand sein Leben noch im Griff hat. Mit Besorgnis stehen Gesellschaft und Medien der Tatsache gegenüber, dass Marihuana generell leicht zugänglich ist. Von 37 untersuchten Ländern liegt Kroatien auf dem siebten Platz bezüglich der Verfügbarkeit von Marihuana. Allgemein bewegt Kroatien sich **beim Drogenkonsum** in Europa **im mittleren Bereich.**

Eltern von heroinabhängigen Kindern erfahren über deren Drogensucht oftmals erst nach zwei bis drei Jahren. Dass der Gebrauch von Heroin rückläufig ist, mag nicht wirklich erfreuen – denn der Grund dafür liegt in der Auffassung, Heroin sei eine „altbackene" Droge, sie gilt in der Szene als „Droge für abgewrackte Junkies". Die Zahl der **Designerdrogen** hingegen wächst und jährlich kommen neu kreierte Rauschmittel auf den Markt, hauptsächlich Amphetamine. Alleine im Jahr 2015 tauchten 14 neue Drogen auf. Zwischen 2008 und 2013 wurden Drogen im Wert von 380 Millionen Kuna beschlagnahmt. Das meiste davon war Marihuana (3700 Kilogramm) im Wert von 155 Millionen Kuna. Der Wert des beschlagnahmten Heroins belief sich auf 173 Millionen Kuna (385 Kilogramm).

Spielsucht

Casinos, Automaten, Wettläden ... Auf vielfältige Weise wird man subtil angelockt und in die Spielsucht getrieben. So verschenkte z. B. ein Kino in Südkroatien zusammen mit der Eintrittskarte einen Gutschein für den benachbarten Automatenclub.

Mindestens **50.000** Kroaten sind derzeit **ernsthaft spielsüchtig.** Der Gesetzgeber sieht vor, dass im Umkreis von 500 Metern neben Schulen keine Glücksspiele angeboten werden dürfen. Deutschland wird in der kroatischen Presse gerne als positiver Vergleich herangezogen. In Deutschland gäbe es keine Casinos in Wohngebieten oder in der Nähe von Schulen. Allerdings finden spielsüchtige Jugendliche den Weg auch übers Internet. Die erwachsenen Spielsüchtigen zerstören oft ihre Familie und ihre Existenz, was bei der schwierigen Arbeitslage umso dramatischer ist. Die Lotteriebuden und Casinos sind überall zu finden. Durch die Spielsucht hat sich ein besorgniserregender „Trend" entwickelt. Es bleibt abzuwarten, inwieweit das Gesetz sich ändern wird und besonders Jugendliche vor der Spielsucht geschützt werden können. Es gibt vermehrt Berichte und Interviews von spielsüchtigen Menschen, die aufrütteln sollen.

Zeitgefühl und Zeitnutzung

Feierabend und Wochenenden

Eine Umfrage ergab, dass der Wunsch nach mehr Freizeit für die Kroaten nicht ganz oben auf ihrer Prioritätenliste steht. Wichtiger als Freizeit sind ihnen die Gesundheit, finanzielle Sicherheit, Eigenheim, Ehe und Kinder.

Sie haben offenbar ihre eigene Definition von „mehr Freizeit", denn die Zeit mit der Familie fällt genaugenommen in die Freizeit, wenn auch nicht für die Kroaten. Nun, und das Eigenheim wird ebenfalls nicht während der Arbeitszeit gebaut. Bei dieser Umfrage liegt die Krux in der Fragestellung, denn die Kroaten verstehen unter Freizeit eher die Zeit, die man selbst zur völlig freien Verfügung hat. Diese Art von Freizeit hat man aber selten.

Es gibt immer etwas zu tun – am Häuschen, im Haushalt, am Auto, Erledigungen ... Manche gehen auch einem Nebenjob nach oder haben gar einen zweiten Job.

Und wenigstens am Wochenende wird die **Familie besucht.** Einige gehen zur **Kirche**, bereiten dann zu Hause das **Mittagessen** zu – und empfangen Gäste, oder besuchen dann die Familie. Sonntags geht man häufig zu Eltern oder Schwiegereltern zum Mittagessen. Es vergeht kaum ein Wochenende, an dem nicht besucht oder Besuch empfangen wird. Auch diejenigen, die nicht sonntags zur Kirche gehen, stehen früh auf, samstags sowieso. Wer samstags auf dem Land um neun Uhr morgens die Rollos hochzieht, gilt als Langschläfer. Die anderen sind längst auf den Beinen, sägen Holz, arbeiten im Garten, hängen Wäsche auf ... Der Tag fängt kurz nach Sonnenaufgang an. Daran hat sich die Autorin nie richtig gewöhnt. Aber mit ihr hat man Nachsicht, weil sie „Künstlerin" ist – und die sind „anders." In der Stadt geht man samstags auf den Markt oder macht den Haushalt. Weil die Supermärkte samstags und sonntags bis mindestens 20 Uhr geöffnet haben, geht man nicht unbedingt samstagmorgens zum Großeinkauf.

Im Sommer verbringt man einen Teil des Wochenendes am **Strand,** die Bewohner im Landesinneren baden im See oder im Fluss. Ansonsten verhält es sich wie überall: Kunstinteressierte oder Sportler etc. gehen ihrem **Hobby** nach. Kulturveranstaltungen, Kinobesuche oder Events werden selten unter der Woche besucht, weil sie etwas Besonderes darstellen und zu teuer sind, um sie einfach in den Alltag einzubauen.

An den frühen Abenden schaut man manchmal bei den Nachbarn vorbei, danach verbringt man die Zeit zu Hause mit der Familie beim Abendbrot – danach vor dem kroatischen Kamin, dem Fernseher.

Die Urlaubseinstellung der Kroaten

Durchschnittlich 26 Tage **Urlaub** haben die Kroaten, die in öffentlichen Institutionen beschäftigt sind. Der allgemeine Durchschnitt beläuft sich auf 23 Tage pro Jahr. Wer nicht in öffentlichen Einrichtungen beschäftigt ist, stößt auf ein Gefälle: In mittelgroßen Unternehmen hat man durchschnittlich 24 Tage Urlaub, in großen Unternehmen 23 Tage und in Kleinbetrieben 19 Tage.

Über 14 Millionen Menschen machten 2015 **Urlaub in Kroatien,** womit acht Milliarden Euro eingenommen wurden – trotz dieser Einnahmen geben von den Einheimischen 70 % an, dass sie sich keinen Auslandsurlaub leisten können.

Viele Kroaten machen **Tages- oder Wochenendausflüge** im eigenen Land. Kleine oder größere Reisen unternehmen 56 % der Befragten, näm-

Dubrovnik: die Urlaubsperle der Touristen – und der Kroaten

Als Kroate macht man gerne auch Urlaub im eigenen Land. Besonders was die Mehrheit der weniger Betuchten betrifft, beschränkt man sich auf das eigene Terrain. Kroatien ist vielfältig und demnach kann man seinen Urlaub dem Geschmack problemlos anpassen. In der Hauptstadt Zagreb muss man natürlich mal gewesen sein, im Nationalpark Plitvice ebenfalls. Aber sofern man sich den Wunsch erfüllen kann, kommt man vor allem an der Perle der Adria nicht vorbei: Dubrovnik! Man mag noch so sehr Regionalpatriot sein und von Dubrovnik weit weg leben, aber irgendwie macht diese Stadt, bewusst oder unbewusst, einen großen Teil des kroatischen Stolzes aus. Wenn irgend möglich, muss man als Kroate einmal im Leben in Dubrovnik gewesen sein.

Seefahrer und Auswanderer, die auf anderen Kontinenten waren, erzählen, dass viele Menschen mit „Croatia" nichts anzufangen wussten, aber wenn sie „Dubrovnik" sagten, kam stets ein „Aaaah."

Die Republik Ragusa (wie Dubrovnik damals hieß) bestand von 1358 bis 1808. Hier entstand 1317 die älteste „ljekarna" (Apotheke) Europas, gegründet in einem Franziskanerkloster. Es gibt sie heute noch. Im selben Jahrhundert wurde die Mauer von Ston in Dalmatien errichtet, die längste Stadtmauer in Europa.

Das erste Waisenhaus entstand hier 1432, und Ragusa war der erste Staat, der die Vereinigten Staaten von Amerika anerkannte.

Bereits im 15. Jahrhundert hatte man hier den Sklavenhandel verboten.

Die Ragusaner waren als gute Händler und faire Geschäftspartner bekannt. Ihr Staatsapparat funktionierte, weil sie mit Macht und Geld vernünftig umzugehen wussten. Nicht zuletzt nutzten sie das, was auch heute

noch im Business gilt: Lage, Lage, Lage. Wo der Kroate sich heute (verständlicherweise) mit Händen und Füßen gegen den Balkan wehrt, haben die Ragusaner genau das als Privileg genossen: geopolitisch zwischen den Kulturen zu stehen.

Der Schriftsteller Ivo Vojnović schrieb in seinem Werk „Dubrovačka trilogija" („Die Ragusaner Trilogie") über den Zerfall der Dubrovniker Republik.

09/kv-foto/Dario Bajurin - stock.adobe.com

lich die 15- bis 34-Jährigen, wie die GfK (Agentur für Marktforschung) im Jahr 2012 herausgefunden hat. Thermen und Spas werden nicht nur von Touristen besucht. Das modernste Spa ist derzeit das Aquae Vivae Krapinske Toplice ca. 50 Kilometer von Zagreb und knapp 16 Kilometer vom Neandertalermuseum in Krapina entfernt.

Das **Skifahren** erfreut sich in den letzten Jahren großer Beliebtheit, meist geht es nach Österreich (ca. 40 %), Italien und Slowenien. Die meisten der Ski-Begeisterten bleiben nur wenige Tage und wählen Unterkünfte mit Selbstverpflegung. Das Thema wird pünktlich zu Neujahr immer wieder mit Aussagen wie „Auch dieses Jahr sind wieder 200.000 Kroaten zum Skifahren aufgebrochen" aufgegriffen. Da kommt Unverständnis auf. Wie ist das möglich, wo es dem Land doch angeblich so schlecht geht, fragt sich die Bevölkerung. Aber es handelt sich hier um 4 % der Gesamtbevölkerung – 96 % gehen nicht Skifahren. Außerdem fallen darunter eben auch Tagesausflüge und einmalige Übernachtungen mit Selbstverpflegung. Selbst bei mehrtägigem Aufenthalt stellt sich die Frage, ob die Reisenden wirklich Reiche sind oder einfach Menschen mit entsprechenden Prioritäten. Möglicherweise ist ihnen das Skifahren wichtiger als neue Möbel oder ein neueres Auto.

„Zwei Millionen kroatische Bürger machen keine Ferien", beklagt der Tourismusminister Gari Cappelli – hauptsächlich aus finanziellen Gründen. Deshalb soll 2017 die **„Cro kartica"** (die wie eine Kredit- oder Bankkarte aussieht) eingeführt werden. Vorbild für das Projekt ist Ungarn, das mit seiner SZÉP-Karte gute Erfahrungswerte vorzuweisen hat und den Tourismus unter den eigenen Landsleuten angeschoben hat.

Das Projekt sieht vor, dass der Arbeitgeber auf die „Cro kartica" einzahlt. Die Beträge sollen zweieinhalbtausend, fünf- oder zehntausend Kuna ausmachen. Das alles soll vonseiten des Arbeitgebers selbstverständlich freiwillig geschehen. Im Gegenzug will der Staat dem Arbeitgeber mit Steuervergünstigungen entgegenkommen. Vorgesehen ist, dass ca. 50 % für die Unterkunft ausgegeben werden, ca. 25 bis 30 % für die Verpflegung und der Rest für Kunst oder Wellness etc. Mit der „Cro kartica" erhält man 10–50 % Ermäßigung. Die Meinungen über die „Cro kartica" sind unterschiedlich. Grundsätzlich sei das eine gute Sache und man werde das nutzen. Die Skeptiker meinen, dass die kroatischen Arbeitgeber in der Regel nicht für finanzielle Zuschüsse bekannt seien und sie das nur machen würden, wenn sie ein Eigeninteresse damit verbänden. Außerdem sind 10 bis 50 % eine weite Spanne. Sollten die Angebote sich eher bei 10 als bei 50 % bewegen, bliebe das Ganze für die meisten uninteressant. Ein Urlaub, der statt 5000 Kuna am Ende 4500 Kuna kostet, ist für viele eben immer noch zu teuer.

Das Reisen haben die Kroaten erst um die Jahrtausendwende so richtig entdeckt, also die jüngere Generation. Bis Ende des 20. Jahrhunderts verreisten die wenigsten, um fremde Kulturen zu entdecken. Die Leute vertraten die Ansicht, dass Reisen irgendwie „rausgeworfenes Geld" wäre. Zwei Wochen Spanien war womöglich der halbe Preis für einen gebrauchten Kleinwagen. Von vier Wochen Australien ganz zu schweigen – das Fundament für ein Haus! Gebildetere oder kulturinteressierte Leute verreisten zwar auch früher schon, aber nicht auf ferne Kontinente. Sie verbanden Badeurlaub mit dem Besichtigen von Sehenswürdigkeiten und das machte man ohnehin am besten zu Hause. Außerdem waren ferne Kontinente finanziell einfach nicht möglich. Die Menschen auf dem Land verreisten überhaupt nicht. Erstens wegen der vielen Arbeit, zweitens waren sie schlichtweg nicht am Reisen interessiert. Das hat sich inzwischen geändert und es gibt heute einige, die Urlaub im eigenen Land machen, übers Wochenende zum Skifahren aufbrechen, sich eine Reise nach Rom zusammensparen oder eine Fernreise zur Hochzeit wünschen. Übrigens machen immer mehr Kroaten auch Urlaub in Deutschland.

Die **Urlaubstage** werden auch heute noch teilweise dafür genutzt, **Arbeiten** zu erledigen, und ob man nun das Dach repariert oder die Wohnung streicht – in jedem Fall gilt: erst die Arbeit, dann das Vergnügen.

Beim Kaffeetrinken geht es nicht nur um Kaffee

Die **Kaffeekultur** kam über verschiedene Wege nach Kroatien. Zunächst durch die Osmanen, dadurch bedingt verstärkt aus Bosnien und die Bosnier (Das erste Kaffeehaus in Südosteuropa eröffnete im 16. Jahrhundert in Sarajevo). Ein anderer Weg war Venedig und deren Handelsbeziehungen – und um 1800 gelangte der Kaffee durch die Wiener und die Habsburger nun vermehrt nach Kroatien. Die erste **„kavana"** (Kaffeehaus) Kroatiens eröffnete 1748 in Zagreb Leopold Duhn. Bis Ende des 19. Jahrhundert stieg die Zahl der *kavane,* die groß und edel waren, den Wiener Kaffeehäusern ähnlich. Lange blieb der Besuch dieser Einrichtungen nur den oberen Schichten vorbehalten. Nach dem Ersten Weltkrieg begannen allmählich auch die einfachen Bürger, *kavane* zu besuchen.

In den 1990er-Jahren, nach der Loslösung von Jugoslawien, schossen die Cafés nun wie Pilze aus dem Boden – und sie hießen nun nicht mehr kavana, sondern „caffe bar", umgangssprachlich „kafić". Gleichzeitig wuchs auch die Zahl der Kaffeeläden. In Kroatien kaufen die Leute immer noch häufig ihren Kaffee in den Kaffeeläden, wo man die Wahl zwischen vielen Kaffeesorten hat und dieser frisch gemahlen wird.

Bei den 18.000 gastronomischen Betrieben in Kroatien handelt es sich meistens um ein *kafić.* Die größte industrielle Kaffeefabrik ist die Firma

Extrainfo 15 (s. S. 7): „Idemo na kavu" –
Doku über die Ausstellung zum Thema Kaffekultur

„Franck" in Zagreb. Jährlich werden 12.000 t roher Kaffee in geröstete Bohnen oder Pulver verarbeitet. In Zagreb gab es 2010 die Ausstellung „Idemo na kavu" (Gehen wir auf einen Kaffee), in der die Kaffeekultur in Kroatien von den Anfängen bis heute thematisiert wurde.

Wer sich selbstständig machen möchte, **eröffnet** am besten ein *kafić* (**Café**), denn damit läuft er am wenigsten Gefahr, einen Fehlschlag zu erleiden. Das behaupten zumindest die Kroaten. Und man könnte auch meinen, dass ein Körnchen Wahrheit darin steckt, denn leere Cafés sieht man tatsächlich so gut wie nie. Dass die Gastronomen mit einem Café reich werden, ist jedoch zweifelhaft. Seit Januar 2017 zahlen sie 25 % Mehrwertsteuer. Außerdem gibt es eine riesige Konkurrenz. In der Stadt steht an jeder Ecke (oder alle paar Meter) ein Café. Jedes Dorf hat mindestens ein Café, meistens mehrere.

Bis Ende der 1990er-Jahre nannten sich Lokale mit Stehausschank *buffet* oder *bife,* heute heißen sie *bar.* Ein *bistro* kann ein Restaurant sein oder auch ein Café, das kleine Snacks anbietet. Das kroatische *restoran* wird mittlerweile häufig durch das internationale „Restaurant" ersetzt.

Zum Kaffeetrinken haben sich Jung und Alt schon immer gerne getroffen. Nach der Arbeit, in der Mittagspause, vor oder nach dem Kinobesuch für ein schnelles Getränk oder einen ausgedehnten Cafébesuch. Das Getränk an sich ist sekundär, obwohl die Kroaten gerne Kaffee trinken. Auch das Durstgefühl ist nicht entscheidend. Sitzen und reden, diskutieren, klagen, lachen, sich austauschen und einfach mal wiedersehen – ein Grund findet sich immer und ein Wille meistens auch. Das alles ist enthalten in der Frage: „Idemo nešto popiti?" („Gehen wir etwas trinken?") oder „Idemo na kavu?" (Gehen wir auf einen Kaffee?"). Derjenige, der die Frage ausspricht, bezahlt. Die Einladung ist in der Frage bereits inbegriffen. Wenn man sich nach langer Zeit über den Weg läuft und zehn Minuten Zeit hat, steht man nicht herum und unterhält sich, sondern geht etwas trinken. Der Kroate kann an dem einen oder anderen sparen, aber dass es so weit kommt, dass er nicht mehr ins Café geht, ist schwer vorstellbar.

Als Fremder in Kroatien

◁ Wunschkopf an der Fassade der Franziskanerkirche in Dubrovnik
(092kr-rh)

Das Bild von Touristen ... und von Deutschen

Kroatien ist ein ausgesprochen **gastfreundliches und aufgeschlossenes Land.** Wer als Tourist unbewusst einen Einheimischen durch sein Verhalten vor den Kopf stößt, erntet vielleicht ein irritiertes Lächeln, wird aber als Gast nicht brüskiert oder zurechtgewiesen werden. Kroaten zeigen sich Besuchern gegenüber von ihrer besten Seite, bleiben dabei aber immer authentisch. Sie schätzen ihre Gäste und möchten, dass sie sich wohlfühlen. Sie sind stets gewillt, sich zu verbessern, denn natürlich kommt es vor, dass eine Kritik berechtigt ist. Kroaten können zwischen **berechtigter und unberechtigter Kritik** recht gut unterscheiden. Das Urteil und die Meinung ihrer Gäste interessiert sie und sie informieren sich regelmäßig über deren Eindrücke. Wirkliche Unfreundlichkeit wird man äußerst selten erleben. Jedoch sind die Dienstleister dem Gast gegenüber eher **selbstbewusst-freundlich.** Wer hier als Gast meint, mit den Fingern schnippen zu können und einen katzbuckelnden Service erwartet, ist im falschen Land. Die Menschen hier sind stolz, egal ob Arzt oder Hafenarbeiter, und man lässt sich nicht gerne von oben herab behandeln – schon gar nicht im eigenen Land.

Was den Kroaten etwas bitter aufstößt, ist die Tatsache, dass das Land so viel **Kultur** zu bieten hat, aber die Touristen sich hauptsächlich auf die **Strände** konzentrieren. Der durchschnittliche Tourist gibt in Kroatien pro Tag 66,30 Euro aus. In diesem Betrag ist alles eingeschlossen, also auch die Verpflegung. Durchgeführt wurde diese Berechnung vom Tourismusinstitut und kroatische Medien verglichen sie mit entsprechenden Zahlen aus Spanien: In Spanien

◁ Kroatien ist auch ein Wanderparadies

Extrainfo 16 (s. S. 7): In dieser ZDF-Reisereportage gibt die Halb-Kroatin Alexandra Vacano einen Einblick in das Land ihrer Mutter, in dem sie immer ihre Sommerurlaube verbrachte

gäbe der Tourist 109 Euro pro Tag aus. Der Schock, den diese Veröffentlichung auslöste, bezog sich hauptsächlich auf den Aspekt „kulturelle Sehenswürdigkeiten", denn der ist dem Durchschnittstouristen nur 90 Cent pro Tag wert! Dabei geben 83 % der befragten Touristen an, dass Kroatien ein reiches kulturelles Erbe vorzuweisen habe. Im Zusammenhang mit Sehenswürdigkeiten und Veranstaltungen bemängelten einige Touristen **fehlende Hinweisschilder.** Die Kroaten nahmen diese Kritik an und räumten ein, dass man wegen solcher Nachlässigkeiten gewaltige Einbußen erfahre. Dass die Kroaten daran arbeiten werden, ist so gut wie sicher.

Etwa ein Drittel der Touristen übernachtet in **Privatunterkünften.** Diejenigen Kroaten, die in ihrem Haus über die Sommermonate Appartements vermieten, haben natürlich ihre wunderbaren genauso wie ihre schrecklichen Erfahrungen gemacht. Traurig ist es, wenn Gäste Handtücher und Aschenbecher mitgehen lassen und dabei vergessen, dass die Familie, bei der sie wohnen, sich mit der Vermietung ein Zubrot verdient. Nach Abzug der Steuern und Nebenkosten wird man damit kaum wohlhabend.

Die Kroaten haben seit Jahrzehnten ein **positives Bild von den Deutschen und ihrer Mentalität** und man hat gute Erfahrungswerte mit ihnen als Gäste. Mittlerweile machen weit über zwei Millionen Deutsche jedes Jahr Urlaub in Kroatien. Die Deutschen wirken nicht gehemmt, sondern eher so, als wollten sie einen gewissen Abstand wahren, weil sie im Urlaub sind und ihre Ruhe haben möchten. Sie gelten als pünktlich und zuverlässig, als kultiviert und umsichtig. Ihre Unterkunft hinterlassen sie picobello sauber. Sie bedanken sich und lächeln beim Abschied. Deutsche geben meist ein anständiges Trinkgeld und sind generell sehr höflich.

> Der Tourist soll nicht lange suchen müssen

096kr-mb

Für Erheiterung sorgte ein spaßiger Bericht im Internet über die verschiedenen Erfahrungen mit Touristen. Eine Bloggerin schildert darin ihre jahrelangen Erfahrungen mit unterschiedlichen Mentalitäten und Eigenarten. Über die Deutschen heißt es darin, dass wenn der *švabo* (s. S. 94) sagt, er sei am Samstag um zehn Uhr da, dann kann die Autobahn wegen der Bura gesperrt sein, aber der *švabo* ist um zehn Uhr da! Sie erwische sich dabei, wie sie in ihren eigenen vier Wänden den Fernseher leiser drehe, weil die Deutschen so leise seien.

Großer Beliebtheit erfreuen sich in Kroatien aber auch **Österreicher** und **Slowenen** – und die **Italiener.** Sie sind halt lässige Menschen und in einigen Wesenszügen den Kroaten ähnlich: temperamentvoll, herzlich und offen. In den letzten Jahren haben vermehrt Asiaten (insbesondere Chinesen, Koreaner, Japaner) ihre Urlaube hier verbracht, und die US-Amerikaner sind zu großen Kroatien-Fans geworden. Die Eindrücke über diese Gäste sind noch nicht langfristig genug, um einen zuverlässigen Erfahrungswert zu haben.

„Hab keine Münze!"
Kleinkariertes mag man nicht

Eines erlebt man in Deutschland und Österreich wahrscheinlich nie: dass die Kassiererin sagt „Hab kein Centstück!" und die Kasse zuknallt. Wenn der Kunde daraufhin protestierte, ginge es ihm bei seinem Protest wohl kaum um diesen Cent, aber es wäre nun mal sein Cent und die Kassiererin hätte sich entweder zu entschuldigen oder zu fragen, ob er gewillt sei, ihr diesen Cent zu erlassen.

⌂ Gerade im Sommer wimmelt es in den Altstadtgassen Splits nur so vor Touristen

Die Gewohnheit, einfach zu sagen, man habe das **Wechselgeld** nicht, gab es schon zu Zeiten Jugoslawiens: „Nemam pet para!" („Ich habe keine fünf Para!"). Heutzutage heißt es: „Nemam deset Lipa!" („Ich habe keine zehn Lipa!").

Nun kann man es von zwei Seiten betrachten. Zum einen: Diese zehn Lipa sind fast nichts, nämlich 1,2 Cent.

Zum anderen: Da sie nun mal im Umlauf sind, hat der Kunde prinzipiell ein Recht auf sein **Wechselgeld**, so mickrig es auch sein mag. Wenn Sie sich eine Weile in Kroatien aufhalten, werden Sie irgendwann in diese Situation kommen. Wie Sie damit umgehen, sei Ihnen überlassen. Machen Sie es wie die Einheimischen und ignorieren Sie es oder beharren Sie auf Ihren zehn Lipa? Eigentlich ist es die Diskussion nicht wert. Wie viele von uns sehen am Boden ein Centstück und heben es nicht auf!? Vor allem gilt umgekehrt dasselbe: Wer als Kunde noch 20 Lipa zu zahlen hat, um den Betrag vollständig zu begleichen, der muss sich ebenfalls die Mühe nicht machen, nach Kleingeld zu kramen. Meistens wird das nicht erwartet – und stattdessen die Kasse zugeknallt.

Gesprächsthemen und Tabus

Vermeiden Sie es, Kroatien „das ehemalige Jugoslawien" oder „Ex-Jugoslawien" zu nennen! Das Thema ist nicht wirklich ein Tabu, denn **Jugoslawien** ist nun mal Teil der Geschichte. Wenn Sie jedoch über das Heute sprechen, dann will man das nicht hören. Für „Balkan" oder „Osteuropa" gilt dasselbe – wobei es auch Kroaten gibt, die sich an „Balkan" nicht stören. Viele aber reagieren darauf gekränkt, schließlich haben sie einen langen und steinigen Weg bewältigt, um unabhängig zu sein und sich von Jugoslawien und vom Balkan-Image zu lösen. Und zu Osteuropa, dem sie mitunter zugeordnet werden, haben sie noch nie gehört.

Ein weiterer Punkt: Auch wenn Kroaten gerne über alles Mögliche in ihrem Land schimpfen, hören sie nicht gerne von anderen, was im Argen liegt. Deshalb gilt: Man darf darüber sprechen und sie interessieren sich auch für die Meinung Außenstehender, aber nicht in **oberlehrerhaftem Ton.** Außerdem muss man unterscheiden, ob man mit einer Person spricht, die man schon etwas besser kennt und zu der man bereits ein gutes und vertrauensvolles Verhältnis pflegt, oder ob man als *stranac* (Ausländer) „rüberkommen" könnte, der von oben herab über das Land herzieht.

Einer reinen **Mädchen- oder Frauengruppe** wird es mit großer Wahrscheinlichkeit passieren, dass sie von **flirtbereiten Männern** angespro-

chen wird. Aber sobald sich auch nur ein Mann in dieser Gruppe befindet, ist es für andere Männer tabu, jemanden aus der Gruppe anzusprechen – auch wenn klar ist, zu welcher Frau dieser Mann gehört und dass die anderen Frauen „alleine" unterwegs sind.

Getrennt bezahlen? Nie und nimmer! Die meisten Kroaten fühlen sich wie Parasiten, wenn sie sich zweimal hintereinander **einladen lassen.** Manchmal kommt es in Lokalen zu kampfähnlichen Szenen, weil man den anderen nicht schon wieder bezahlen lassen kann! Man muss es nicht übertreiben, aber man sollte darauf achten, dass die gegenseitigen Einladungen in einem einigermaßen ausgewogenen Verhältnis zueinander stehen. Denn die Kroaten verabscheuen das Gefühl des „ostati dužan" (etwas schuldig bleiben). Sie zahlen lieber drauf, als etwas schuldig zu bleiben. Aber wer auch immer zahlt: **Getrennt zu bezahlen,** gilt als absolutes **No-Go** und wäre einem Kroaten unangenehm.

⌃ Auch im Café gilt: Es wird nicht getrennt gezahlt!

Zu Gast in der Familie

Ein Besuch ist nur selten von kurzer Dauer. Ein lustiger Abend wird hier nicht plötzlich abgebrochen, weil man am nächsten Tag arbeiten muss. Lächerlich! Besuche können bis nach Mitternacht dauern, besonders wenn man sich in Diskussionen verstrickt oder weil die fröhlichen Stunden nur so verfliegen.

Bringen Sie kleine **Geschenke** mit (siehe „Geschenke" auf Seite 18) und wenn Sie zum Essen eingeladen sind, dann seien Sie bitte **pünktlich.** Auch wenn die Kroaten gerne mit „5 minuta" spielen, haben die Familien meist eine feste Uhrzeit zum Essen.

Niemand wird erwarten, dass z. B. ein **Vegetarier** Fleisch ist. Aber wenn es Ihren ethischen Vorsätzen nicht widerspricht und Sie nicht gegen ein bestimmtes Lebensmittel allergisch sind, ist es gern gesehen, dass Sie alles probieren, was auf den Tisch kommt.

In Kroatien zieht man sich normalerweise als Gast nicht die Schuhe aus, nur sehr wenige Gastgeber legen Wert darauf. Darüber muss man sich als Gast aber keine Gedanken machen, denn verlegte Teppichböden gibt es kaum, meistens Parkett oder Laminat. Die Böden zu reinigen, ist dem Gastgeber lieber, als seine Gäste der Unannehmlichkeit auszusetzen – denn so empfindet man das hier – sich die **Schuhe ausziehen** zu müssen. Das macht man als Gast nur dann, wenn man übernachtet. Dann bietet der Gastgeber *šlape* oder *papuče* (Hausschuhe) an. Es ist empfehlenswert, diese Geste anzunehmen. Das strumpfsockige oder barfüßige Herumlaufen im Haus ist nicht gerne gesehen.

Wenn möglich, revanchieren Sie sich Ihrerseits mit einer Einladung oder erwähnen Sie zumindest diese Absicht und das Vorhaben.

Extrainfo 17 (s. S. 7): Liste der deutschen Botschaft mit deutschen Institutionen in Kroatien

Anhang

◁ An Souvenirs herrscht in Kroatien wahrlich kein Mangel (097kr-mb)

Literaturtipps

Sachbücher

- **Typisch Kroatien: Blicke hinter die Kulissen,** Friederun Pleterski-Tschebull, Styria Regional, 2014. Die österreichische Autorin und Übersetzerin lebt und arbeitet immer wieder in Kroatien. Ihre Beschreibung von Land und Leuten bietet spannende und interessante Einblicke. Die wunderschönen Fotos sind von Arnold Pöschl.

- **Chasing a Croatian Girl,** Cody McClain Brown, CreateSpace Independent Publishing Platform, 2015. Ein Amerikaner aus Oklahoma verliebt sich in seiner Heimat in eine Kroatin und folgt ihr nach Kroatien (Split und Zagreb) – sein persönlicher Kulturschock. Die Sicht eines Amerikaners auf die Kroaten und ihre Besonderheiten. Es ist berührend mitzuerleben, wie ihm seine zweite Heimat immer mehr ans Herz wächst. Auch in kroatischer Übersetzung erhältlich: (**Propuh, papuče & punica,** Cody McClain Brown, Algoritam 2014, aus dem Amerikanischen von Vladimir Cvetković Sever).

- **Sommer vorm Balkan – Mein Leben zwischen Alpen und Adria,** Danijela Pilic, Goldmann 2015. Die Mutter ist Serbin und der Vater Kroate (Tennisspieler Niki Pilic, später Trainer von Boris Becker). Mal poetisch, mal frech – aber immer authentisch – beschreibt die Autorin ihre Erlebnisse und Gefühle zu Split und Belgrad.

- **Kroatien – Zweitausend Jahre Geschichte an der Adria,** Claus Heinrich Gattermann, Olms 2011. Der deutsche Historiker Gattermann beschreibt auf 186 Seiten Kroatiens Geschichte. Das Buch ist lesefreundlich und gut als Einstiegslektüre geeignet. Ebenfalls gut geeignet für Leser, die sich einen Überblick zum Thema verschaffen möchten.

- **Croatia: A History,** Ivo Goldstein, Mc-Gill-Queen's University Press 1999.

- **Hrvatska povijest,** Ivo Goldstein, Novi Liber 2013. In der kroatischen Ausgabe ist das Buch umfangreicher, aktueller und bereits in der 3. Auflage erschienen. Nichtsdestotrotz bietet die englische Ausgabe einen sehr guten Einblick in die Geschichte Kroatiens bis in die 1990er-Jahre.

- **Die Erfindung des Balkans – Europas bequemes Vorurteil,** Maria Todorova, Primus 1999. Todorova stammt aus Bulgarien und lehrt Geschichte in den USA. Ihr Buch empfiehlt sich für Leser, die den Balkan verstehen wollen – und für diejenigen, die diese Region zu verstehen glauben, was schwierig genug ist.

Belletristik

- **Der kroatische Gott Mars,** Miroslav Krleža, Wieser 2009, aus dem Kroatischen von Milica Sacher-Masoch. Diese Novellen-Sammlung erschien 1922. Texte über die Sinnlosigkeit des Krieges und die Rolle der Kroaten, die im Ersten Weltkrieg als Kanonenfutter dienten.
- **Darkroom,** Rujana Jeger, C.H. Beck 2004, aus dem Kroatischen von Brigitte Döbert. Eine junge Frau während des Zerfalls Jugoslawiens: orientierungslos, selbstbewusst, sensibel. Ein berührendes Buch über die junge Generation in einer schwierigen Zeit.
- **Restaurant Dalmatia,** Jagoda Marinić, Hoffmann und Campe 2013. Die Protagonistin Mia macht in Toronto eine Karriere als Fotografin. Sie ist als Tochter kroatischer Einwanderer in Berlin aufgewachsen. Skizzenhaft fügen sich Vergangenheit und Gegenwart zu einem Gesamtbild zusammen. Ein Buch mit wunderbaren Weisheiten, bildhaft und nostalgisch erzählt.
- **Der Tod des Mädchens mit den Schwefelhölzchen,** Zoran Ferić, Folio 2013, aus dem Kroatischen von Klaus Detlef Olof. Skurril und schräg – für Freunde schwarzen Humors, die sich an gelegentlichen Vulgarismen nicht stören.
- **Jeden Tag, jede Stunde,** Nataša Dragnić, btb 2012. Liebesroman über Dora und Luka aus dem dalmatinischen Makarska, die sich schon als Kinder liebten und sich in Paris wiedersehen.
- **Lebt wohl,** Cowboys, Olja Savičević, Voland & Quist 2011, aus dem Kroatischen von Blažena Radas. Die Hauptfigur Dada kehrt in ihren Heimatort zurück, um herauszufinden, weshalb ihr Bruder Selbstmord begangen hat. Ein wunderbar geschriebener Roman. Bedrückendes Thema, aber poetisch umgesetzt.
- **Das Erbe von Ragusa,** Corinna Kastner, Bastei Lübbe 2006, Originalausgabe. Leider ist das Buch vergriffen. Die Geschichte mit Fantasy-Elementen wird in verschiedenen Zeitebenen erzählt. Spannende Zeitreise ins Dubrovnik (ehemals Ragusa) des Mittelalters.
- **Martins Saiten,** Sanja Lovrenčić, Leykam 2008, in sehr schöner Übersetzung von Silvija Hinzmann. Eine kroatische Familie zieht nach Deutschland um, wobei es der Frau schwerfällt, ihre Heimat loszulassen. Ein leiser und poetischer Roman über das Leben in der Fremde.
- **Ausfahrt Zagreb-Süd,** Edo Popović, btb 2012, aus dem Kroatischen von Alida Bremer. Der Zagreber Schriftsteller porträtiert in diesem witzigen und dennoch nachdenklichen Buch die „lost generation" der Nachwendezeit, die ihrer Jugend in Jugoslawien nachtrauert.

Extrainfo 18 (s. S. 7)**:** Interview des Bayerischen Rundfunks mit dem Autor Edo Popović

- **Mitternachtsboogie,** Edo Popović, Voland & Quist 2011, aus dem Kroatischen von Alida Bremer. Das Kultbuch in Zeiten der ausgehenden Tito-Ära, in Kroatien erstmals 1987 veröffentlicht. Ein kraftvoller Text in großartiger Übersetzung.
- **Die rote Zora und ihre Bande,** Kurt Held, Fischer 2015. Der Kinderbuchklassiker: deutscher Autor, kroatisches Setting. Starke Protagonisten in spannender und anspruchsvoller Handlung.

Informatives aus dem Internet

- **www.crodict.de** – Umfangreiches Wörterbuch, das vom Deutschen ins Kroatische übersetzt und umgekehrt.
- **www.croatia.hr** – Sehr informative und umfangreiche Seite für Kroatienreisende. Infos auch auf Deutsch, über Landeskunde, Veranstaltungen und Kultur.
- **www.alleskroatien.com** – Eine dänische Familie, die nach Kroatien ausgewandert ist und Tipps zu Reisezielen gibt, aber auch zum Leben und Arbeiten in Kroatien.
- **www.kroatien-guide.de** – Kompakte und informative Website über Kroatien, seine Geschichte, über Land und Leute und Kulinarisches. Praktisches Basiswissen.
- **www-feinkost-aus-kroatien.de** – Onlinehandel von kroatischen Lebensmitteln und Getränken. Außerdem gibt es auf der Website viele Rezepte zum Nachkochen.
- **http://de.euronews.com/tag/kroatien:** geeignet für einen groben Überblick über die Neuigkeiten in Kroatien.
- **www.visit-croatia.co.uk** – Englische Seite mit Informationen über Kroatien als Reiseziel, aber auch mit allgemeinen Infos über Land und Leute. Auch aktuelle Nachrichten und Neuigkeiten.
- **www.total-croatia-news.com** – Englische Seite mit aktuellen Artikeln und Fotos zu Politik, Business, Sport, Lifestyle, Reise etc.
- **www.bpb.de/shop/zeitschriften/apuz/158176/kroatien** – Das Heft wird von der Bundeszentrale für politische Bildung kostenlos verschickt. Die enthaltenen Texte sind von verschiedenen Autoren verfasst und thematisieren im Wesentlichen die Geschichte und die politische Stimmung.

Neu bei REISE KNOW-HOW:
So sind sie, die ...

Register

Kroatien

0 ___ 50 km © REISE KNOW-HOW 2018

SLOWENIEN

Tolmin
Kranj
Grintovec 2558
Velenje
Celje
Rogaška Slatina
Varaždin
Ljubljana
Litija
Krapina
Javornik 1023
Zabok
Kor
Krško
Kněvci
Monfalcone
Zagreb
Vrbovec
Triest
Pivka
Ribnica
Novo Mesto
Zapresič
Grado
Ivanić-Grad
Koper
Izola
Snežnik 1796
Kočevje
Metlika
Velika Gorica
KROATIEN
Umag
Veliki Risnjak 1528
Delnice
Karlovac
Sisak
Poreč
Opatija
Pazin
Rijeka
Vrbovsko
Ogulin
Sunja
ISTRIEN
Kvarner Bucht
Kraljevica
Slunj
Bosa Du
Mošćenička Draga
Novi Vinodolski
Velika Kladuša
Dvor
Pula
Krk
Krk
Senj
Plaški
Bosanski Novi
Premantura
Kvarner Bucht
Cres
Baška
Prvić
Otočac
Plitvitzer Seen
Bosanska Krupa
Oma
Cres
Rab
Mali Raginac 1699
Bihać
Unije
Jablanac
Satorina 1624
1234
Sanski
Lošinj
Karlobag
Orašac
Mali Lošinj
Veli Lošinj
Gospić
1604
Susak
Ilovik
Silba
Pag
Klekovač 1961
Olib
Maun
Kremen 1591
Titov Drv
Permuda
Pag
Vaganski Vrh 1758
Gračac
1654
Vir
Privlaka
Bosansko Grahovo
Molat
Zadar
1872
Sestrum
Ugljan
Kali
Knin
Dugi Otok
Pašman
Benkovac
1207
Biograd na Moru
Drniš
Ancona
Murter
Vodice
Loreto
Kornaten
Šibenik
Sir
Civitanova Marche
Trije
Split
Kliš
Porto Sant'Elpidio
Trogir
Čiovo
Or
Porto San Giorgio
Veliki Drvenik
Supetar
ADRIATISCHES
Šolta
Br
Ascoli Piceno
San Benedetto del Tronto
MEER
Hvar
Teramo
Giulianova
Vis
Vis
Pineto
Sveta Andrija
Komiža
Šćedro
Bišovo
Vela Luka
ITALIEN
Pescara
Sušać
Ortona

SAVA **Krka** **DALMATIEN** **Zrmanja** **Krka** **Una** **Unac** **Raša** **Kvarnerić** **Kvarner**

Die Autorin

Ranka Keser wurde 1966 in Rijeka geboren und stammt mütterlicherseits aus dem Hinterland von Rijeka, väterlicherseits aus Virovitica (Slawonien). Als Dreijährige kam sie mit ihren Eltern zunächst nach München und wuchs dann abwechselnd in bayerischen Dörfern und in München auf. Es war für sie nicht immer unkompliziert, mit dem Namen Ranka Ojurović durch die Schuljahre zu kommen, weil sie ihren Namen regelmäßig buchstabieren musste. Zu Hause wurde Kroatisch gesprochen – der čakavische Küstendialekt und das Štokavisch aus Slawonien. Als Kind verbrachte sie die Ferien bei Verwandten auf dem Land und in Rijeka. Als junge Erwachsene freundete sie sich im Sommerurlaub mit einem Nachbarn an – den sie später heiratete und mit dem sie immer noch verheiratet ist. Ihr Mann stammt aus Modruš (Lika).

Ranka Keser besucht Kroatien bis heute mehrmals im Jahr, manchmal bleibt sie auch für längere Zeit. Ende der 1980er-Jahre lebte sie für anderthalb Jahre dort.

Ihr erstes Buch veröffentlichte Keser 1995. Zunächst schrieb sie Bücher für Kinder und Jugendliche, später begann sie, für Erwachsene zu schreiben. Sie veröffentlicht unter ihrem richtigen Namen und unter Pseudonym. Die Handlungen ihrer Romane sind in Deutschland oder Kroatien angesiedelt. Unter www.ranka-keser.de ist die Autorin im Internet zu finden.